VERBI ITALIANI
VERBOS ITALIANOS

VERBI ITALIANI
VERBOS ITALIANOS

*Manual Bilíngue de Verbos
Regulares e Irregulares*

Paola Budini

Copyright © 1995, Livraria Martins Fontes Editora Ltda.,
São Paulo, para a presente edição.

1ª edição
Edição da autora: 1992
2ª edição 1995
5ª edição 2013
3ª tiragem 2022

Projeto gráfico
Katia Harumi Terasaka
Preparação do original
Dirceu A. Scali Junior
Revisões
Maria Cecília Vannucchi
Luzia Aparecida dos Santos
Dinarte Zorzanelli da Silva
Produção gráfica
Geraldo Alves
Paginação
Katia Harumi Terasaka
Capa
Erik Plácido

Dados Internacionais de Catalogação na Publicação (CIP)
(Câmara Brasileira do Livro, SP, Brasil)

Budini, Paola
 Verbi italiani = Verbos italianos : manual bilíngue de verbos regulares e irregulares / Paola Budini. – 5ª ed. – São Paulo : Editora WMF Martins Fontes, 2013.

 ISBN 978-85-7827-762-8

 1. Italiano – Verbos I. Título. II. Título: Verbos italianos.

13-11246   CDD-455

Índices para catálogo sistemático:
 1. Italiano : Verbos : Linguística 455
 2. Verbos : Italiano : Linguística 455

Todos os direitos desta edição reservados à
Editora WMF Martins Fontes Ltda.
Rua Prof. Laerte Ramos de Carvalho, 133 01325.030 São Paulo SP Brasil
Tel. (11) 3293.8150 e-mail: info@wmfmartinsfontes.com.br
http://www.wmfmartinsfontes.com.br

Introdução

Este é um manual prático de verbos italianos, no qual o estudante da língua poderá encontrar tudo a respeito de verbos regulares e irregulares. Foi escrito nos dois idiomas para facilitar a compreensão daqueles que ainda não dominam o italiano com segurança. A tradução proporcionará, concomitantemente, um acréscimo ao vocabulário e um auxílio ao entendimento da língua italiana.

Como usar o seu manual

1ª Parte - Contém informações gerais sobre o verbo: flexões, auxiliares, componentes do verbo, verbos regulares, transitividade, intransitividade, etc. As páginas do lado esquerdo (pares) contêm a parte escrita em italiano e as do lado direito (ímpares) a parte escrita em português. No fim desta primeira parte há uma série de exercícios que podem ser corrigidos consultando as "chaves" no final do livro.

Nela encontram-se, outrossim, para uma rápida consulta, elencos muito práticos de:

- verbos que usam o auxiliar *essere* nos tempos compostos,

- verbos intransitivos que usam o auxiliar *avere* nos tempos compostos,

- verbos que se conjugam como *sentire* (3ª Conjugação - 1º grupo),

- verbos que se conjugam como *punire* (3ª Conjugação - 2º grupo),

- verbos que possuem os dois tipos da 3ª Conjugação,

- verbos que pedem *avere* quando usados transitivamente e *essere* quando usados intransitivamente.

2ª Parte - Constam desta segunda parte os verbos irregulares das 3 Conjugações. Os verbos da 2ª Conjugação foram divididos em 2 grupos:

- 1º grupo: verbos com *e* tônico, como *piac**e**re*, *vol**e**re*, *pot**e**re*, em que a tonicidade recai sobre o primeiro *e* do sufixo do infinitivo.
- 2º grupo: verbos com *e* átono, como *chi**u**dere*, *acc**e**ndere*, *cu**o**cere*, em que a tonicidade recai antes do sufixo do infinitivo.

Foi feita esta divisão para facilitar a pronúncia dos verbos desta conjugação.

As formas que apresentam as irregularidades foram escritas em negrito para serem detectadas com maior facilidade.

No final desta segunda parte há uma lista de verbos cujos Particípios Passados são irregulares.

3ª Parte - Nesta parte há:

- as conjugações completas dos verbos auxiliares ***essere*** e ***avere***,

- as conjugações completas dos verbos das 3 Conjugações (***are-ere-ire***),

- o paradigma de um verbo na Voz Passiva (***amare***),

- o paradigma de um verbo na Voz Reflexiva (***lavarsi***),

- um quadro sinótico das desinências das 3 Conjugações,

- um quadro geral dos Modos e dos Tempos dos verbos italianos,

- um elenco completo de todos os verbos apresentados,

- uma relação completa de todas as formas irregulares (as que foram apresentadas em negrito na 2ª parte), indicando o Infinitivo do verbo ao qual pertencem.

Esta última tem a finalidade de ajudar na detecção do verbo irregular, pois, quando este aparece conjugado em um texto, às vezes torna-se difícil perceber de que verbo se trata e, consequentemente, procurá-lo no dicionário.

Neste livro encontram-se, ainda, explicações para os casos em que os verbos das duas línguas se diferenciam no seu emprego, como, por exemplo: os verbos auxiliares, o Passato Prossimo que não corresponde ao Pretérito Perfeito Composto, os verbos transitivos, etc.

Sendo este o primeiro livro no gênero (em 2 línguas), poderá apresentar falhas, embora a didática e a clareza tenham sido o seu alvo principal. Contamos, pois, com a colaboração dos leitores para que enviem críticas e sugestões cabíveis e agradecemos a todos que direta ou indiretamente colaboraram para a sua execução.

A autora.

Indice generale

Abbreviazioni 14

1ª PARTE

I - Le Proprietà del Verbo 16
  Modo 16
  Tempo 16
  Persona e Numero 18

II - Verbi Ausiliari 20
  Verbo ESSERE 22
  C'è - Ci sono (ESSERCI) 22
    L'impiego del verbo ESSERE nei Tempi Composti 22
  Verbi più comuni che usano ESSERE nei Tempi Composti 24
  Verbo AVERE 28
    Le forme con "H" del verbo AVERE 28
    L'impiego del verbo AVERE nei Tempi Composti 28
    Concordanza del Participio Passato dei verbi coniugati
      con AVERE 30
  Principali verbi intransitivi che usano l'ausiliare AVERE 32

III - Verbi Servili (o Modali) 34

IV - Componenti del Verbo 36
  Radice 36
  Vocale Tematica 36
  Tema 36
  Desinenza 36

V - Verbi Regolari 38
  Le 3 Coniugazioni (ARE - ERE - IRE) 38
  1ª Coniugazione 38
    Verbi in CARE - GARE 38
    Verbi in CIARE - GIARE - SCIARE 38
    Verbi in IARE 40
  2ª Coniugazione 40
  3ª Coniugazione 40
    Verbi che si coniugano come SENTIRE 42
    Verbi che si coniugano come PUNIRE 44
    Alcuni verbi che hanno i due tipi di coniugazione 54
    Verbi Sovrabbondanti 54

Índice geral

Abreviaturas 14

1ª PARTE

I - As Flexões do Verbo 17
  Modo 17
  Tempo 17
  Pessoa e Número 19

II - Verbos Auxiliares 21
  Verbo ESSERE 23
  C'è - Ci sono (ESSERCI) 23
    O emprego do verbo ESSERE nos Tempos Compostos 23
  Verbos mais comuns que usam ESSERE nos Tempos Compostos 25
  Verbo AVERE 29
    As formas com "H" do verbo AVERE 29
    O emprego do verbo AVERE nos Tempos Compostos 29
    Concordância do Particípio Passado dos verbos conjugados com AVERE 31
  Principais verbos intransitivos que usam o auxiliar AVERE 33

III - Volere, Potere, Dovere 35

IV - Componentes do Verbo 37
  Radical 37
  Vogal temática 37
  Tema 37
  Desinência 37

V - Verbos Regulares 39
  As 3 Conjugações (ARE - ERE - IRE) 39
  1ª Conjugação 39
    Verbos que terminam em CARE - GARE 39
    Verbos que terminam em CIARE - GIARE - SCIARE 39
    Verbos que terminam em IARE 41
  2ª Conjugação 41
  3ª Conjugação 41
    Verbos que se conjugam como SENTIRE 43
    Verbos que se conjugam como PUNIRE 45
    Alguns verbos que têm os dois tipos de conjugação 55
    Verbos Abundantes 55

VI - La Forma Negativa 56

VII - La Transitività 58

VIII - La Intransitività 58
   Alcuni verbi che vogliono l'ausiliare AVERE quando usati transitivamente e l'ausiliare ESSERE quando usati intransitivamente 60

IX - Le Forme del Verbo 62
   La Forma Attiva 62
   La Forma Passiva 62
      La Forma Passiva formata con altri verbi 64
      La Forma Passiva con i Verbi Servili (o Modali) 64
      SI Passivante 66
      I pronomi LO, LA, LI, LE nella Forma Passiva 66
   La Forma Riflessiva 68
      L'ausiliare della Forma Riflessiva 68
      La posizione delle particelle nella Forma Riflessiva 68
      P. Prossimo dei Verbi Servili (o Modali) + Verbi Riflessivi 70
      Forma Intransitiva Pronominale 70
      Forma Impersonale dei Verbi Riflessivi 72

X - Periodo Ipotetico 72

XI - Discorso Diretto - Discorso Indiretto 74

XII - Modi Indefiniti 84
   Infinito 86
   Participio 88
   Gerundio 90

XIII - Imperativo 94
   Io 94
   Tu-Noi-Voi 96
   Lei-Loro 96
   Gli Ausiliari 98
   Imperativo con i pronomi: diretti, indiretti, combinati, CI e NE 98
   Imperativo negativo con i pronomi 100
   Imperativo di un verbo riflessivo 100
   Forme monossilabiche 102
   Altre forme di Imperativo 102

Esercizi 104

VI - A Forma Negativa   57

VII - A Transitividade   59

VIII - A Intransitividade   59
Alguns verbos que pedem o auxiliar AVERE quando usados transitivamente e o auxiliar ESSERE quando usados intransitivamente   **61**

IX - As Vozes do Verbo   63
A Voz Ativa   **63**
A Voz Passiva   **63**
   A Voz Passiva formada com outros verbos   **65**
   A Voz Passiva com VOLERE, POTERE, DOVERE   **65**
   SI Apassivador   **67**
   Os pronomes LO, LA, LI, LE na Voz Passiva   **67**
A Voz Reflexiva   **69**
   O auxiliar da Voz Reflexiva   **69**
   A posição dos pronomes na Voz Reflexiva   **69**
   VOLERE, POTERE, DOVERE no Passato Prossimo + Verbos Reflexivos   **71**
   Forma Intransitiva Pronominal   **71**
   Forma Impessoal dos Verbos Reflexivos   **73**

X - Período Hipotético   73

XI - Discurso Direto - Discurso Indireto   75

XII - Formas Nominais do Verbo   85
Infinitivo   **87**
Particípio   **89**
Gerúndio   **91**

XIII - Imperativo   95
Io   **95**
Tu-Noi-Voi   **97**
Lei-Loro   **97**
Os Auxiliares   **99**
Imperativo com os pronomes: diretos, indiretos, combinados, CI e NE   **99**
Imperativo negativo com os pronomes   **101**
Imperativo de um verbo reflexivo   **101**
Formas monossilábicas   **103**
Outras formas de Imperativo   **103**

Exercícios   104

2ª PARTE

Verbi Irregolari   148
   1ª Coniugazione: ARE   148
   2ª Coniugazione: ERE   153
   "   in -ÉRE (*e* tonica)   154
   "   in -ERE (*e* atona)   169
   2ª Coniugazione Verbi in: ARRE - ORRE - URRE   209
   3ª Coniugazione: IRE   214
   Participi Passati Irregolari   220

3ª PARTE

Coniugazione completa di:
   ESSERE   230
   AVERE   232
   AMARE   234
   TEMERE   236
   SENTIRE   238
   PUNIRE (solo le forme con -isc)   240
   GIOCARE - PAGARE (solo le forme irregolari)   241
   COMINCIARE (solo le forme irregolari)   242
   MANGIARE (solo le forme irregolari)   243
   LASCIARE (solo le forme irregolari)   244
   INVIARE - STUDIARE (solo le forme irregolari)   245
   AMARE (Forma Passiva)   246
   LAVARSI (Forma Riflessiva)   249

Schema riassuntivo delle desinenze delle 3 Coniugazioni   252

Quadro generale dei Modi e dei Tempi   255

Elenco generale dei Verbi   256

Forme irregolari dei Verbi   272

Chiavi degli esercizi   300

2ª PARTE

Verbos Irregulares   149
   1ª Conjugação: ARE   149
   2ª Conjugação: ERE (*e* tônico)   153
   "   ERE (*e* átono)   169
   "   Verbos em ARRE - ORRE - URRE   209
   3ª Conjugação: IRE   214
   Particípios Passados Irregulares   220

3ª PARTE

Conjugação completa de:
   ESSERE   230
   AVERE   232
   AMARE   234
   TEMERE   236
   SENTIRE   238
   PUNIRE (só as formas com -isc-)   240
   GIOCARE - PAGARE (só as formas irregulares)   241
   COMINCIARE (só as formas irregulares)   242
   MANGIARE (só as formas irregulares)   243
   LASCIARE (só as formas irregulares)   244
   INVIARE - STUDIARE (só as formas irregulares)   245
   AMARE (Voz Passiva)   246
   LAVARSI (Voz Reflexiva)   249

Quadro sinótico das desinências das 3 Conjugações   252

Quadro geral dos Modos e dos Tempos   255

Elenco geral dos Verbos   256

Formas irregulares dos Verbos   272

Chaves dos exercícios   300

ABBREVIAZIONI

Compl.	Complemento
Cont.	Continua
Ecc.	Eccetera
Es.	Esempio
Fut.	Futuro
Ind.	Indicativo
Intr.	Intransitivo
N.B.	Nota Bene
Ogg.	Oggetto
p.	Pagina
P.	Passato
Pl.	Plurale
Sing.	Singolare
Sogg.	Soggetto
Tr.	Transitivo
Trap.	Trapassato
V.	Verbo

ABREVIATURAS

Adj.	Adjunto
Adv.	Adverbial
Cont.	Continua
Etc.	Etcétera
Ex.	Exemplo
Fut.	Futuro
Imp.	Imperfeito
Ind.	Indicativo
Intr.	Intransitivo
M.q.Perf.	Mais-que-Perfeito
N.B.	Nota Bene
O.D.	Objeto Direto
O.I.	Objeto Indireto
p.	Página
P.	Passado
Pl.	Plural
P.P.	Particípio Passado
Pret.	Pretérito
Sing.	Singular
Sr.	Senhor
Sra.	Senhora
Srs.	Senhores
Sras.	Senhoras
Subj.	Subjuntivo
Tr.	Transitivo
V.	Verbo

Prima Parte
Primeira Parte

IL VERBO

Il verbo ha un ruolo fondamentale nel meccanismo della frase; è l'elemento indispensabile di ogni discorso. ("Verbo" viene dal latino "verbum", che vuol dire "parola".)

I - Le Proprietà del Verbo

MODO

In italiano esistono **4 modi finiti**: *indicativo, congiuntivo, condizionale* e *imperativo*, e **3 modi indefiniti**: *infinito, participio* e *gerundio*. Questi ultimi sono chiamati anche "forme nominative del verbo" perché sono spesso impiegati con la funzione di sostantivo (l'essere, il fare, il laureando, il reverendo) e di aggettivo (amante, saliente).

Il modo serve a indicare come è l'azione e una particolare disposizione del parlante di:
a) certezza, realtà (Indicativo),
b) dubbio, possibilità, incertezza (Congiuntivo),
c) desiderio reso più cortese, la conseguenza di un'ipotesi (Condizionale),
d) ordine (Imperativo).

Es. Io **dormo** sempre tardi. (Indicativo)
È probabile che **venga** anche Mario. (Congiuntivo)
Io **comprerei** questa macchina se potessi. (Condizionale)
Mangia tutto! (Imperativo)

TEMPO

Il tempo serve a precisare la relazione cronologica tra il momento in cui si parla (o si scrive) e il momento in cui si verifica il fatto di cui si parla (o si scrive).

Questa relazione può essere di:

a) **Contemporaneità** - *Presente*: se il fatto avviene nel momento in cui si parla o si scrive.
Es. Carlo scrive un libro.

O VERBO

O verbo tem um papel fundamental no mecanismo da frase; é o elemento indispensável do discurso. ("Verbo" vem do latim "verbum", que significa "palavra".)

I - As Flexões do Verbo

MODO

Em italiano existem **4 modos finitos**: *indicativo*, *subjuntivo*, *condicional* (em português o Condicional não existe como modo, apenas como tempo: Futuro do Pretérito) e *imperativo*, e **3 modos indefinidos**: o *infinitivo*, o *particípio* e o *gerúndio*. Estes últimos são chamados também "formas nominais do verbo", pois são frequentemente empregados com a função de substantivo (o ser, o haver, o fazer, o laureando, o reverendo) e de adjetivo (amante, saliente).

O modo serve para indicar como é a ação e uma atitude particular do falante de:
a) certeza, realidade (Indicativo),
b) dúvida, possibilidade, incerteza (Subjuntivo),
c) desejo cortês, a consequência de uma hipótese (Condicional),
d) ordem (Imperativo).

Ex. Io **dormo** sempre tardi. (Indicativo)
È probabile che **venga** anche Mario. (Subjuntivo)
Io **comprerei** questa macchina se potessi. (Condicional)
Mangia tutto! (Imperativo)

TEMPO

O tempo serve para precisar a relação cronológica entre o momento em que se fala (ou se escreve) e o momento em que se verifica o fato do qual se fala (ou se escreve).

Esta relação pode ser de:

a) **Contemporaneidade** - *Presente*: se o fato acontece no momento em que se fala ou se escreve.

Ex. Carlo escreve um livro.

b) Anteriorità - *Passato:* se il fatto avviene in un momento anteriore a quello in cui si parla o si scrive.

Es. Carlo scriveva (ha scritto, scrisse, aveva scritto, ebbe scritto) un libro.

c) Posteriorità - *Futuro:* se il fatto avviene in un momento posteriore a quello in cui si parla o si scrive.

Es. Carlo scriverà un libro.

I tempi del verbo sono: *Semplici* o *Composti*

Sono **semplici**: il *presente*, *l'imperfetto*, il *passato remoto* e il *futuro* dell'Indicativo, il Condizionale *semplice* e l'Imperativo e il *presente* e *l'imperfetto* del Congiuntivo. Il *presente* del Participio, del Gerundio e dell'Infinito.

Sono **composti**: il *passato prossimo*, il *trapassato prossimo*, il *futuro anteriore* e il *trapassato remoto* dell'Indicativo. Il Condizionale *composto*, il *passato* del Congiuntivo, del Participio, del Gerundio e dell'Infinito e il *trapassato* del Congiuntivo.

PERSONA E NUMERO

Ogni tempo dei modi finiti è costituito da **3 persone per il singolare** (solo l'Imperativo non ha la prima persona singolare) e **3 persone per il plurale**.

La prima persona designa il parlante (**io - noi**), la seconda persona designa l'ascoltatore (**tu - voi**), la terza persona designa qualsiasi altro individuo, presente o assente, o oggetto (**lui, lei, Lei - loro, Loro**).

b) Anterioridade - *Pretérito* ou *Passado*: se o fato acontece no momento anterior àquele em que se fala ou se escreve.

Ex. Carlo escrevia (escreveu, escrevera) um livro.

c) Posterioridade - *Futuro*: se o fato acontece em um momento posterior àquele em que se fala ou se escreve.

Ex. Carlo escreverá um livro.

Os tempos do verbo são: SIMPLES ou COMPOSTOS

São **simples**: o *presente*, o *pretérito imperfeito*, o *pretérito perfeito*, o *futuro do presente* e o *futuro do pretérito* do Indicativo (este último, em italiano, pertence ao Modo Condicional, que não existe no português), o *imperativo*, o *presente* e o *pretérito imperfeito* do Subjuntivo. O *particípio* (não existe o presente deste modo em português), o *presente* do Gerúndio e o *infinitivo impessoal*.

São **compostos**: os tempos formados pelos auxiliares *ser* ou *ter* (*essere* ou *avere*) mais o Particípio Passado do verbo, como: o *pretérito perfeito composto* (porém não é usado com a mesma conotação. Ver explicação no fim deste parágrafo), o *pretérito mais- -que-perfeito composto*, o *futuro do presente* e o *futuro do pretérito composto* do Indicativo (este último, em italiano, pertence ao Modo Condicional, que não existe em português). O *pretérito perfeito composto* e o *pretérito mais-que-perfeito composto* do Subjuntivo. O *gerúndio composto* e o *infinitivo impessoal composto*. Não existe em português a forma composta do *particípio*.

OBSERVAÇÃO: o tempo, em português, que corresponde ao Passato Prossimo (e ao Passato Remoto) é o Pretérito Perfeito e não o Pretérito Perfeito Composto que indica a repetição de uma ação.

Ex. "Eu tenho lido muitos livros" significa que, recentemente, eu tenho feito esta ação repetidas vezes. Enquanto: "Io ho letto molti libri" significa que eu fiz esta ação no passado, sem conotação de repetição.

PESSOA E NÚMERO

Cada tempo dos modos finitos é constituído de **3 pessoas para o singular** (apenas o Imperativo não possui a primeira pessoa do singular) e **3 pessoas para o plural**.

A primeira pessoa designa o falante (**eu - nós**), a segunda pessoa designa o ouvinte (**tu - vós**), a terceira pessoa designa qualquer outro indivíduo, presente ou ausente, ou objeto (**ele, ela, o Sr., a Sra. - eles, elas, os Srs., as Sras.**).

PRONOMI PERSONALI SOGGETTO

	Singolare	Plurale
Prima Persona	**io**	**noi**
Seconda Persona	**tu**	**voi**
Terza Persona	**lui, lei**	**loro**
	Lei	**Loro**

OSSERVAZIONI

- I pronomi personali **Lei** e **Loro**, per il trattamento formale, sono usati per uomo e per donna.
- Esistono, per la terza persona, altri pronomi meno usati come: **egli, ella, esso, essa** (per il singolare) e **essi, esse** (per il plurale).
- Le forme di 3ª persona (sing. e pl.) servono per qualsiasi soggetto: persone, animali, oggetti.
- I pronomi personali soggetto sono dispensabili nella lingua italiana poiché la desinenza verbale indica la persona e il numero. Es. am-**o** (io), am-**i** (tu), am-**a** (lui), am-**iamo** (noi), am-**ate** (voi), am-**ano** (loro). È necessario invece usare il pronome con le 3 persone singolari del Presente del Congiuntivo e le prime due persone singolari dell'Imperfetto del Congiuntivo, le cui desinenze sono uguali tra loro.

II - Verbi Ausiliari

In italiano esistono solo due verbi ausiliari: **essere** *e* **avere**.

Nei tempi composti **essere** o **avere** sono coniugati insieme al Participio Passato del verbo che si vuole coniugare (Es. **Ho mangiato** una mela, **sono uscito** con Carlo).

Quando l'ausiliare è **avere** *il Participio Passato rimane invariato, eccetto in alcuni casi che saranno trattati dopo.*

Es. Gianni ha comprat**o** una macchina.
    Piero e Luigi hanno comprat**o** una borsa.
    Maria ha comprat**o** delle riviste.
    Le ragazze hanno comprat**o** dei dischi.

PRONOMES PESSOAIS SUJEITO

	Singular	Plural
Primeira Pessoa	io	noi
Segunda Pessoa	tu	voi
Terceira Pessoa	lui, lei	loro
	Lei	Loro

OBSERVAÇÕES

- Os pronomes pessoais **Lei** e **Loro**, para o tratamento formal, são usados tanto para homem como para mulher.
- Existem, para a terceira pessoa, outros pronomes menos usados como: **egli**, **ella**, **esso**, **essa** (para o singular) e **essi**, **esse** (para o plural).
- As formas de terceira pessoa (singular e plural) servem para qualquer sujeito: pessoas, animais, objetos.
- Os pronomes pessoais sujeito são dispensáveis na língua italiana, pois a desinência verbal indica a pessoa e o número. É necessário, no entanto, usar o pronome com as 3 pessoas singulares do Presente do Subjuntivo e as duas primeiras pessoas singulares do Pretérito Imperfeito do Subjuntivo, cujas desinências são iguais entre si.

II - Verbos Auxiliares

Em italiano existem apenas dois verbos auxiliares: **essere**, que corresponde a "**ser, estar**" (Ex. Io **sono** italiano, eu **sou** italiano, io **sono** in giardino, eu **estou** no jardim), e **avere**, que corresponde a "**ter, possuir**" (Ex. Io **ho** un gatto bianco, eu **tenho** um gato branco).

Nos tempos compostos, **essere** ou **avere** são conjugados com o Particípio Passado do verbo a ser conjugado (Ex. **Ho mangiato** una mela, eu comi uma maçã, **sono uscito** con Carlo, saí com Carlo).

Quando o auxiliar é **avere**, *o Particípio Passado fica inalterado*, exceto em alguns casos que serão tratados mais adiante.

Ex. Gianni ha comprat**o** una macchina.
  Piero e Luigi hanno comprat**o** una borsa.
  Maria ha comprat**o** delle riviste.
  Le ragazze hanno comprat**o** dei dischi.

Quando l'ausiliare è **essere** il Participio Passato concorda in genere e numero con il soggetto.

Es. Paolo è arriva**to** tardi.
Giovanna è arriva**ta** tardi.
Paolo e Carlo sono arriva**ti** tardi.
Paola e Maria sono arriva**te** tardi.

VERBO ESSERE

– La coniugazione completa del verbo **essere** è nella 3ª parte.

Il Participio Passato del verbo **essere**, **"stato"**, è stato preso dal verbo "stare" poiché il vero Participio Passato di **essere** è la voce arcaica "suto".

Oltre alla funzione di ausiliare, il verbo **essere** ha anche quella di copula per la formazione del predicato nominale (Es. Il bambino **è** buono).

C'È - CI SONO (ESSERCI)

Le terze persone singolari e plurali del verbo **essere** possono essere precedute da **ci** in tutti i tempi dei Modi Finiti.

Es. **C'è, ci sono - c'era, c'erano - ci sarà, ci saranno - ci sarebbe, ci sarebbero - ci sia, ci siano - ci fosse, ci fossero - c'è stato, ci sono stati** ecc.

L'impiego del verbo ESSERE nei Tempi Composti

L'ausiliare *essere* è usato per formare i tempi composti
1) del verbo **essere**:
   Es. Maria **è stata** in Italia l'anno scorso.

2) dei verbi ***intransitivi*** (ma non tutti):
   Es. Mauro **è uscito** in fretta.

*Quando o auxiliar é **essere**, o Particípio Passado concorda em gênero e número com o sujeito.*

Ex. Paolo è arriva**to** tardi.
Giovanna è arriva**ta** tardi.
Paolo e Carlo sono arriva**ti** tardi.
Paola e Maria sono arriva**te** tardi.

VERBO ESSERE

A conjugação completa do verbo **essere** está na 3ª parte.

O Particípio Passado do verbo **essere**, "**stato**", foi tomado do verbo "stare", pois o verdadeiro Particípio Passado de **essere** é a voz arcaica "suto".

Além de ter a função de auxiliar, o verbo **essere** é também um verbo de ligação que une o predicativo ao sujeito (Ex. Il bambino **è** buono, o menino é bom).

C'È - CI SONO (ESSERCI)

As terceiras pessoas (sing. e pl.) do verbo **essere** podem ser precedidas por **ci** em todos os tempos dos Modos Finitos e têm o significado de "haver" (no sentido de "existir").

Ex. **C'è, ci sono - c'era, c'erano - ci sarà, ci saranno - ci sarebbe, ci sarebbero - ci sia, ci siano - ci fosse, ci fossero - c'è stato, ci sono stati** etc.

OBSERVAÇÃO: Enquanto em português não é feita nenhuma concordância se **há** "uma coisa" ou "muitas coisas", em italiano torna-se necessária a concordância:
Ex. In questa classe **c'è** un alunno.
In questa classe **ci sono** molti alunni.

O emprego do verbo ESSERE nos tempos compostos

O auxiliar *essere* é usado para formar os tempos compostos
1) do verbo **essere**:
Ex. Maria **è stata** in Italia l'anno scorso.

2) dos verbos ***intransitivos*** (mas não todos):
Ex. Mauro **è uscito** in fretta.

3) dei verbi *riflessivi* e *pronominali*:
   Es. Tu **ti sei vestito** in bagno.
   Voi **vi siete vergognati** della cattiva azione.

4) di tutti i tempi della *voce passiva*:
   Es. Gli alunni **sono stati lodati** dal professore.

5) dei verbi *impersonali* come: **accadere** (acontecer), **avvenire** (acontecer), **bastare** (bastar), **bisognare** (ser preciso), **constare** (constar), **convenire** (convir), **dispiacere** (desagradar, sentir muito), **occorrere** (ocorrer, ser preciso), **parere** (parecer), **piacere** (gostar de), **sembrare** (parecer), **succedere** (acontecer).
   Es. **È accaduta** una disgrazia.

N.B. Per i verbi che indicano fenomeni atmosferici come: **piovere, nevicare, tuonare, lampeggiare, spiovere, albeggiare** ecc., l'ausiliare può essere: *avere* o *essere*.

Es. **Ha** nevicato ieri - **È** nevicato ieri.

VERBI PIÙ COMUNI CHE USANO <u>*ESSERE*</u> *NEI TEMPI COMPOSTI*

Accadere (*accadere*)   **È accaduto** un miracolo.
Andare (*ir*)   Carlo **è andato** al cinema.
Apparire (*aparecer*)   Il gatto **è apparso** sulla porta.
Appassire (*murchar*)   La rosa **è appassita**
Arrivare (*chegar*)   **Siete arrivati** troppo tardi.
Avvenire (*acontecer*)   **È avvenuto** un fatto curioso.
Bastare (*bastar*)   **Sono bastate** poche parole per convincerlo.
Cadere (*cair*)   **Sono caduto** per le scale.
Capitare (*acontecer*)   **Sono capitate** cose strane in questa casa.
Cascare (*cair*)   **È cascato** dalle nuvole quando gli ho raccontato la verità.
Comparire (*comparecer*)   **È comparso** senza che me l'aspettassi.
Costare (*custar*)   **È costato** poco questo viaggio.
Crescere (*crescer*)   I bambini **sono cresciuti** molto.
Dipendere (*depender*)   Tutto **è dipeso** da te.
Dispiacere (*desagradar*)   Mi **è dispiaciuto** che tu non sia venuta alla
      (*ficar sentido*)   mia festa.
Divenire (*tornar-se*)   Ad un tratto **è divenuto** pallido.
Diventare (*tornar-se*)   Questa attrice **è diventata** brava.

3) dos verbos **reflexivos** e **pronominais**:
   Ex. Tu **ti sei vestito** in bagno.
       Voi **vi siete vergognati** della cattiva azione.

4) de todos os tempos da **voz passiva**:
   Ex. Gli alunni **sono stati lodati** dal professore.

5) dos verbos **impessoais** como: **accadere** (acontecer), **avvenire** (acontecer), **bastare** (bastar), **bisognare** (ser preciso), **constare** (constar), **convenire** (convir), **dispiacere** (desagradar, sentir muito), **occorrere** (ocorrer, ser preciso), **parere** (parecer), **piacere** (gostar de), **sembrare** (parecer), **succedere** (acontecer).
   Ex. **È accaduta** una disgrazia.

N.B.: Para os verbos que indicam fenômenos atmosféricos como: **piovere** - chover, **nevicare** - nevar, **tuonare** - trovejar, **lampeggiare** - lampejar, **spiovere** - parar de chover, **albeggiare** - alvorecer, o auxiliar pode ser **avere** ou **essere**.

Ex. **Ha** nevicato ieri - **È** nevicato ieri.

VERBOS MAIS COMUNS QUE USAM ESSERE NOS TEMPOS COMPOSTOS

Accadere (*acontecer*)	**È accaduto** un miracolo.
Andare (*ir*)	Carlo **è andato** al cinema.
Apparire (*aparecer*)	Il gatto **è apparso** sulla porta.
Appassire (*murchar*)	La rosa **è appassita**.
Arrivare (*chegar*)	**Siete arrivati** troppo tardi.
Avvenire (*acontecer*)	**È avvenuto** un fatto curioso.
Bastare (*bastar*)	**Sono bastate** poche parole per convincerlo.
Cadere (*cair*)	**Sono caduto** per le scale.
Capitare (*acontecer*)	**Sono capitate** cose strane in questa casa.
Cascare (*cair*)	**È cascato** dalle nuvole quando gli ho raccontato la verità.
Comparire (*comparecer*)	**È comparso** senza che me l'aspettassi.
Costare (*custar*)	**È costato** poco questo viaggio.
Crescere (*crescer*)	I bambini **sono cresciuti** molto.
Dipendere (*depender*)	Tutto **è dipeso** da te.
Dispiacere (*desagradar*) (*ficar sentido*)	Mi **è dispiaciuto** che tu non sia venuta alla mia festa.
Divenire (*tornar-se*)	Ad un tratto **è divenuto** pallido.
Diventare (*tornar-se*)	Questa attrice **è diventata** brava.

Durare (*durar*)	L'operazione è **durata** tre ore.
Emergere (*emergir*)	**È emersa** dall'acqua come per incanto.
Entrare (*entrar*)	**Siamo entrati** con la nostra chiave.
Esistere (*existir*)	Questa ipotesi non è mai **esistita**.
Fiorire (*florescer*)	Le dalie **sono** già **fiorite**.
Fuggire (*fugir*)	I ladri **sono fuggiti**.
Giungere (*chegar*)	**Siete giunti** troppo tardi.
Guarire (*sarar*) (*restabelecer-se*)	Era malato ma **è guarito** in pochi giorni.
Impazzire (*enlouquecer*)	**È impazzito** dalla gioia quando ti ha visto.
Incretinire (*entontecer*)	È da un po' di tempo che **è incretinito**.
Ingrassare (*engordar*)	**Sono ingrassata** cinque chili.
Invecchiare (*envelhecer*)	**È invecchiato** da quando ha perso la moglie.
Morire (*morrer*)	I pesci **sono morti** per l'inquinamento.
Nascere (*nascer*)	**Sono nati** molti bambini negli ultimi mesi.
Occorrere (*precisar*)	**Sono occorsi** molti sedativi per calmarlo.
(*acontecer*)	**Sono occorse** cose meravigliose ieri.
Partire (*partir*)	Il treno è già **partito**.
Perire (*perecer*)	**È perito** in guerra.
Piacere (*agradar*)	Mi **è piaciuto** il film di ieri.
Restare (*ficar*)	**È restato** a bocca aperta.
Rientrare (*voltar*)	**Sei rientrato** molto tardi ieri.
Rimanere (*ficar*)	**Sono rimasti** contenti del regalo.
Ritornare (*voltar*)	A che ora **siete ritornati**?
Riuscire (*conseguir*)	Non **sono riuscito** a convincerlo.
(*sair de novo*)	È venuto ma **è riuscito** subito.
Scadere (*vencer-prazo*)	La cambiale **è scaduta** ieri.
Scappare (*fugir*)	Il cane **è scappato** dal canile.
Scomparire (*desaparecer*)	L'aereo **è scomparso** tra le nuvole.
Sembrare (*parecer*)	Lui mi **è sembrato** simpatico, lei no.
Sorgere (*surgir*)	Il sole **è sorto** dietro la collina.
Sparire (*desaparecer*)	**È sparito** senza dire niente.
Stare (*estar*)	**Sono stato** in Italia molte volte.
Succedere (*acontecer*)	**È successo** quello che prevedevo.
Svanire (*desvanecer*)	Le nuvole **sono svanite** nel cielo.
Svenire (*desmaiar*)	**È svenuta** dall'emozione.
Tornare (*voltar*)	Quando **siete tornati** dall'Europa?
Tramontare (*tramontar*)	Il sole è già **tramontato**.
Uscire (*sair*)	A che ora **sei uscito**?
Venire (*vir*)	Loro non **sono venuti** al bar.

Durare (*durar*)	L'operazione **è durata** tre ore.
Emergere (*emergir*)	**È emersa** dall'acqua come per incanto.
Entrare (*entrar*)	**Siamo entrati** con la nostra chiave.
Esistere (*existir*)	Questa ipotesi non **è** mai **esistita**.
Fiorire (*florescer*)	Le dalie **sono** già **fiorite**.
Fuggire (*fugir*)	I ladri **sono fuggiti**.
Giungere (*chegar*)	**Siete giunti** troppo tardi.
Guarire (*sarar*) (*restabelecer-se*)	Era malato ma **è guarito** in pochi giorni.
Impazzire (*enlouquecer*)	**È impazzito** dalla gioia quando ti ha visto.
Incretinire (*entontecer*)	È da un po' di tempo che **è incretinito**.
Ingrassare (*engordar*)	**Sono ingrassata** cinque chili.
Invecchiare (*envelhecer*)	**È invecchiato** da quando ha perso la moglie.
Morire (*morrer*)	I pesci **sono morti** per l'inquinamento.
Nascere (*nascer*)	**Sono nati** molti bambini negli ultimi mesi.
Occorrere (*precisar*)	**Sono occorsi** molti sedativi per calmarlo.
(*acontecer*)	**Sono occorse** cose meravigliose ieri.
Partire (*partir*)	Il treno è già **partito**.
Perire (*perecer*)	**È perito** in guerra.
Piacere (*agradar*)	Mi **è piaciuto** il film di ieri.
Restare (*ficar*)	**È restato** a bocca aperta.
Rientrare (*voltar*)	**Sei rientrato** molto tardi ieri.
Rimanere (*ficar*)	**Sono rimasti** contenti del regalo.
Ritornare (*voltar*)	A che ora **siete ritornati**?
Riuscire (*conseguir*)	Non **sono riuscito** a convincerlo.
(*sair de novo*)	È venuto ma **è riuscito** subito.
Scadere (*vencer-prazo*)	La cambiale **è scaduta** ieri.
Scappare (*fugir*)	Il cane **è scappato** dal canile.
Scomparire (*desaparecer*)	L'aereo **è scomparso** tra le nuvole.
Sembrare (*parecer*)	Lui mi **è sembrato** simpatico, lei no.
Sorgere (*surgir*)	Il sole **è sorto** dietro la collina.
Sparire (*desaparecer*)	**È sparito** senza dire niente.
Stare (*estar*)	**Sono stato** in Italia molte volte.
Succedere (*acontecer*)	**È successo** quello che prevedevo.
Svanire (*desvanecer*)	Le nuvole **sono svanite** nel cielo.
Svenire (*desmaiar*)	**È svenuta** dall'emozione.
Tornare (*voltar*)	Quando **siete tornati** dall'Europa?
Tramontare (*tramontar*)	Il sole è già **tramontato**.
Uscire (*sair*)	A che ora **sei uscito**?
Venire (*vir*)	Loro non **sono venuti** al bar.

VERBO AVERE

La coniugazione completa del verbo *avere* è nella 3ª parte.

Le forme con "H" del verbo AVERE

Le 4 forme del Presente dell'Indicativo (le 3 del singolare e la 3ª del plurale) cominciano per H per distinguerle dalle omofone (che hanno lo stesso suono) forme senza H. **Ho, hai, ha, hanno** sono le uniche parole che cominciano per H in italiano.

1) Io **ho** - **o** (congiunzione)
   Es. Quale dolce vuoi, questo **o** quello?

2) Tu **hai** - **ai** (preposizione articolata)
   Es. Abbiamo dato il gelato **ai** bambini.

3) Lui/lei **ha** - **a** (preposizione)
   Es. Vado **a** casa.

4) Loro **hanno** - **anno** (sostantivo)
   Es. Lui va in Italia una volta l'**anno**.

Qualche volta, ma raramente, si possono trovare queste forme senza **h**, che viene sostituita da un accento:

Io **ò** - tu **ài** - lui **à** - loro **ànno**

Il verbo *riavere* si coniuga come *avere*, eccetto per le persone che sono precedute da un **h** al Presente dell'Indicativo.

Io **riò**, tu **riài**, lui **rià**, loro **riànno**.

L'impiego del verbo AVERE nei Tempi Composti

L'ausiliare *avere* è usato per formare i tempi composti

1) del verbo *avere*:
   Es. Io **ho avuto** molta paura.

2) di tutti i verbi *transitivi*:
   Es. Lui **ha acceso** la sigaretta.

VERBO AVERE

A conjugação completa do verbo *avere* está na 3ª parte.

As formas com "H" do verbo AVERE

As 4 formas do Presente do Indicativo (as 3 do singular e a 3ª do plural) começam por H para distingui-las das formas homófonas (que possuem o mesmo som) sem H. **Ho**, **hai**, **ha**, **hanno** são as únicas palavras da língua italiana que começam por H.

1) Io **ho** - **o** (conjunção)
   Ex. Quale dolce vuoi, questo **o** quello?
   Qual doce você quer, este ou aquele?

2) Tu **hai** - **ai** (preposição **a** + artigo **i**)
   Ex. Abbiamo dato il gelato **ai** bambini.
   Demos o sorvete aos meninos.

3) Lui/lei **ha** - **a** (preposição)
   Ex. Vado **a** casa.
   Vou para casa.

4) Loro **hanno** - **anno** (substantivo)
   Ex. Lui va in Italia una volta l'**anno**.
   Ele vai para a Itália uma vez por ano.

Algumas vezes, porém raramente, estas formas podem ser encontradas sem o **h**, que será substituído por um acento:

Io **ò** - tu **ài** - lui **à** - loro **ànno**

O verbo *riavere* (*reaver*) é conjugado como *avere*, exceto nas 4 pessoas do Presente do Indicativo que começam por **h**.

Io **riò**, tu **riài**, lui **rià**, loro **riànno**.

O emprego do verbo AVERE nos tempos compostos

O auxiliar *avere* é usado para formar os tempos compostos

1) do verbo *avere*:
   Ex. Io **ho avuto** molta paura.

2) de todos os verbos *transitivos*:
   Ex. Lui **ha acceso** la sigaretta.

3) di **alcuni verbi intransitivi** come: **giocare, dormire, parlare** e altri.
Es. I bambini **hanno giocato** a palla.
Il nonno **ha dormito** troppo.
Tu **hai parlato** tutta la sera.

MA: verbi intransitivi usati in forma riflessiva usano l'ausiliare *essere*.

Es. **Si è giocato** tutta la fortuna al gioco.

IMPORTANTE: In italiano sono considerati *transitivi* solo i verbi che hanno un complemento oggetto. I verbi con complemento di termine sono considerati intransitivi (con ausiliare *avere*).

Es. **Ho scritto** a Carlo.

Concordanza del Participio Passato dei verbi coniugati con AVERE

Come abbiamo già detto, il Participio Passato dei verbi, i cui tempi composti sono con *avere*, non concorda con il soggetto né con il complemento oggetto.

Es. La zi**a**   ha scritt**o**   le letter**e**
    soggetto   *verbo*   *compl. oggetto*

Però concorda in genere e numero con il complemento oggetto se questo è rappresentato dalle particelle pronominali (lo, la, li, le, ne) e precede il verbo.

Es. Mario   ha incontrato gli   amici e   l**i**   ha salutat**i**
    sogg.   *verbo*   *compl. ogg.*   *compl. ogg.*   *verbo*

Come si può costatare, non esiste una regola che stabilisca quale ausiliare usare con i verbi intransitivi. In caso di dubbio, è sempre utile consultare un buon dizionario. Tuttavia, per una rapida consultazione, diamo una lista dei verbi intransitivi più comuni, costruiti con *avere*.

3) de **alguns verbos intransitivos** como: **giocare** - jogar, brincar, **dormire** - dormir, **parlare** - falar e outros.
Ex. I bambini **hanno giocato** a palla.
Il nonno **ha dormito** troppo.
Tu **hai parlato** tutta la sera.

MAS: os verbos intransitivos usados na voz reflexiva usam o auxiliar ***essere***.

Ex. **Si è giocato** tutta la fortuna al gioco.

IMPORTANTE: Em italiano são considerados ***transitivos*** apenas os verbos que possuem um objeto direto (O.D.). Os verbos que têm um objeto indireto (O.I.) são considerados intransitivos (com auxiliar ***avere***).

Ex. **Ho scritto** a Carlo.

Concordância do Particípio Passado dos verbos conjugados com AVERE

Como já dissemos, o Particípio Passado dos verbos cujos tempos compostos são formados com ***avere*** não concorda nem com o sujeito nem com o objeto direto.

Ex. La zi**a**   ha scritt**o**   le letter**e**
    sujeito   *verbo*   *objeto direto*

Porém concorda em gênero e número com o objeto direto (O.D.) quando este é representado pelos pronomes (lo, la, li, le, ne) e precede o verbo.

Ex. Loro   hanno visto   le ragazze e   **le**   hanno invitat**e**
   sujeito   *verbo*   *O.D.*   *O.D.*   *verbo*

Como se pode constatar, não existe uma regra que estabeleça qual auxiliar usar com os verbos intransitivos. Em caso de dúvida, é sempre útil consultar um bom dicionário. Todavia, para uma rápida consulta, damos a seguir uma lista dos verbos intransitivos mais comuns, cujos tempos compostos são com ***avere***.

PRINCIPALI VERBI INTRANSITIVI CHE USANO L'AUSILIARE __AVERE__

Abbaiare (*latir*)	I cani **hanno abbaiato** molto.
Abusare (*abusar*)	**Hanno abusato** della mia buona volontà.
Accennare (*acenar*)	**Ha accennato** con il fazzoletto bianco.
Agire (*agir*)	Tu **hai agito** bene.
Approfittare (*aproveitar*)	**Abbiamo approfittato** delle vacanze per fare un viaggio.
Badare (*prestar atenção*)	**Ho badato** bene di non cadere.
Ballare (*dançar, bailar*)	**Ho ballato** tutta la sera con Carlo.
Barcollare (*cambalear*) (*balançar*)	La nave **ha barcollato** molto.
Bisticciare (*brigar*)	Marito e moglie **hanno bisticciato**.
Brillare (*brilhar*)	Il sole ieri non **ha brillato**.
Camminare (*caminhar*)	Adesso mi riposo perché **ho camminato** molto.
Collaborare (*colaborar*)	**Hanno collaborato** nella costruzione dell'autostrada.
Consentire (*consentir*)	**Hanno consentito** alla mia richiesta.
Contribuire (*contribuir*)	**Ha contribuito** allo sviluppo della Patria.
Dormire (*dormir*)	**Ha dormito** fuori casa ieri.
Esitare (*hesitar*)	Non **hanno esitato** a aiutarci.
Esultare (*exultar*)	**Ha esultato** con il suo successo.
Faticare (*trabalhar*) (*esforçar-se*)	**Ha faticato** a fare questo lavoro.
Galleggiare (*boiar*)	**Ho galleggiato** per riposarmi nell'acqua.
Giocare (*jogar, brincar*)	**Ho giocato** a carte con i nonni.
Gironzolare (*perambular*)	**Ha gironzolato** solo per la città.
Influire (*influir*)	Questo **ha influito** nella mia vita.
Insistere (*insistir*)	**Ha insistito** che io fossi da lui.
Litigare (*brigar*)	Mario **ha litigato** con sua moglie.
Marciare (*marchar*)	**Hanno marciato** sotto il sole.
Nuocere (*prejudicar*)	Quei fatti **hanno nociuto** alla sua reputazione.
Oscillare (*oscilar*)	L'albero **ha oscillato** poi è caduto.
Parlare (*falar*)	**Ha** sempre **parlato** molto al telefono.
Passeggiare (*passear*)	**Avete passeggiato** nel parco?
Pazientare (*ter paciência*)	**Hanno pazientato** fino a ieri.
Pernottare (*pernoitar*)	Hai già **pernottato** in questo Hotel?
Presiedere (*presidir*)	Chi **ha presieduto** la riunione?
Ragionare (*raciocinar*)	**Hai ragionato** prima di rispondere?

PRINCIPAIS VERBOS INTRANSITIVOS QUE USAM O AUXILIAR *AVERE*

Abbaiare (*latir*)	I cani **hanno abbaiato** molto.
Abusare (*abusar*)	**Hanno abusato** della mia buona volontà.
Accennare (*acenar*)	**Ha accennato** con il fazzoletto bianco.
Agire (*agir*)	Tu **hai agito** bene.
Approfittare (*aproveitar*)	**Abbiamo approfittato** delle vacanze per fare un viaggio.
Badare (*prestar atenção*)	**Ho badato** bene di non cadere.
Ballare (*dançar, bailar*)	**Ho ballato** tutta la sera con Carlo.
Barcollare (*cambalear*) (*balançar*)	La nave **ha barcollato** molto.
Bisticciare (*brigar*)	Marito e moglie **hanno bisticciato**.
Brillare (*brilhar*)	Il sole ieri non **ha brillato**.
Camminare (*caminhar*)	Adesso mi riposo perché **ho camminato** molto.
Collaborare (*colaborar*)	**Hanno collaborato** nella costruzione dell'autostrada.
Consentire (*consentir*)	**Hanno consentito** alla mia richiesta.
Contribuire (*contribuir*)	**Ha contribuito** allo sviluppo della Patria.
Dormire (*dormir*)	**Ha dormito** fuori casa ieri.
Esitare (*hesitar*)	Non **hanno esitato** a aiutarci.
Esultare (*exultar*)	**Ha esultato** con il suo successo.
Faticare (*trabalhar*) (*esforçar-se*)	**Ha faticato** a fare questo lavoro.
Galleggiare (*boiar*)	**Ho galleggiato** per riposarmi nell'acqua.
Giocare (*jogar, brincar*)	**Ho giocato** a carte con i nonni.
Gironzolare (*perambular*)	**Ha gironzolato** solo per la città.
Influire (*influir*)	Questo **ha influito** nella mia vita.
Insistere (*insistir*)	**Ha insistito** che io fossi da lui.
Litigare (*brigar*)	Mario **ha litigato** con sua moglie.
Marciare (*marchar*)	**Hanno marciato** sotto il sole.
Nuocere (*prejudicar*)	Quei fatti **hanno nociuto** alla sua reputazione.
Oscillare (*oscilar*)	L'albero **ha oscillato** poi è caduto.
Parlare (*falar*)	**Ha** sempre **parlato** molto al telefono.
Passeggiare (*passear*)	**Avete passeggiato** nel parco?
Pazientare (*ter paciência*)	**Hanno pazientato** fino a ieri.
Pernottare (*pernoitar*)	**Hai** già **pernottato** in questo Hotel?
Presiedere (*presidir*)	Chi **ha presieduto** la riunione?
Ragionare (*raciocinar*)	**Hai ragionato** prima di rispondere?

Resistere (*resistir*)	Non **ha resistito** alla tentazione.
Rimediare (*remediar*)	**Hai rimediato** all'errore fatto?
Rinunciare (*renunciar*)	Perché **hai rinunciato** al successo?
Singhiozzare (*soluçar*)	**Ha singhiozzato** dalla tristezza.
Sorridere (*sorrir*)	Il bambino **ha sorriso** alla mamma.
Tardare (*atrasar*)	Scusami se **ho tardato** un po'.
Tremare (*tremer*)	**Ha tremato** dal freddo.
Trionfare (*triunfar*)	Finalmente la virtù **ha trionfato**.
Vagar (*vaguear*)	**Hanno vagato** tutta la notte.
Viaggiare (*viajar*)	**Ha viaggiato** con il figlio.
Vogare (*remar*)	**Ho vogato** durante alcuni minuti.
Zoppicare (*mancar*)	**Ho zoppicato** perché mi faceva male il piede.

III - Verbi Servili (o Modali)

I verbi servili sono: ***volere***, ***potere*** e ***dovere***. Questi verbi vengono accompagnati sempre da un verbo all'Infinito.

Es. **Vorrei** prendere un tè.
   Potevano telefonare prima.
   Deve partire tra poco.

Sono chiamati ***servili*** perché "servono" il verbo che li segue, indicando la persona (vorrei = io, potevano = loro, deve = lui) e il modo e il tempo (vorrei = Condizionale Presente, potevano = Indicativo Imperfetto, deve = Indicativo Presente).

Sono anche chiamati ***modali*** perché indicano la "modalità" del verbo all'Infinito (volere = la volontà, potere = la possibilità, dovere = il dovere).

L'ausiliare di questi verbi è quello del verbo all'Infinito.
Es. **Hanno** voluto mangiare fuori. (mangiare = ausiliare ***avere***)

È dovuto uscire in fretta. (uscire = ausiliare ***essere***)

Ma quando un verbo servile è solo, cioè non è accompagnato da un verbo all'Infinito, l'ausiliare allora è ***avere***.
Es. Sei andato in Giappone?
   No, non **ho** potuto. (Ma: non **sono** potuto andare)

Oggi, però, c'è una tendenza sempre più forte a preferire l'ausiliare ***avere*** sempre.
Es. **Ho** dovuto salire fino al 3º piano.
   Invece di: **Sono** dovuto salire fino al 3º piano.

Resistere (*resistir*)	Non **ha resistito** alla tentazione.
Rimediare (*remediar*)	**Hai rimediato** all'errore fatto?
Rinunciare (*renunciar*)	Perché **hai rinunciato** al successo?
Singhiozzare (*soluçar*)	**Ha singhiozzato** dalla tristezza.
Sorridere (*sorrir*)	Il bambino **ha sorriso** alla mamma.
Tardare (*atrasar*)	Scusami se **ho tardato** un po'.
Tremare (*tremer*)	**Ha tremato** dal freddo.
Trionfare (*triunfar*)	Finalmente la virtù **ha trionfato**.
Vagar (*vaguear*)	**Hanno vagato** tutta la notte.
Viaggiare (*viajar*)	**Ha viaggiato** con il figlio.
Vogare (*remar*)	**Ho vogato** durante alcuni minuti.
Zoppicare (*mancar*)	**Ho zoppicato** perché mi faceva male il piede.

III - Volere - Potere - Dovere

Estes verbos têm a característica de ser sempre seguidos de um verbo no Infinitivo.
Ex. **Vorrei** prendere un tè.
Potevano telefonare prima.
Deve partire tra poco.

São chamados **servili** (servis) pois "servem" o verbo que os segue, indicando a pessoa (vorrei = io, potevano = loro, deve = lui) e o modo e o tempo (vorrei = Condizionale Presente, potevano = Indicativo Imperfetto, deve = Indicativo Presente).

São também chamados de **modali** (modais) por indicarem a "modalidade" do verbo no Infinitivo: volere = a vontade, potere = a possibilidade, dovere = o dever.

O auxiliar destes verbos é o mesmo do verbo no Infinitivo.
Ex. **Hanno** voluto mangiare fuori. (mangiare = aux. ***avere***)
È dovuto uscire in fretta. (uscire = aux. ***essere***)

Quando, porém, um desses verbos está sozinho, isto é, não está acompanhado de um verbo no Infinitivo, o auxiliar então será ***avere***.
Ex. Sei andato in Giappone?
No, non **ho** potuto. (Mas: non **sono** potuto andare?)

Hoje em dia há uma tendência, cada vez maior, em preferir o auxiliar ***avere*** sempre.
Ex. **Ho** dovuto salire fino al 3º piano.
No lugar de: **Sono** dovuto salire fino al 3º piano.

IV - Componenti del Verbo

1) Radice

Ogni verbo è composto da una radice, una vocale tematica (a volte inesistente in alcune forme) e una desinenza.

Per trovare la radice basta togliere al verbo la desinenza dell'Infinito: *are*, *ere*, *ire*. Cant*are* - **cant**; Ved*ere* - **ved**; Part*ire* - **part**.

Cant-, **ved-**, **part-** sono le radici che si manterranno sempre costanti quando i verbi sono regolari.

2) Vocale tematica

Ogni coniugazione ha la sua vocale tematica:
a per la 1ª coniugazione (cant-**a**-re)
e per la 2ª coniugazione (ved-**e**-re)
i per la 3ª coniugazione (part-**i**-re)

La vocale tematica può mancare in alcune forme come, per esempio, nel Presente dell'Indicativo: cant-o, ved-o, part-o, ma appare in fin-**i**-sco, o può cambiare in altre forme del verbo come nel Futuro: cant-**e**-rò, e nel Condizionale: cant-**e**-rei.

3) Tema

La radice e la vocale tematica formano il tema.

Cant-**a**-vo, **ved**-**e**-vo, **part**-**i**-vo.

Canta-, **vede-**, **parti-** sono il tema dei verbi **cantare**, **vedere**, **partire**.

4) Desinenza

Ogni tempo ha la sua desinenza che caratterizza anche la persona (1ª, 2ª, 3ª singolare e plurale). Nell'Imperfetto dell'Indicativo del verbo *cantare*: io cant-a-**vo**, tu cant-a-**vi**, lui cant-a-**va**, **vo-vi-va** sono le desinenze caratteristiche di questo tempo dell'Indicativo.

IV - Componentes do Verbo

1) Radical

Todo verbo é composto de um radical, uma vogal temática (às vezes inexistente em algumas formas) e uma desinência.

Para encontrar o radical basta tirar do verbo a desinência do Infinitivo: **Cant**are - **cant**; **Ved**ere - **ved**; **Part**ire - **part**.

Cant-, **ved**-, **part**- são os radicais que se manterão inalterados nos verbos regulares.

2) Vogal temática

Cada conjugação tem a sua vogal temática:
a para a 1ª conjugação (cant-**a**-re)
e para a 2ª conjugação (ved-**e**-re)
i para a 3ª conjugação (part-**i**-re)

A vogal temática pode faltar em algumas formas como, por exemplo, no Presente do Indicativo: cant-o, ved-o, part-o, mas aparece em fin-**i**-sco, ou pode mudar em outras formas do verbo como no Futuro: cant-**e**-rò (**e** no lugar de **a**) ou no Futuro do Pretérito: cant-**e**-rei (**e** no lugar de **a**).

3) Tema

O radical e a vogal temática formam o tema.

Cant-a-vo, **ved**-e-vo, **part**-i-vo.

Canta-, **vede**-, **parti**- são o tema dos verbos **cantare**, **vedere**, **partire**.

4) Desinência

Todo tempo tem a sua desinência que caracteriza também a pessoa (1ª, 2ª, 3ª singular e plural). No Imperfeito do Indicativo do verbo **cantare**: Io cant-a-**vo**, tu cant-a-**vi**, lui cant-a-**va**, **vo-vi-va** são as desinências características deste tempo do Indicativo.

V - Verbi Regolari

Un verbo è considerato regolare se mantiene, in tutte le sue forme, immutata la radice alla quale si aggiunge la desinenza. I verbi sono dati nel dizionario all'Infinito, dunque per coniugare qualsiasi verbo regolare basta trovare la radice, togliendo *are*, *ere*, *ire* dall'Infinito, e aggiungerci la desinenza. Nella 3ª parte c'è uno "schema riassuntivo delle desinenze delle tre coniugazioni".

LE 3 CONIUGAZIONI (ARE - ERE - IRE):

In italiano esistono 3 coniugazioni verbali:

La 1ª in *are* come: cant-*are*, am-*are*, lavor-*are*
La 2ª in *ere* come: ved-*ere*, tem-*ere*, cred-*ere*
La 3ª in *ire* come: dorm-*ire*, part-*ire* (per il 1º gruppo) e
                fin-*ire*, pun-*ire* (per il 2º gruppo)

Abbiamo scelto i verbi *amare*, *temere* e *sentire* di cui diamo il paradigma completo nella 3ª parte (la desinenza è scritta neretto).

1ª CONIUGAZIONE

La coniugazione completa di *amare* è nella 3ª parte.

ALCUNE PARTICOLARITÀ DEI VERBI DELLA 1ª CONIUGAZIONE

Verbi in CARE - GARE

I verbi della 1ª coniugazione in *care* (come: gio*care*) e *gare* (come: pa*gare*) inseriscono una "**h**" tra la radice e le desinenze che cominciano per **e** o per **i**, per mantenere il suono velare /k/ e /g/.
Es. tu gio**chi** - noi pag**heremo**

I tempi di questi verbi in cui appare l'"h" sono nella 3ª parte.

Verbi in CIARE - GIARE - SCIARE

I verbi in *ciare* (come: comin*ciare*), *giare* (come: man*giare*) e *sciare* (come: la*sciare*) perdono l'**i** quando la desinenza comincia per **e** o per **i**. Questi verbi sono coniugati nella 3ª parte (solo i tempi in cui appare l'irregolarità).
Es. comin**ce**rete - man**gi**amo - la**sce**rei.

V - Verbos Regulares

Um verbo é considerado regular se ele mantém, em todas as suas formas, inalterado o radical ao qual se acrescenta a desinência. Os verbos são dados pelo dicionário no Infinitivo; portanto, para conjugar qualquer verbo regular basta encontrar o radical, tirando *are*, *ere*, *ire* do Infinitivo, e acrescentar a desinência. Na 3ª parte há um "quadro sinótico das desinências das 3 conjugações".

AS 3 CONJUGAÇÕES (ARE - ERE - IRE):

Em italiano existem 3 conjugações verbais:

A 1ª em *are* como: cant-*are*, am-*are*, lavor-*are*
A 2ª em *ere* como: ved-*ere*, tem-*ere*, cred-*ere*
A 3ª em *ire* como: dorm-*ire*, part-*ire* (para o 1º grupo) e
fin-*ire*, pun-*ire* (para o 2º grupo)

Escolhemos os verbos *amare*, *temere* e *sentire*, dos quais damos o paradigma completo na 3ª parte (a desinência está escrita em negrito).

1ª CONJUGAÇÃO

A conjugação completa de *amare* está na 3ª parte.

ALGUMAS PARTICULARIDADES DOS VERBOS DA 1ª CONJUGAÇÃO

Verbos que terminam em CARE - GARE

Os verbos da 1ª conjugação que terminam em *care* (como: gio*care*) e *gare* (como: pa*gare*) inserem um "h" entre o radical e as desinências que começam por **e** ou por **i** para manter o som velar /k/ e /g/.
Ex. tu gio**ch**i - noi pag**h**eremo
Os tempos desses verbos em que aparece o "h" estão na 3ª parte.

Verbos que terminam em CIARE - GIARE - SCIARE

Os verbos em *ciare* (como: comin*ciare*), *giare* (como: man*giare*) e *sciare* (como: la*sciare*) perdem o **i** quando a desinência começa por **e** ou por **i**. Estes verbos encontram-se conjugados na 3ª parte (apenas os tempos em que a irregularidade aparece).
Ex. comin**ce**rete - man**gi**amo - la**sce**rei

Verbi in IARE

I verbi in *iare* (come inv*iare*, sc*iare*) che nella 1ª persona singolare dell'Indicativo Presente hanno l'accento sulla **i** (io inv**i**o, io sc**i**o) mantengono sempre la **i**, quando tonica (anche se la desinenza comincia per **i**): tu inv**i**-i, tu sc**i**-i. Ma la perdono se è atona (anche se la desinenza comincia per **i**): noi inv-**iamo**, noi sc-**iamo**.

Ma i verbi in *iare* (come: stud*iare*, od*iare*) che nella 1ª persona singolare dell'Indicativo Presente non hanno l'accento sulla **i** (io st**u**dio, io **o**dio) perdono la **i** davanti alle desinenze che cominciano per **i**: tu stud-**i**, tu od-**i**. Le forme irregolari di questi verbi sono coniugate nella 3ª parte.

2ª CONIUGAZIONE

La coniugazione completa di *temere* è nella 3ª parte.

ALCUNE PARTICOLARITÀ DEI VERBI DELLA 2ª CONIUGAZIONE

Grande parte dei verbi della 2ª coniugazione sono irregolari al Passato Remoto e al Participio Passato. I pochi verbi regolari come: *credere*, *battere* e i suoi composti, hanno due forme per la 1ª e 3ª persona singolare e la 3ª plurale del Passato Remoto:

Io - *ei*, o *etti* (io cred-*ei* o cred-*etti*)
Lui - *é*, o *ette* (lui cred-*é* o cred-*ette*)
Loro - *erono*, o *ettero* (loro cred-*erono* o cred-*ettero*)

Ma la prima forma è preferita quando la radice termina in **t**, come: *potere*, io pot-**ei** - *riflettere*, io riflett-**ei**.

3ª CONIUGAZIONE

La coniugazione completa di *sentire* è nella 3ª parte.

ALCUNE PARTICOLARITÀ DEI VERBI DELLA 3ª CONIUGAZIONE

Questa coniugazione ha due tipi di verbi regolari: quelli che si coniugano come *sentire* e quelli che, come *punire*, inseriscono **isc** tra la radice e la desinenza alle 3 persone del singolare e alla 3ª del plurale del Presente dell'Indicativo e del Congiuntivo e alla 2ª e 3ª persona del singolare e alla 3ª del plurale dell'Imperativo. Nella 3ª parte diamo solo queste forme del verbo *punire*, dato che tutte le altre sono uguali a quelle di *sentire*.

Verbos que terminam em IARE

Os verbos em *iare* (como: inv*iare*, sc*iare*) que na 1ª pessoa do singular do Indicativo Presente têm o acento sobre o **i** (io inv**i**o, io sc**i**o) mantêm sempre o **i**, quando tônico (mesmo que a desinência comece por **i**): tu inv**i**-i, tu sc**i**-i. Mas o perdem se ele for átono (mesmo que a desinência comece por **i**): noi inv-**iamo**, noi sc-**iamo**.

Mas os verbos em *iare* (como: stud*iare*, od*iare*) que na 1ª pessoa do singular do Indicativo Presente não têm o acento sobre o **i** (io st**u**dio, io **o**dio) perdem o **i** na frente das desinências que começam por **i**: tu stud-**i**, tu od-**i**. As formas irregulares destes verbos estão conjugadas na 3ª parte.

2ª CONJUGAÇÃO

A conjugação completa de *temere* está na 3ª parte.

ALGUMAS PARTICULARIDADES DOS VERBOS DA 2ª CONJUGAÇÃO

Grande parte dos verbos da 2ª conjugação são irregulares no Passato Remoto e no Particípio Passado. Os poucos verbos regulares como: *credere*, *battere* e os seus compostos, possuem duas formas para a 1ª e 3ª pessoa do singular e a 3ª do plural do Passato Remoto:

Io - *ei*, ou *etti* (io cred-*ei* ou cred-*etti*)
Lui - *é*, ou *ette* (lui cred-*é* ou cred-*ette*)
Loro - *erono*, ou *ettero* (loro cred-*erono* ou cred-*ettero*)

Mas a primeira forma é preferida quando o radical termina por **t**, como: *potere*, io po**t**-ei - *riflettere*, io riflet**t**-ei).

3ª CONJUGAÇÃO

A conjugação completa de *sentire* está na 3ª parte.

ALGUMAS PARTICULARIDADES DOS VERBOS DA 3ª CONJUGAÇÃO

Esta conjugação possui dois tipos de verbos regulares: aqueles que se conjugam como *sentire* e aqueles que, como *punire*, inserem **isc** entre o radical e a desinência das 3 pessoas do singular e da 3ª do plural do Presente do Indicativo e do Subjuntivo e da 2ª e 3ª pessoa do singular e da 3ª do plural do Imperativo. Na 3ª parte damos apenas estas formas do verbo *punire*, visto que todas as outras são iguais às do verbo *sentire*.

Verbi che inserisco ISC tra la radice e la desinenza

Questi verbi sono chiamati **"incoativi"** per analogia con le desinenze -**asco**, -**esco**, -**isco** dei verbi incoativi latini che, originariamente, indicavano un'azione o uno stato nel suo inizio ("inchoare" significa "cominciare" in latino). Possiamo conservare il termine "incoativo", sebbene l'infisso -**isc** non abbia più questo significato in italiano.

I verbi del 2º gruppo (cioè quelli che si coniugano come *punire*) sono in maggior numero. Segue una lista di questi verbi più avanti.

Verbi che si coniugano come SENTIRE

Acconsentire (*consentir, concordar*)	Io acconsento
Aprire (*abrir*)	Io apro
Assentire (*assentir, concordar*)	Io assento
Avvertire (*advertir, notar*)	Io avverto
Bollire (*ferver*)	Io bollo
Conseguire (*conseguir*)	Io conseguo
Consentire (*consentir*)	Io consento
Convertire (*converter*)	Io converto
Coprire (*cobrir*)	Io copro
Dissentire (*divergir, discordar*)	Io dissento
Divertire (*divertir*)	Io diverto
Dormire (*dormir*)	Io dormo
Inseguire (*perseguir*)	Io inseguo
Invertire (*inverter*)	Io inverto
Investire (*investir, atropelar*)	Io investo
Offrire (*oferecer*)	Io offro
Partire (*partir*)	Io parto
Pentirsi (*arrepender-se*)	Io mi pento
Perseguire (*perseguir*)	Io perseguo
Presentire (*pressentir*)	Io presento
Proseguire (*prosseguir, continuar*)	Io proseguo
Ricoprire (*recobrir*)	Io ricopro
Rinvertire (*tornar a inverter*)	Io rinverto
Rinvestire (*reinvestir, tornar a atropelar*)	Io rinvesto
Ripartire (partire di nuovo) (*tornar a partir*)	Io riparto
Risentire (*ouvir ou sentir novamente*)	Io risento
Rivestire (*revestir*)	Io rivesto
Seguire (*seguir*)	Io seguo
Servire (*servir*)	Io servo
Sfuggire (*fugir, esquivar-se*)	Io sfuggo

Verbos que inserem ISC entre o radical e a desinência

Estes verbos são chamados **"incoativos"** por analogia às desinências -**asco**, -**esco**, -**isco** dos verbos incoativos latinos que, originalmente, indicavam uma ação ou um estado no seu início ("inchoare" significa "começar" em latim). Podemos conservar o termo "incoativo", embora o infixo -**isc** não tenha mais esta conotação em italiano.

Os verbos do 2º grupo (isto é, aqueles que se conjugam como *punire*) são em maior número. Segue uma lista destes verbos mais adiante.

Verbos que se conjugam como SENTIRE

Acconsentire (*consentir, concordar*) — Io acconsento
Aprire (*abrir*) — Io apro
Assentire (*assentir, concordar*) — Io assento
Avvertire (*advertir, notar*) — Io avverto
Bollire (*ferver*) — Io bollo
Conseguire (*conseguir*) — Io conseguo
Consentire (*consentir*) — Io consento
Convertire (*converter*) — Io converto
Coprire (*cobrir*) — Io copro
Dissentire (*divergir, discordar*) — Io dissento
Divertire(*divertir*) — Io diverto
Dormire (*dormir*) — Io dormo
Inseguire (*perseguir*) — Io inseguo
Invertire (*inverter*) — Io inverto
Investire (*investir, atropelar*) — Io investo
Offrire (*oferecer*) — Io offro
Partire (*partir*) — Io parto
Pentirsi (*arrepender-se*) — Io mi pento
Perseguire (*perseguir*) — Io perseguo
Presentire (*pressentir*) — Io presento
Proseguire (*prosseguir, continuar*) — Io proseguo
Ricoprire (*recobrir*) — Io ricopro
Rinvertire (*tornar a inverter*) — Io rinverto
Rinvestire (*reinvestir, tornar a atropelar*) — Io rinvesto
Ripartire (partire di nuovo) (*tornar a partir*) — Io riparto
Risentire (*ouvir ou sentir novamente*) — Io risento
Rivestire (*revestir*) — Io rivesto
Seguire (*seguir*) — Io seguo
Servire (*servir*) — Io servo
Sfuggire (*fugir, esquivar-se*) — Io sfuggo

Soffrire (*sofrer*) — Io soffro
Sortire (uscire) (*sair*) — Io sorto
Sovvertire (*subverter*) — Io sovverto
Susseguire (*subseguir, suceder*) — Io susseguo
Svestire (*despir*) — Io svesto
Travestire (*disfarçar, travestir*) — Io travesto
Vestire (*vestir*) — Io vesto

N.B.: ***Aprire***, ***coprire***, ***offrire*** e ***soffrire*** sono regolari in tutte le forme ma hanno un Participio Passato irregolare: **aperto**, **coperto**, **offerto** e **sofferto**.

Cucire - questo verbo, per mantenere il suono palatale, inserisce una **i** tra la radice e le desinenze che cominciano per **o** (io cuc**i**o) o per **a** (noi cuc**i**amo).

Fuggire e ***sfuggire*** modificano il suono palatale in velare davanti alle desinenze che cominciano per **o** (io fug**go**, io sfug**go**) o per **a** (che lui fug**ga**, che loro sfug**ga**no).

Curiosità

1) Alcuni verbi della 3ª coniugazione hanno due forme di Participio Presente: una regolare in -**ente** e una in -**iente** (dorm**ire** - dorm**ente**, dorm**iente**; sal**ire** - sal**ente**, sal**iente**).

2) Alcuni presentano solo la forma in -**iente** (obbed**ire** - obbed**iente**; esord**ire** - esord**iente**; nutr**ire** - nutr**iente**; acconsent**ire** - acconsenz**iente**).

3) Alcune di queste forme si usano solo come aggettivi o nomi.

4) ***Avere*** ha un Participio Presente **"avente"** (usato raramente, come in: "gli aventi diritto") e un'altra forma **"abbiente"** usata come aggettivo o nome ("gli abbienti").

Verbi che si coniugano come PUNIRE

Abbellire (*embelezar*) — Io abbellisco
Abbonire (*acalmar, aplacar*) — Io abbonisco
Abbrustolire (*torrar*) — Io abbrustolisco
Abbrutire (*embrutecer*) — Io abbrutisco
Abolire (*abolir*) — Io abolisco
Accudire (*acudir*) — Io accudisco

Soffrire (*sofrer*)	Io soffro
Sortire (uscire) (*sair*)	Io sorto
Sovvertire (*subverter*)	Io sovverto
Susseguire (*subseguir, suceder*)	Io susseguo
Svestire (*despir*)	Io svesto
Travestire (*disfarçar, travestir*)	Io travesto
Vestire (*vestir*)	Io vesto

N.B.: *Aprire*, *coprire*, *offrire* e *soffrire* são regulares em todas as formas, porém têm um Particípio Passado irregular: **aperto**, **coperto**, **offerto** e **sofferto**.

Cucire - este verbo, para manter o som palatal, insere um **i** entre o radical e as desinências que começam por **o** (io cuc**i**o) ou por **a** (noi cuc**i**amo).

Fuggire e *sfuggire* modificam o som palatal em velar na frente das desinências que começam por **o** (io fug**g**o, io sfug**g**o) ou por **a** (che lui fug**g**a, che loro sfug**g**ano).

Curiosidades

1) Alguns verbos da 3ª conjugação têm duas formas do Particípio Presente (que não existe em português): uma regular em **-ente** e uma em **-iente** (dorm**ire** - dorm**ente**, dorm**iente**; sal**ire** - sal**ente**, sal**iente**).

2) Alguns apresentam apenas a forma em **-iente** (obbed**ire** - obbed**iente**; esord**ire** - esord**iente**; nutr**ire** - nutr**iente**; acconsent**ire** - acconsenz**iente**).

3) Algumas dessas formas são usadas apenas como adjetivos ou substantivos.

4) *Avere* tem um Particípio Presente **"avente"** usado raramente, como na forma: "gli aventi diritto" - "os que têm direito" e uma outra forma **"abbiente"** usada como adjetivo ou substantivo ("gli abbienti" - os que possuem).

Verbos que se conjugam como PUNIRE

Abbellire (*embelezar*)	Io abbellisco
Abbonire (*acalmar, aplacar*)	Io abbonisco
Abbrustolire (*torrar*)	Io abbrustolisco
Abbrutire (*embrutecer*)	Io abbrutisco
Abolire (*abolir*)	Io abolisco
Accudire (*acudir*)	Io accudisco

ITALIANO

Aderire (*aderir*) — Io aderisco
Adibire (*destinar, empregar*) — Io adibisco
Adire (*recorrer legalmente*) — Io adisco
Affluire (*afluir*) — Io affluisco
Aggredire (*agredir*) — Io aggredisco
Agire (*agir*) — Io agisco
Alleggerire (*tornar mais leve, aliviar*) — Io alleggerisco
Ammonire (*admoestar, repreender*) — Io ammonisco
Ammorbidire (*amaciar, suavizar*) — Io ammorbidisco
Appassire (*murchar*) — Io appassisco
Appesantire (*tornar mais pesado*) — Io appesantisco
Ardire (*ousar, ter coragem*) — Io ardisco
Arricchire (*enriquecer*) — Io arricchisco
Arrossire (*corar, enrubescer*) — Io arrossisco
Arrostire (*assar*) — Io arrostisco
Arrugginire (*enferrujar*) — Io arrugginisco
Asserire (*afirmar, assegurar*) — Io asserisco
Assopire (*adormecer*) — Io assopisco
Atterrire (*aterrorizar, assustar*) — Io atterrisco
Attribuire (*atribuir*) — Io attribuisco
Attutire (*atenuar*) — Io attutisco
Avvizzire (*murchar*) — Io avvizzisco
Bandire (*divulgar, apregoar, expulsar*) — Io bandisco
Capire (*compreender, caber, conter*) — Io capisco
Chiarire (*esclarecer*) — Io chiarisco
Colpire (*golpear, impressionar*) — Io colpisco
Compatire (*compadecer*) — Io compatisco
Concepire (*conceber*) — Io concepisco
Condire (*condimentar, temperar*) — Io condisco
Conferire (*conferir*) — Io conferisco
Contribuire (*contribuir*) — Io contribuisco
Costituire (*constituir*) — Io costituisco
Costruire (*construir*) — Io costruisco
Custodire (*custodiar, guardar*) — Io custodisco
Deferire (*aquiescer, deferir*) — Io deferisco
Definire (*definir*) — Io definisco
Deglutire (*deglutir*) — Io deglutisco
Demolire (*demolir*) — Io demolisco
Deperire (*definhar*) — Io deperisco
Differire (*diferir, adiar*) — Io differisco
Digerire (*digerir*) — Io digerisco

		PORTUGUÊS
Aderire (*aderir*)	Io aderisco	
Adibire (*destinar, empregar*)	Io adibisco	
Adire (*recorrer legalmente*)	Io adisco	
Affluire (*afluir*)	Io affluisco	
Aggredire (*agredir*)	Io aggredisco	
Agire (*agir*)	Io agisco	
Alleggerire (*tornar mais leve, aliviar*)	Io alleggerisco	
Ammonire (*admoestar, repreender*)	Io ammonisco	
Ammorbidire (*amaciar, suavizar*)	Io ammorbidisco	
Appassire (*murchar*)	Io appassisco	
Appesantire (*tornar mais pesado*)	Io appesantisco	
Ardire (*ousar, ter coragem*)	Io ardisco	
Arricchire (*enriquecer*)	Io arricchisco	
Arrossire (*corar, enrubescer*)	Io arrossisco	
Arrostire (*assar*)	Io arrostisco	
Arrugginire (*enferrujar*)	Io arrugginisco	
Asserire (*afirmar, assegurar*)	Io asserisco	
Assopire (*adormecer*)	Io assopisco	
Atterrire (*aterrorizar, assustar*)	Io atterrisco	
Attribuire (*atribuir*)	Io attribuisco	
Attutire (*atenuar*)	Io attutisco	
Avvizzire (*murchar*)	Io avvizzisco	
Bandire (*divulgar, apregoar, expulsar*)	Io bandisco	
Capire (*compreender, caber, conter*)	Io capisco	
Chiarire (*esclarecer*)	Io chiarisco	
Colpire (*golpear, impressionar*)	Io colpisco	
Compatire (*compadecer*)	Io compatisco	
Concepire (*conceber*)	Io concepisco	
Condire (*condimentar, temperar*)	Io condisco	
Conferire (*conferir*)	Io conferisco	
Contribuire (*contribuir*)	Io contribuisco	
Costituire (*constituir*)	Io costituisco	
Costruire (*construir*)	Io costruisco	
Custodire (*custodiar, guardar*)	Io custodisco	
Deferire (*aquiescer, deferir*)	Io deferisco	
Definire (*definir*)	Io definisco	
Deglutire (*deglutir*)	Io deglutisco	
Demolire (*demolir*)	Io demolisco	
Deperire (*definhar*)	Io deperisco	
Differire (*diferir, adiar*)	Io differisco	
Digerire (*digerir*)	Io digerisco	

Diluire (*diluir*)	Io diluisco
Dimagrire (*emagrecer*)	Io dimagrisco
Diminuire (*diminuir*)	Io diminuisco
Disobbedire (*desobedecer*)	Io disobbedisco
Distribuire (*distribuir*)	Io distribuisco
Disubbidire (*desobedecer*)	Io disubbidisco
Erudire (*erudir*)	Io erudisco
Esaudire (*conceder, outorgar*)	Io esaudisco
Esaurire (*exaurir, esgotar*)	Io esaurisco
Esibire (*exibir*)	Io esibisco
Esordire (*exordiar, iniciar*)	Io esordisco
Fallire (*falir*)	Io fallisco
Farcire (*rechear*)	Io farcisco
Favorire (*favorecer*)	Io favorisco
Ferire (*ferir*)	Io ferisco
Finire (*acabar*)	Io finisco
Fiorire (*florescer*)	Io fiorisco
Fluire (*fluir*)	Io fluisco
Fornire (*fornecer*)	Io fornisco
Garantire (*garantir*)	Io garantisco
Gioire (*alegrar-se*)	Io gioisco
Gradire (*gostar, receber com agrado*)	Io gradisco
Grugnire (*grunhir, resmungar*)	Io grugnisco
Guarire (*sarar*)	Io guarisco
Guarnire (*guarnecer, enfeitar*)	Io guarnisco
Imbastire (*alinhavar*)	Io imbastisco
Imbellire (*embelezar*)	Io imbellisco
Imbottire (*estofar, encher*)	Io imbottisco
Imbrutire (*embrutecer*)	Io imbrutisco
Imbruttire (*enfear*)	Io imbruttisco
Impallidire (*empalidecer*)	Io impallidisco
Impaurire (*assustar, amedrontar*)	Io impaurisco
Impazzire (*enlouquecer*)	Io impazzisco
Impedire (*impedir*)	Io impedisco
Impietosire (*apiedar, comover*)	Io impietosisco
Impoverire (*empobrecer*)	Io impoverisco
Incuriosire (*provocar curiosidade*)	Io incuriosisco
Indurire (*endurecer*)	Io indurisco
Infastidire (*aborrecer*)	Io infastidisco
Infierire (*enfurecer, tornar-se feroz*)	Io infierisco
Influire (*influir*)	Io influisco

Diluire (*diluir*)	Io diluisco
Dimagrire (*emagrecer*)	Io dimagrisco
Diminuire (*diminuir*)	Io diminuisco
Disobbedire (*desobedecer*)	Io disobbedisco
Distribuire (*distribuir*)	Io distribuisco
Disubbidire (*desobedecer*)	Io disubbidisco
Erudire (*erudir*)	Io erudisco
Esaudire (*conceder, outorgar*)	Io esaudisco
Esaurire (*exaurir, esgotar*)	Io esaurisco
Esibire (*exibir*)	Io esibisco
Esordire (*exordiar, iniciar*)	Io esordisco
Fallire (*falir*)	Io fallisco
Farcire (*rechear*)	Io farcisco
Favorire (*favorecer*)	Io favorisco
Ferire (*ferir*)	Io ferisco
Finire (*acabar*)	Io finisco
Fiorire (*florescer*)	Io fiorisco
Fluire (*fluir*)	Io fluisco
Fornire (*fornecer*)	Io fornisco
Garantire (*garantir*)	Io garantisco
Gioire (*alegrar-se*)	Io gioisco
Gradire (*gostar, receber com agrado*)	Io gradisco
Grugnire (*grunhir, resmungar*)	Io grugnisco
Guarire (*sarar*)	Io guarisco
Guarnire (*guarnecer, enfeitar*)	Io guarnisco
Imbastire (*alinhavar*)	Io imbastisco
Imbellire (*embelezar*)	Io imbellisco
Imbottire (*estofar, encher*)	Io imbottisco
Imbrutire (*embrutecer*)	Io imbrutisco
Imbruttire (*enfear*)	Io imbruttisco
Impallidire (*empalidecer*)	Io impallidisco
Impaurire (*assustar, amedrontar*)	Io impaurisco
Impazzire (*enlouquecer*)	Io impazzisco
Impedire (*impedir*)	Io impedisco
Impietosire (*apiedar, comover*)	Io impietosisco
Impoverire (*empobrecer*)	Io impoverisco
Incuriosire (*provocar curiosidade*)	Io incuriosisco
Indurire (*endurecer*)	Io indurisco
Infastidire (*aborrecer*)	Io infastidisco
Infierire (*enfurecer, tornar-se feroz*)	Io infierisco
Influire (*influir*)	Io influisco

Ingerire (*ingerir*)	Io ingerisco
Ingrandire (*ampliar*)	Io ingrandisco
Inibire (*inibir*)	Io inibisco
Inorridire (*horrorizar*)	Io inorridisco
Inserire (*inserir*)	Io inserisco
Insordire (*ensurdecer*)	Io insordisco
Interferire (*interferir*)	Io interferisco
Intimidire (*intimidar, tornar-se tímido*)	Io intimidisco
Intuire (*intuir*)	Io intuisco
Inumidire (*umedecer*)	Io inumidisco
Inveire (*atacar violentamente, injuriar*)	Io inveisco
Irrigidire (*enrijecer*)	Io irrigidisco
Istituire (*instituir*)	Io istituisco
Istruire (*instruir*)	Io istruisco
Istupidire (*entontecer*)	Io istupidisco
Lambire (*lamber, roçar*)	Io lambisco
Marcire (*apodrecer*)	Io marcisco
Muffire (*mofar*)	Io muffisco
Munire (*munir*)	Io munisco
Nitrire (*nitrir, relinchar*)	Io nitrisco
Obbedire (*obedecer*)	Io obbedisco
Patire (*padecer*)	Io patisco
Percepire (*perceber*)	Io percepisco
Perire (*perecer*)	Io perisco
Preferire (*preferir*)	Io preferisco
Premunire (*premunir*)	Io premunisco
Prestabilire (*preestabelecer*)	Io prestabilisco
Preterire (*preterir*)	Io preterisco
Proferire (*proferir, oferecer, exibir*)	Io proferisco
Progredire (*progredir*)	Io progredisco
Proibire (*proibir*)	Io proibisco
Pulire (*limpar*)	Io pulisco
Rabbrividire (*arrepiar*)	Io rabbrividisco
Rammollire (*amolecer, apalermar-se*)	Io rammollisco
Rapire (*roubar, raptar*)	Io rapisco
Rattrappire (*encolher, contrair*)	Io rattrappisco
Reagire (*reagir*)	Io reagisco
Regredire (*regredir*)	Io regredisco
Retribuire (*retribuir*)	Io retribuisco
Ribadire (*rebater*)	Io ribadisco
Ricostruire (*reconstruir*)	Io ricostruisco

Ingerire (*ingerir*)	Io ingerisco
Ingrandire (*ampliar*)	Io ingrandisco
Inibire (*inibir*)	Io inibisco
Inorridire (*horrorizar*)	Io inorridisco
Inserire (*inserir*)	Io inserisco
Insordire (*ensurdecer*)	Io insordisco
Interferire (*interferir*)	Io interferisco
Intimidire (*intimidar, tornar-se tímido*)	Io intimidisco
Intuire (*intuir*)	Io intuisco
Inumidire (*umedecer*)	Io inumidisco
Inveire (*atacar violentamente, injuriar*)	Io inveisco
Irrigidire (*enrijecer*)	Io irrigidisco
Istituire (*instituir*)	Io istituisco
Istruire (*instruir*)	Io istruisco
Istupidire (*entontecer*)	Io istupidisco
Lambire (*lamber, roçar*)	Io lambisco
Marcire (*apodrecer*)	Io marcisco
Muffire (*mofar*)	Io muffisco
Munire (*munir*)	Io munisco
Nitrire (*nitrir, relinchar*)	Io nitrisco
Obbedire (*obedecer*)	Io obbedisco
Patire (*padecer*)	Io patisco
Percepire (*perceber*)	Io percepisco
Perire (*perecer*)	Io perisco
Preferire (*preferir*)	Io preferisco
Premunire (*premunir*)	Io premunisco
Prestabilire (*preestabelecer*)	Io prestabilisco
Preterire (*preterir*)	Io preterisco
Proferire (*proferir, oferecer, exibir*)	Io proferisco
Progredire (*progredir*)	Io progredisco
Proibire (*proibir*)	Io proibisco
Pulire (*limpar*)	Io pulisco
Rabbrividire (*arrepiar*)	Io rabbrividisco
Rammollire (*amolecer, apalermar-se*)	Io rammollisco
Rapire (*roubar, raptar*)	Io rapisco
Rattrappire (*encolher, contrair*)	Io rattrappisco
Reagire (*reagir*)	Io reagisco
Regredire (*regredir*)	Io regredisco
Retribuire (*retribuir*)	Io retribuisco
Ribadire (*rebater*)	Io ribadisco
Ricostruire (*reconstruir*)	Io ricostruisco

Riferire (*referir, tornar a ferir*)	Io riferisco
Rifiorire (*reflorescer*)	Io rifiorisco
Rifinire (*arrematar, concluir*)	Io rifinisco
Rifornire (*reabastecer*)	Io rifornisco
Ringiovanire (*rejuvenescer*)	Io ringiovanisco
Rinverdire (*reverdecer*)	Io rinverdisco
Rinvigorire (*revigorar*)	Io rinvigorisco
Ripartire (Frazionare) (*repartir*)	Io ripartisco
Risarcire (*ressarcir*)	Io risarcisco
Riunire (*reunir*)	Io riunisco
Riverire (*reverenciar*)	Io riverisco
Ruggire (*rugir*)	Io ruggisco
Sancire (*sancionar, decretar*)	Io sancisco
Sbalordire (*atordoar, surpreender*)	Io sbalordisco
Sbiadire (*desbotar*)	Io sbiadisco
Sbigottire (*assustar, espantar*)	Io sbigottisco
Scandire (*escandir*)	Io scandisco
Schermirsi (*abrigar-se, proteger-se*)	Io mi schermisco
Schernire (*zombar, escarnecer*)	Io schernisco
Schiarire (*clarear, esclarecer*)	Io schiarisco
Scolorire (*desbotar*)	Io scolorisco
Scolpire (*esculpir*)	Io scolpisco
Scurire (*escurecer*)	Io scurisco
Seppellire (*sepultar*)	Io seppellisco
Sfinire (*esgotar, exaurir*)	Io sfinisco
Smagrire (*emagrecer*)	Io smagrisco
Smaltire (*digerir, liquidar*)	Io smaltisco
Smarrire (*perder*)	Io smarrisco
Smentire (*desmentir*)	Io smentisco
Sminuire (*diminuir*)	Io sminuisco
Sortire (stabilire col sorteggio) (*obter por sorte, por sorteio, surtir, sair*)	Io sortisco
Sostituire (*substituir*)	Io sostituisco
Sparire (*desaparecer*)	Io sparisco
Spartire (*repartir, dividir*)	Io spartisco
Spedire (*enviar, remeter*)	Io spedisco
Stabilire (*estabelecer*)	Io stabilisco
Starnutire (*espirrar*)	Io starnutisco
Stordire (*atordoar*)	Io stordisco
Stupire (*surpreender, maravilhar*)	Io stupisco
Subire (*sofrer, tolerar*)	Io subisco

Riferire (*referir, tornar a ferir*)	Io riferisco
Rifiorire (*reflorescer*)	Io rifiorisco
Rifinire (*arrematar, concluir*)	Io rifinisco
Rifornire (*reabastecer*)	Io rifornisco
Ringiovanire (*rejuvenescer*)	Io ringiovanisco
Rinverdire (*reverdecer*)	Io rinverdisco
Rinvigorire (*revigorar*)	Io rinvigorisco
Ripartire (Frazionare) (*repartir*)	Io ripartisco
Risarcire (*ressarcir*)	Io risarcisco
Riunire (*reunir*)	Io riunisco
Riverire (*reverenciar*)	Io riverisco
Ruggire (*rugir*)	Io ruggisco
Sancire (*sancionar, decretar*)	Io sancisco
Sbalordire (*atordoar, surpreender*)	Io sbalordisco
Sbiadire (*desbotar*)	Io sbiadisco
Sbigottire (*assustar, espantar*)	Io sbigottisco
Scandire (*escandir*)	Io scandisco
Schermirsi (*abrigar-se, proteger-se*)	Io mi schermisco
Schernire (*zombar, escarnecer*)	Io schernisco
Schiarire (*clarear, esclarecer*)	Io schiarisco
Scolorire (*desbotar*)	Io scolorisco
Scolpire (*esculpir*)	Io scolpisco
Scurire (*escurecer*)	Io scurisco
Seppellire (*sepultar*)	Io seppellisco
Sfinire (*esgotar, exaurir*)	Io sfinisco
Smagrire (*emagrecer*)	Io smagrisco
Smaltire (*digerir, liquidar*)	Io smaltisco
Smarrire (*perder*)	Io smarrisco
Smentire (*desmentir*)	Io smentisco
Sminuire (*diminuir*)	Io sminuisco
Sortire (stabilire col sorteggio) (*obter por sorte, por sorteio, surtir, sair*)	Io sortisco
Sostituire (*substituir*)	Io sostituisco
Sparire (*desaparecer*)	Io sparisco
Spartire (*repartir, dividir*)	Io spartisco
Spedire (*enviar, remeter*)	Io spedisco
Stabilire (*estabelecer*)	Io stabilisco
Starnutire (*espirrar*)	Io starnutisco
Stordire (*atordoar*)	Io stordisco
Stupire (*surpreender, maravilhar*)	Io stupisco
Subire (*sofrer, tolerar*)	Io subisco

Suggerire (*sugerir*)	Io suggerisco
Supplire (*suprir*)	Io supplisco
Svanire (*esvanecer, dissipar-se*)	Io svanisco
Tornire (*tornear*)	Io tornisco
Tradire (*trair*)	Io tradisco
Trasferire (*transferir*)	Io trasferisco
Trasgredire (*transgredir*)	Io trasgredisco
Ubbidire (*obedecer*)	Io ubbidisco
Unire (*unir*)	Io unisco
Vagire (*vagir, gemer*)	Io vagisco
Zittire (*calar*)	Io zittisco

Alcuni verbi che hanno i due tipi di coniugazione

Aborrire (*aborrecer, detestar*)	Io aborro, io aborrisco
Adempire (*cumprir*)	Io adempio, io adempisco
Apparire (*aparecer*)	Io appaio, io apparisco
Applaudire (*aplaudir*)	Io applaudo, io applaudisco
Assorbire (*absorver*)	Io assorbo, io assorbisco
Comparire (*comparecer*)	Io compaio, io comparisco
Eseguire (*executar, realizar*)	Io eseguo, io eseguisco
Inghiottire (*engolir*)	Io inghiotto, io inghiottisco
Languire (*languir*)	Io languo, io languisco
Mentire (*mentir*)	Io mento, io mentisco
Muggire (*mugir*)	Il bue mugge, muggisce
Nutrire (*nutrir, alimentar*)	Io nutro, io nutrisco
Riapparire (*reaparecer*)	Io riappaio, io riapparisco
Ricomparire (*comparecer de novo*)	Io ricompaio, io ricomparisco
Scomparire (*desaparecer*)	Io scompaio, io scomparisco
Tossire (*tossir*)	Io tosso, io tossisco

Alcuni verbi della 3ª Coniugazione che hanno anche una forma in ARE o in ERE: Verbi Sovrabbondanti

a) con significato uguale:

Abbrustolire - Abbrustolare (*torrar*)
Adempire - Adempiere (*cumprir, preencher*)
Ammansire - Ammansare (*amansar*)

Suggerire (*sugerir*)	Io suggerisco
Supplire (*suprir*)	Io supplisco
Svanire (*esvanecer, dissipar-se*)	Io svanisco
Tornire (*tornear*)	Io tornisco
Tradire (*trair*)	Io tradisco
Trasferire (*transferir*)	Io trasferisco
Trasgredire (*transgredir*)	Io trasgredisco
Ubbidire (*obedecer*)	Io ubbidisco
Unire (*unir*)	Io unisco
Vagire (*vagir, gemer*)	Io vagisco
Zittire (*calar*)	Io zittisco

Alguns verbos que têm os dois tipos de conjugação

Aborrire (*aborrecer, detestar*)	Io aborro, io aborrisco
Adempire (*cumprir*)	Io adempio, io adempisco
Apparire (*aparecer*)	Io appaio, io apparisco
Applaudire (*aplaudir*)	Io applaudo, io applaudisco
Assorbire (*absorver*)	Io assorbo, io assorbisco
Comparire (*comparecer*)	Io compaio, io comparisco
Eseguire (*executar, realizar*)	Io eseguo, io eseguisco
Inghiottire (*engolir*)	Io inghiotto, io inghiottisco
Languire (*languir*)	Io languo, io languisco
Mentire (*mentir*)	Io mento, io mentisco
Muggire (*mugir*)	Il bue mugge, muggisce
Nutrire (*nutrir, alimentar*)	Io nutro, io nutrisco
Riapparire (*reaparecer*)	Io riappaio, io riapparisco
Ricomparire (*comparecer de novo*)	Io ricompaio, io ricomparisco
Scomparire (*desaparecer*)	Io scompaio, io scomparisco
Tossire (*tossir*)	Io tosso, io tossisco

Alguns verbos da 3ª Conjugação que possuem também uma forma em ARE ou em ERE: Verbos Abundantes

a) com significado igual:

Abbrustolire - Abbrustolare (*torrar*)
Adempire - Adempiere (*cumprir, preencher*)
Ammansire - Ammansare (*amansar*)

Annerire - Annerare (*enegrecer*)
Annichilire - Annichilare (*aniquilar*)
Approfondire - Approfondare (*aprofundar*)
Compire - Compiere (*cumprir*)
Dimagrire - Dimagrare (*emagrecer*)
Empire - Empiere (*encher*)
Intorbidire - Intorbidare (*enturvar*)
Raggrinzire - Raggrinzare (*enrugar*)
Riempire - Riempiere (*encher*)
Smagrire - Smagrare (*emagrecer*)
Starnutire - Starnutare (*espirrar*)

b) Con significato differente:

Abbonire (*acalmar*) - Abbonare (*abonar, fazer assinatura*)
Abbrunire (*bronzear*) - Abbrunare (*tornar escuro*)
Arrossire (*ficar vermelho*) - Arrossare (*tornar vermelho*)
Assordire (*ficar surdo*) - Assordare (*tornar surdo*)
Atterrire (*aterrorizar*) - Atterrare (*abater, aterrissar*)
Fallire (*falir*) - Fallare (*errar*)
Marcire (*apodrecer*) - Marciare (*marchar*)
Scolorire (*perder a cor*) - Scolorare (*fazer perder a cor*)
Sfiorire (*murchar*) - Sfiorare (*tocar de leve, roçar*)
Sparire (*desaparecer*) - Sparare (*disparar, atirar*)

VI - *La Forma Negativa*

La forma negativa, nei verbi italiani, è fatta anteponendo il **non** al verbo, che mantiene tutte le forme della forma affermativa.
Es. Io **non** voglio uscire.
    Carlo **non** si è pettinato.
    Credo che voi **non** andiate d'accordo.

L'unica eccezione è per l'Imperativo Negativo della 2ª persona singolare (tu) che usa, dopo il **non**, l'Infinito del verbo.
Es. **Non** mangi**are** - **non** tem**ere** - **non** dorm**ire**.

Le altre persone dell'Imperativo si mantengono inalterate.
Es. **Non** mangiamo - **non** temete - **non** dormano - **non** finiscano.

Annerire - Annerare (*enegrecer*)
Annichilire - Annichilare (*aniquilar*)
Approfondire - Approfondare (*aprofundar*)
Compire - Compiere (*cumprir*)
Dimagrire - Dimagrare (*emagrecer*)
Empire - Empiere (*encher*)
Intorbidire - Intorbidare (*enturvar*)
Raggrinzire - Raggrinzare (*enrugar*)
Riempire - Riempiere (*encher*)
Smagrire - Smagrare (*emagrecer*)
Starnutire - Starnutare (*espirrar*)

b) com significado diferente:

Abbonire (*acalmar*) - Abbonare (*abonar, fazer assinatura*)
Abbrunire (*bronzear*) - Abbrunare (*tornar escuro*)
Arrossire (*ficar vermelho*) - Arrossare (*tornar vermelho*)
Assordire (*ficar surdo*) - Assordare (*tornar surdo*)
Atterrire (*aterrorizar*) - Atterrare (*abater, aterrissar*)
Fallire (*falir*) - Fallare (*errar*)
Marcire (*apodrecer*) - Marciare (*marchar*)
Scolorire (*perder a cor*) - Scolorare (*fazer perder a cor*)
Sfiorire (*murchar*) - Sfiorare (*tocar de leve, roçar*)
Sparire (*desaparecer*) - Sparare (*disparar, atirar*)

VI - A Forma Negativa

A forma negativa, nos verbos italianos, é feita antepondo-se o **non** ao verbo, que mantém todas as formas da forma afirmativa.
Ex. Io **non** voglio uscire.
  Carlo **non** si è pettinato.
  Credo che voi **non** andiate d'accordo.

A única exceção é para o Imperativo Negativo da 2ª pessoa do singular (tu) que usa, após o **non**, o Infinitivo do verbo.
Ex. **Non** mang**iare** - **non** tem**ere** - **non** dorm**ire**.

As outras pessoas do Imperativo se mantêm inalteradas.
Ex. **Non** mangiamo - **non** temete - **non** dormano - **non** finiscano.

VII - La Transitività

Se il verbo possiede un complemento oggetto è **transitivo**. Il complemento oggetto risponde sempre alla domanda *chi?, che cosa?*

Mario	mangia (che cosa?)	la mela
sogg.	*verbo transitivo*	*complemento oggetto*

Mario	saluta (chi?)	gli amici
sogg.	*verbo transitivo*	*complemento oggetto*

VIII - La Intransitività

Se il verbo **non** possiede un complemento oggetto è **intransitivo**.
Es. La ragazza impallidisce. ("impallidire" indica uno stato)
Il treno è arrivato. ("arrivare" indica un'azione)

I verbi intransitivi possono essere seguiti da un complemento di termine, di causa, di tempo, modo, luogo, compagnia, strumento ecc., che, però, serve solo a precisare alcune circostanze dello stato o dell'azione.

La ragazza	impallidisce	dalla paura
sogg.	*verbo intransitivo*	*complemento di causa*

Il treno	è arrivato	alle 9
sogg.	*verbo intransitivo*	*complemento di tempo*

Spesso un medesimo verbo può essere usato transitivamente e intransitivamente.

Marco	scende (che cosa?)	le scale
sogg.	*v.* **transitivo**	*complemento oggetto*

Marco	scende (come?)	in fretta
sogg.	*v.* **intransitivo**	*complemento di modo*

VII - A Transitividade

Se o verbo possuir um objeto direto (O.D.) é transitivo. O objeto direto responde sempre à pergunta *o quê?, quem?*

Mario	mangia (o quê?)	la mela
sujeito	*verbo transitivo*	*objeto direto*

Mario	saluta (quem?)	gli amici
sujeito	*verbo transitivo*	*objeto direto*

VIII - A Intransitividade

Se o verbo **não** possuir um objeto direto é **intransitivo**.
Ex. La ragazza impallidisce. ("impallidire" indica um estado)
    Il treno è arrivato. ("arrivare" indica uma ação)

Os verbos intransitivos podem ser seguidos de um objeto indireto ou de um adjunto adverbial de causa, tempo, modo, lugar, companhia, instrumento, etc., que, no entanto, serve apenas para precisar algumas circunstâncias do estado ou da ação.

La ragazza	impallidisce	dalla paura
sujeito	*verbo intransitivo*	*adj. adv. de causa*

Il treno	è arrivato	alle 9
sujeito	*verbo intransitivo*	*adj. adv. de tempo*

Muitas vezes um mesmo verbo pode ser usado transitivamente e intransitivamente.

Marco	scende (o quê?)	le scale
sujeito	*v. **transitivo***	*objeto direto*

Marco	scende (como?)	in fretta
sujeito	*v. **intransitivo***	*adj. adv. de modo*

ALCUNI VERBI CHE VOGLIONO L'AUSILIARE _AVERE_ QUANDO USATI TRANSITIVAMENTE E L'AUSILIARE _ESSERE_ QUANDO USATI INTRANSITIVAMENTE

Aumentare (*aumentar*)	Il commerciante **ha aumentato** i prezzi. (Tr.)
	I prezzi **sono aumentati** molto. (Intr.)
Avanzare (*avançar*)	I soldati **hanno avanzato** le trincee. (Tr.)
	I soldati **sono avanzati** a piedi. (Intr.)
Cambiare (*mudar*)	**Abbiamo cambiato** casa ieri. (Tr.)
	Carlo è molto **cambiato**. (Intr.)
Cominciare (*começar*)	**Ho cominciato** il lavoro ieri. (Tr.)
	Il film **è cominciato** poco fa. (Intr.)
Continuare (*continuar*)	**Ha continuato** il lavoro senza dire niente. (Tr.)
	Il film **è continuato** dopo l'intervallo. (Intr.)
Correre (*correr*)	**Hanno corso** due chilometri. (Tr.)
	Sono corsi da me per sapere le novità. (Intr.)
Diminuire (*diminuir*)	**Ho diminuito** l'orlo del vestito. (Tr.)
	L'acqua del fiume **è diminuita**. (Intr.)
Finire (*acabar*)	**Avete finito** gli esercizi? (Tr.)
	Lo spettacolo **è finito** alle 11. (Intr.)
Guarire (*sarar, curar*)	Il medico **ha guarito** il malato. (Tr.)
	Il malato **è guarito** in due giorni. (Intr.)
Migliorare (*melhorar*)	L'alunno **ha migliorato** il suo stile. (Tr.)
	La situazione **è migliorata** adesso. (Intr.)
Passare (*passar*)	**Ho passato** molte ore a studiare. (Tr.)
	La mia paura **è passata** subito. (Intr.)
Salire (*subir*)	**Ha salito** le scale in fretta. (Tr.)
	È salito in ascensore. (Intr.)
Saltare (*pular*)	L'atleta **ha saltato** l'ostacolo. (Tr.)
	Il ladro **è saltato** dalla finestra. (Intr.)
Scendere (*descer*)	**Ha sceso** le scale piano piano. (Tr.)
	È sceso al terzo piano. (Intr.)
Seguire (*seguir*)	La polizia **ha seguito** le tracce del ladro. (Tr.)
	Il pacco **è seguito** 3 giorni fa. (Intr.)
Sfilare (*desenfiar*)	**Ho sfilato** le perle della collana. (Tr.)
(*desfilar*)	I padrini **sono sfilati** in corteo. (Intr.)
Suonare (*tocar*)	Gigi **ha suonato** la chitarra. (Tr.)
	È suonata mezzanotte. (Intr.)
Terminare (*terminar*)	**Ho terminato** il libro. (Tr.)
	La guerra **è terminata** da molto. (Intr.)
Vivere (*viver*)	**Ho vissuto** un'esperienza fantastica. (Tr.)
	Dante **è vissuto** nel '200. (Intr.)

ALGUNS VERBOS QUE PEDEM O AUXILIAR *AVERE* QUANDO USADOS TRANSITIVAMENTE E O AUXILIAR *ESSERE* QUANDO USADOS INTRANSITIVAMENTE

Aumentare (*aumentar*)	Il commerciante **ha aumentato** i prezzi. (Tr.)
	I prezzi **sono aumentati** molto. (Intr.)
Avanzare (*avançar*)	I soldati **hanno avanzato** le trincee. (Tr.)
	I soldati **sono avanzati** a piedi. (Intr.)
Cambiare (*mudar*)	**Abbiamo cambiato** casa ieri. (Tr.)
	Carlo è molto **cambiato**. (Intr.)
Cominciare (*começar*)	**Ho cominciato** il lavoro ieri. (Tr.)
	Il film **è cominciato** poco fa. (Intr.)
Continuare (*continuar*)	**Ha continuato** il lavoro senza dire niente. (Tr.)
	Il film **è continuato** dopo l'intervallo. (Intr.)
Correre (*correr*)	**Hanno corso** due chilometri. (Tr.)
	Sono corsi da me per sapere le novità. (Intr.)
Diminuire (*diminuir*)	**Ho diminuito** l'orlo del vestito. (Tr.)
	L'acqua del fiume **è diminuita**. (Intr.)
Finire (*acabar*)	**Avete finito** gli esercizi? (Tr.)
	Lo spettacolo **è finito** alle 11. (Intr.)
Guarire (*sarar, curar*)	Il medico **ha guarito** il malato. (Tr.)
	Il malato **è guarito** in due giorni. (Intr.)
Migliorare (*melhorar*)	L'alunno **ha migliorato** il suo stile. (Tr.)
	La situazione **è migliorata** adesso. (Intr.)
Passare (*passar*)	**Ho passato** molte ore a studiare. (Tr.)
	La mia paura **è passata** subito. (Intr.)
Salire (*subir*)	**Ha salito** le scale in fretta. (Tr.)
	È salito in ascensore. (Intr.)
Saltare (*pular*)	L'atleta **ha saltato** l'ostacolo. (Tr.)
	Il ladro **è saltato** dalla finestra. (Intr.)
Scendere (*descer*)	**Ha sceso** le scale piano piano. (Tr.)
	È sceso al terzo piano. (Intr.)
Seguire (*seguir*)	La polizia **ha seguito** le tracce del ladro. (Tr.)
	Il pacco **è seguito** 3 giorni fa. (Intr.)
Sfilare (*desenfiar*) (*desfilar*)	**Ho sfilato** le perle della collana. (Tr.)
	I padrini **sono sfilati** in corteo. (Intr.)
Suonare (*tocar*)	Gigi **ha suonato** la chitarra. (Tr.)
	È suonata mezzanotte. (Intr.)
Terminare (*terminar*)	**Ho terminato** il libro. (Tr.)
	La guerra **è terminata** da molto. (Intr.)
Vivere (*viver*)	**Ho vissuto** un'esperienza fantastica. (Tr.)
	Dante **è vissuto** nel '200. (Intr.)

IX - *Le Forme del Verbo*

Il verbo ha 3 forme: **Attiva**, **Passiva** e **Riflessiva**.

LA FORMA ATTIVA

Secondo la relazione che stabilisce con il soggetto, il verbo può essere attivo o passivo. Nella forma attiva il soggetto fa l'azione.
Es. Luisa **ha conosciuto** mia cugina. (Tr.)
   I turisti **hanno comprato** molti souvenir. (Tr.)
   Il cane **dormiva** sotto il tavolo. (Intr.)
   La bambina **è arrivata** tardi a scuola. (Intr.)

Come si può vedere da questi esempi, sia i verbi transitivi che i verbi intransitivi, hanno la forma attiva.

LA FORMA PASSIVA

La forma **Passiva** completa del verbo **amare** è nella 3ª parte.

Nella forma passiva, invece, il soggetto subisce l'azione. La voce passiva è caratterizzata:

a) dall'impiego dell'ausiliare **essere** seguito dal Participio Passato del verbo, che deve essere *necessariamente transitivo*, dato che solo un verbo transitivo con il complemento oggetto espresso può trasformarsi in forma passiva,

b) dalla preposizione **da**.

Es. Forma **Attiva**

Il cane	morde	(chi?)	**il bambino**
sogg.	*v. tr. attivo*		*compl. oggetto*

Forma **Passiva**

Il bambino	è morso	(da chi?)	**dal cane**
soggetto	*v. tr. passivo*		*compl. d'agente*

Da questo esempio notiamo che il soggetto della voce attiva (**il cane**) è diventato l'agente della voce passiva (**dal cane**) e che il complemento oggetto della voce attiva (***il bambino***) è diventato il soggetto della voce passiva. Il verbo **mordere** è un verbo *transitivo* poiché ha un complemento oggetto nella voce attiva.

IX - As Vozes do Verbo

O verbo tem 3 vozes: **Ativa**, **Passiva** e **Reflexiva**.

A VOZ ATIVA

De acordo com a relação que estabelece com o sujeito, o verbo pode ser ativo ou passivo. Na voz ativa a ação é praticada pelo sujeito.
Ex. Luisa **ha conosciuto** mia cugina. (Tr.)
   I turisti **hanno comprato** molti souvenir. (Tr.)
   Il cane **dormiva** sotto il tavolo. (Intr.)
   La bambina **è arrivata** tardi a scuola. (Intr.)

Como se pode deduzir destes exemplos, tanto os verbos transitivos como os intransitivos têm a voz ativa.

A VOZ PASSIVA

A voz **Passiva** completa do verbo **amare** está na 3ª parte.

Na voz passiva a ação é sofrida pelo sujeito. O que caracteriza a voz passiva é:

a) o emprego do auxiliar **essere** seguido do Particípio Passado do verbo, que deve ser *necessariamente transitivo*, pois somente um verbo transitivo com o objeto direto expresso pode transformar-se na voz passiva,

b) a preposição **da** (que neste caso significa "por").

Ex. Voz **Ativa**

Il cane	morde	(quem?)	***il bambino***
sujeito	*v. tr. ativo*		*objeto direto*

Voz **Passiva**

Il bambino	è morso	(por quem?)	**dal cane**
sujeito	*v. tr. passivo*		*agente da passiva*

Ex. ***Ativa***: o cachorro morde o menino.
   Passiva: o menino é mordido pelo cachorro.

Por este exemplo podemos notar que o sujeito da voz ativa (**il cane**) tornou-se o agente da voz passiva (**dal cane**) e que o objeto direto da voz ativa (***il bambino***) tornou-se o sujeito da voz passiva. O verbo ***mordere*** é, portanto, um verbo *transitivo*, pois tem um objeto direto na voz ativa.

N.B.: Dovuto all'impiego dell'ausiliare ***essere***, il Participio Passato concorda in genere e numero con il soggetto nella forma passiva. Perciò per un soggetto femminile singolare la forma passiva sarà: sono amat**a**, sono stat**a** amat**a**, ero amat**a**, ero stat**a** amat**a** ecc., e plurale: siamo amat**e**, siamo stat**e** amat**e**, eravamo amat**e**, eravamo stat**e** amat**e**, ecc.

La forma PASSIVA formata con altri verbi

Oltre che con l'ausiliare ***essere***, la forma passiva può essere formata:

a) con il verbo ***venire***, ma solo nei tempi semplici.
   Es. La finestra **viene** chiusa.
   La lettera **viene** scritta.

b) con il verbo ***andare***, ma solo nei tempi semplici.
   In questo caso, oltre alla passiva, la frase prende una connotazione di necessità, di obbligo.
   Es. La medicina **va** presa 3 volte al giorno.
   va = deve essere

   I risultati **vanno** consegnati entro giovedì.
   vanno = devono essere

c) con il verbo ***andare*** unito ai verbi: ***perdere***, ***smarrire***, ***sprecare***.
   Es. La merce **è andata persa** (= è stata persa).
   I documenti **andarono smarriti** (= furono smarriti).
   Il cibo **è andato sprecato** (= è stato sprecato).

La forma PASSIVA con i Verbi Servili (o Modali)

I verbi servili ***volere***, ***potere***, ***dovere*** non hanno la forma **Passiva**. Per trasformare dall'attiva alla passiva una frase col verbo servile, si deve mantenere questo verbo alla forma attiva e mettere l'infinito che lo segue alla forma passiva.

amare - Infinito Presente della Forma Attiva.
essere amato - Infinito Presente della Forma Passiva.

N.B.: Devido ao emprego do auxiliar ***essere***, o Particípio Passado concorda em gênero e número com o sujeito na voz passiva. Portanto, se o sujeito for feminino singular a voz passiva será: sono amat**a**, sono stat**a** amat**a**, ero amat**a**, ero stat**a** amat**a**, etc., e feminino plural: siamo amat**e**, siamo stat**e** amat**e**, eravamo amat**e**, eravamo stat**e** amat**e**, etc.

A voz PASSIVA formada com outros verbos

Além do auxiliar ***essere***, a voz passiva pode ser formada:

a) com o verbo ***venire***, mas somente nos tempos simples.
   Ex. La finestra **viene** chiusa. (A janela é fechada.)
       La lettera **viene** scritta. (A carta é escrita.)

b) com o verbo ***andare***, mas somente nos tempos simples.
   Neste caso, além de passiva, a frase adquire uma conotação de necessidade, de obrigatoriedade.
   Ex. La medicina **va** presa 3 volte al giorno.
       va = deve essere
       O remédio deve ser tomado 3 vezes ao dia.

   I risultati **vanno** consegnati entro giovedì.
   vanno = devono essere
   Os resultados devem ser entregues até quinta-feira.

c) com o verbo ***andare*** unido aos verbos: ***perdere*** (perder), ***smarrire*** (perder), ***sprecare*** (desperdiçar).
   Ex. La merce **è andata persa**. (A mercadoria foi perdida.)
       I documenti **andarono smarriti**. (Os documentos foram perdidos.)
       Il cibo **è andato sprecato**. (A comida foi desperdiçada.)

A voz PASSIVA com VOLERE, POTERE, DOVERE

Os verbos ***volere, potere, dovere*** não possuem a voz ***Passiva***.
Para transformar da ativa para a passiva uma frase com um dos verbos ***volere, potere, dovere***, deve-se manter esse verbo na voz ativa e colocar o infinitivo que o segue na forma passiva.

amare - Infinitivo Presente da Voz Ativa.
essere amato - Infinitivo Presente da Voz Passiva.

Es. ***Attiva***: Carla non **può** amare Paolo.
　　I bambini **possono** vedere questo film.
　　Luigi **deve** fare l'esercizio.

Passiva: Paolo non **può essere amato** da Carla.
　　Questo film **può essere veduto** dai bambini.
　　L'esercizio **deve essere fatto** da Luigi.

SI Passivante

La forma ***Passiva*** può essere costruita anche premettendo ***si*** alla 3ª persona sing. e pl. di un verbo transitivo attivo. Questa forma è usata quando chi fa l'azione non è espresso.

Es. Le bugie **si** dicono (sono dette – vengono dette) in caso di necessità.

I pronomi LO, LA, LI, LE nella forma PASSIVA

Nella forma ***Passiva*** i pronomi diretti, usati nella forma attiva, spariscono.

Es. Questo **lo** sanno tutti. (***Attiva***)
　　Questo è saputo da tutti. (***Passiva***)

　　Questi fiori **li** ha colti Sonia. (***Attiva***)
　　Questi fiori sono stati colti da Sonia. (***Passiva***)

In caso di pronomi "accoppiati" (indiretti e diretti) rimane solo il pronome indiretto, *che torna alla sua forma originale.*

Es. La verità **ce l'**ha detta Francesca. (***Attiva***)
　　La verità **ci** è stata detta da Francesca. (***Passiva***)

　　Che bel vestito! Chi **gliel'**ha regalato? (***Attiva***)
　　Che bel vestito! Da chi **Le** è stato regalato? (***Passiva***)

Ex. ***Ativa***: Carla non **può** amare Paolo.
　　　　　Carla não pode amar Paolo.
　　　　　I bambini **possono** vedere questo film.
　　　　　Os meninos podem ver este filme.
　　　　　Luigi **deve** fare l'esercizio.
　　　　　Luigi deve fazer o exercício.

Passiva: Paolo non **può essere amato** da Carla.
　　　　　Paolo não pode ser amado por Carla.
　　　　　Questo film **può essere veduto** dai bambini.
　　　　　Este filme pode ser visto pelos meninos.
　　　　　L'esercizio **deve essere fatto** da Luigi.
　　　　　O exercício deve ser feito por Luigi.

SI Apassivador

A voz ***Passiva*** pode ser construída também antepondo o ***si*** à 3ª pessoa sing. e pl. de um verbo transitivo ativo. Esta forma é mais usada quando quem faz a ação não é indicado.

Ex. Le bugie **si** dicono (sono dette – vengono dette) in caso di necessità.
　　As mentiras são ditas em caso de necessidade.

Os pronomes LO, LA, LI, LE na voz PASSIVA

Na voz ***Passiva*** os pronomes *Lo, La, Li, Le,* usados na voz ativa, desaparecem.

Ex. Questo **lo** sanno tutti. (***Ativa***)
　　Questo è saputo da tutti. (***Passiva***)

　　Questi fiori **li** ha colti Sonia. (***Ativa***)
　　Questi fiori sono stati colti da Sonia. (***Passiva***)

Quando há dois pronomes (oblíquo e reto) só permanece o oblíquo, *que volta à sua forma original.*

Ex. La verità **ce** l'ha detta Francesca. (***Ativa***)
　　La verità **ci** è stata detta da Francesca. (***Passiva***)

　　Che bel vestito! Chi **gliel**'ha regalato? (***Ativa***)
　　Che bel vestito! Da chi **Le** è stato regalato? (***Passiva***)

LA FORMA RIFLESSIVA

La forma **Riflessiva** completa del verbo **lavarsi** è nella 3ª parte.

La caratteristica della Coniugazione Riflessiva è che le voci verbali sono precedute dalle particelle pronominali: **mi** (io), **ti** (tu), **si** (lui, lei, Lei), **ci** (noi), **vi** (voi), **si** (loro, Loro).

La forma Riflessiva può essere: **Propria**, **Apparente** e **Reciproca**.

a) Propria: quando l'oggetto e il soggetto sono la stessa persona, cioè: il soggetto fa e, allo stesso tempo, riceve l'azione.
   Es. Il cacciatore **si** è ferito.

b) Apparente: quando le particelle **mi**, **ti**, **si** ecc. hanno la funzione, non di complemento oggetto ma di complemento di termine.
   Es. Io **mi** lavo i capelli.

In questo caso, **mi** non significa **me** (come in: io mi lavo) ma **a me**. Il soggetto *io* non coincide con l'oggetto *i capelli*.

c) Reciproca: quando esiste una reciprocità d'azione fra due persone o due cose.
   Es. I fidanzati **si** sposano oggi.
       Gli amici **si** sono abbracciati.
       Le due parti non **si** toccano.

Possono essere usati come Riflessivi alcuni verbi transitivi come: **lavare**, **alzare**, **vedere**, **guardare**, **vestire**, **truccare** e altri.

L'ausiliare della Forma Riflessiva

L'ausiliare della forma Riflessiva è sempre il verbo **essere**, perciò *il Participio Passato concorda in genere e numero con il soggetto*.

La posizione delle particelle nella Forma Riflessiva

Generalmente le particelle precedono il verbo ma lo seguono e sono unite ad esso: 1) nei Modi Indefiniti (lavar**si**, lavato**si**, lavando**si**); 2) nell'Imperativo (lava**ti**, laviamo**ci**, lavate**vi**) ma precedono il verbo nella 3ª persona singolare (Lei) e plurale (Loro): **si** lavi, **si** lavino.

A VOZ REFLEXIVA

A voz **Reflexiva** completa do verbo **lavarsi** está na 3ª parte.

A característica da Conjugação Reflexiva é que os verbos são precedidos por **mi** (eu), **ti** (tu), **si** (ele, ela, o Sr., a Sra.), **ci** (nós), **vi** (vós), **si** (eles, elas, os Srs., as Sras.).

A voz Reflexiva pode ser: **Própria**, **Aparente** e **Recíproca**.

a) Própria: quando o sujeito é, ao mesmo tempo, agente e paciente, isto é: o sujeito faz e recebe a ação.
   Ex. Il cacciatore **si** è ferito.
      O caçador feriu-**se**.

b) Aparente: quando os pronomes **mi**, **ti**, **si**, etc. não têm a função de objeto direto (O.D.), mas de objeto indireto (O.I.).
   Ex. Io **mi** lavo i capelli.

Neste caso **mi** não significa **me** (como em: io mi lavo = io lavo me), mas **a me** (io lavo i capelli a me). O sujeito *io* não coincide com o objeto direto *i capelli*.

c) Recíproca: quando há uma reciprocidade de ação entre duas pessoas ou duas coisas.
   Ex. I fidanzati **si** sposano oggi.
      Gli amici **si** sono abbracciati.
      Le due parti non **si** toccano.

Podem ser empregados como Reflexivos alguns verbos transitivos como: **lavare** (lavar), **alzare** (levantar), **vedere** (ver), **guardare** (olhar), **vestire** (vestir), **truccare** (maquiar) e outros.

O auxiliar da Voz Reflexiva

O auxiliar da voz Reflexiva é sempre o verbo **essere,** portanto o *Particípio Passado concorda em gênero e número com o sujeito.*

A posição dos pronomes na Voz Reflexiva

Geralmente os pronomes precedem o verbo, mas vêm depois do verbo e unidos a ele: 1) nos Modos Indefinidos (lavar**si**, lavato**si**, lavando**si**); 2) no Imperativo (lava**ti**, lavamo**ci**, lavate**vi**), porém precedem o verbo na 3ª pessoa singular (Lei) e plural (Loro): **si** lavi, **si** lavino.

Nella forma negativa della 2ª persona singolare dell'Imperativo, la particella può precedere o seguire il verbo:

non **ti** lavare   o   non lavar**ti**

Con i verbi servili ***volere***, ***potere***, ***dovere*** è indifferente la posizione della particella.

Mi voglio lavare = voglio lavar**mi**
Ti devi pettinare = devi pettinar**ti**
Mario **si** può alzare = Mario può alzar**si**

Passato Prossimo dei Verbi Servili (o Modali) + Verbi Riflessivi

Esistono 2 forme:

a) con l'ausiliare ***avere*** – in questo caso la particella pronominale va dopo il verbo riflessivo:
Es. **Ho** dovuto alzar**mi** presto.
Voi **avete** voluto svegliar**vi** alle 8.

b) con l'ausiliare ***essere*** – in questo caso la particella pronominale precede il verbo ausiliare:
Es. **Mi sono** dovuto alzare presto.
Voi **vi siete** voluti svegliare alle 8.

Forma Intransitiva Pronominale

I verbi Intransitivi Pronominali (o Riflessivi Apparenti), anche se sono preceduti dalle particelle pronominali, hanno tutte le caratteristiche dei verbi intransitivi. Le particelle pronominali sono parte indissolubile del verbo.

Per non confondere questi verbi con i verbi Riflessivi basta togliere la particella pronominale: se non si ottiene una voce verbale compresa nel lessico italiano, si è sicuramente di fronte a un verbo Intransitivo Pronominale.

Alcuni verbi Intransitivi Pronominali

Accanirsi (*encarniçar-se*)
Accorgersi (*dar-se conta, perceber*)
Arrabbiarsi (*zangar-se*)
Arrendersi (*render-se*)
Congratularsi (*congratular-se*)

Na forma negativa da 2ª pessoa singular do Imperativo, o pronome pode vir antes ou depois do verbo:

non **ti** lavare   ou   non lavar**ti**

Com os verbos ***volere***, ***potere***, ***dovere*** é indiferente a posição do pronome; pode vir antes do verbo ou segui-lo:

Mi voglio lavare   =   voglio lavar**mi**
Ti devi pettinare   =   devi pettinar**ti**
Mario **si** può alzare   =   Mario può alzar**si**

VOLERE, POTERE, DOVERE no Passato Prossimo + Verbos Reflexivos

Existem duas formas:

a) com o auxiliar ***avere*** – neste caso o pronome segue o verbo reflexivo:
  Ex. **Ho** dovuto alzar**mi** presto.
    Voi **avete** voluto svegliar**vi** alle 8.

b) com o auxiliar ***essere*** – neste caso o pronome precede o verbo auxiliar:
  Ex. **Mi sono** dovuto alzare presto.
    Voi **vi siete** voluti svegliare alle 8.

Forma Intransitiva Pronominal

Os verbos Intransitivos Pronominais (ou Reflexivos Aparentes), embora sejam precedidos pelos pronomes ***mi***, ***ti***, ***si*** etc., possuem todas as características dos verbos intransitivos. Os pronomes são parte integrante do verbo.

Para não confundir estes verbos com os verbos Reflexivos basta tirar o pronome: se não se obtém um verbo que faça parte do léxico italiano, com toda a certeza o verbo é Intransitivo Pronominal.

Alguns verbos Intransitivos Pronominais

Accanirsi (*encarniçar-se*)
Accorgersi (*dar-se conta, perceber*)
Arrabbiarsi (*zangar-se*)
Arrendersi (*render-se*)
Congratularsi (*congratular-se*)

Impadronirsi (*apossar-se*)
Lagnarsi (*queixar-se*)
Ostinarsi (*obstinar-se*)
Pentirsi (*arrepender-se*)
Ribellarsi (*rebelar-se*)
Vergognarsi (*envergonhar-se*)

Forma Impersonale dei Verbi Riflessivi

Con i verbi Riflessivi il **si** impersonale che andrebbe aggiunto al *si* della 3ª persona diventa **ci**. Così invece della forma *si si* si usa la forma **ci si**.

Es. In questa casa **ci si** sente male.
   Ci si diverte molto a questo spettacolo.
   In Italia **ci si** veste bene.

X - *Periodo Ipotetico*

Il Periodo Ipotetico è composto da due proposizioni semplici: una indica l'ipotesi o la condizione e l'altra la conseguenza.

Esistono 3 tipi:

1) della **realtà** (l'azione è presentata come certa, reale).

Ipotesi o condizione	Conseguenza
Es. Se **potrò** (*Futuro Semplice*)	ti **scriverò** (*Futuro Semplice*)
Se **vai** alla spiaggia (*Indicativo Presente*)	ci **veniamo** anche noi (*Indicativo Presente*)
Se **puoi** (*Indicativo Presente*)	**telefonami** (*Imperativo*)
Se **è costato** così poco (*Passato Prossimo*)	**hai fatto** un buon affare (*Passato Prossimo*)

2) della **possibilità** (l'azione è presentata come possibile, realizzabile).

Es. Se tu **parlassi** più forte (*Congiuntivo Imperfetto*)	ti **sentirei** meglio (*Condizionale Semplice*)

Impadronirsi (*apossar-se*)
Lagnarsi (*queixar-se*)
Ostinarsi (*obstinar-se*)
Pentirsi (*arrepender-se*)
Ribellarsi (*rebelar-se*)
Vergognarsi (*envergonhar-se*)

Forma Impessoal dos Verbos Reflexivos

Com os verbos Reflexivos o **si** impessoal que deveria ser acrescentado ao *si* da 3ª pessoa torna-se **ci**. No lugar de *si si* usa-se a forma **ci si**.

Ex. In questa casa **ci si** sente male.
Ci si diverte molto a questo spettacolo.
In Italia **ci si** veste bene.

X - *Período Hipotético*

O Período Hipotético é composto de duas orações simples: uma indica a hipótese ou condição e a outra a consequência.

Existem 3 tipos:

1) da **realidade** (a ação é apresentada como certa, real).

Hipótese ou condição	Consequência
Ex. Se **potrò** *(Fut. do Ind.)*	ti **scriverò** *(Fut. do Ind.)*
Se **vai** alla spiaggia *(Presente do Ind.)*	ci **veniamo** anche noi *(Presente do Ind.)*
Se **puoi** *(Presente do Ind.)*	**telefonami** *(Imperativo)*
Se **è costato** così poco *(Passato Prossimo)*	**hai fatto** un buon affare *(Passato Prossimo)*

2) da **possibilidade** (a ação é apresentada como possível, realizável).

Ex. Se tu **parlassi** più forte   ti **sentirei** meglio
(Pretérito Imp. do Subj.)   *(Fut. do Pretérito do Ind.)*

3) dell'*irrealtà* (l'azione è presentata come irrealizzata).

    Es. Se **fosse arrivato** in tempo   **avrebbe preso** il treno
         (Congiuntivo Trapassato)   *(Condizionale Passato)*

       Se **arrivava** in tempo   **prendeva** il treno
       (Indicativo Imperfetto)   *(Indicativo Imperfetto)*

OSSERVAZIONI

- Il Condizionale, in italiano, malgrado il nome, non esprime mai la condizione, ma la conseguenza.
  Es. Se avessi soldi (condizione), **farei** il giro del mondo (conseguenza).

- L'ordine delle proposizioni non è fisso: la condizione può venire espressa nella prima o nella seconda proposizione.
  Es. **Se potessi**,   telefonerei   o telefonerei   **se potessi**
      (condizione)   *(conseguenza) - (conseguenza) (condizione)*

- La proposizione che indica la condizione o l'ipotesi è sempre introdotta dal *se*.

XI - *Discorso Diretto - Discorso Indiretto*

Quando si vuole riferire una frase detta da una o più persone, esistono due possibilità:

1) Si ripete la frase così com'è stata detta.
   Es. Lo sai cos'ha detto Francesco?: "Io me ne vado da questa città!"

   La frase tra virgolette, detta da Francesco, "Io me ne vado da questa città!", è al **discorso diretto**.

2) Si ripete la frase facendo alcuni cambiamenti necessari, data la distanza del fatto nel tempo e nello spazio.
   Es. DD - Francesco disse: "Io me ne vado da questa città!"
   DI - Francesco disse che lui se ne andava da quella città.

   La frase "Francesco disse che lui se ne andava da quella città" è al **discorso indiretto**.

3) da *irrealidade* (a ação é apresentada como não realizada).
Ex. Se fosse arrivato in tempo   avrebbe preso il treno
   (Pret. M.q.Perf. do Subj.)   (Fut. do Pretérito Composto)
   Se arrivava in tempo   prendeva il treno
   (Pret. Imp. do Ind.)   (Pret. Imp. do Ind.)

OBSERVAÇÕES

• O Condicional, em italiano, apesar do nome, não exprime nunca a condição, mas a consequência. Foi este o motivo que levou os gramáticos a mudar o nome, na gramática portuguesa, para "futuro do pretérito".
Ex. Se avessi soldi (condição), **farei** il giro del mondo (consequência).

• A ordem das orações não é fixa: a condição pode estar tanto na primeira como na segunda oração.
Ex. **Se potessi**, telefonerei   ou   Telefonerei,   **se potessi**
   (condição) (consequência) - *(consequência) (condição)*

• A oração que indica a condição ou hipótese é sempre introduzida pelo *se*.

XI - Discurso Direto - Discurso Indireto

Existem duas maneiras possíveis de relatar uma frase dita por uma ou mais pessoas:

1) Repete-se a frase assim como ela foi dita.
   Ex. Lo sai cos'ha detto Francesco?: "Io me ne vado da questa città!"

   A frase entre aspas, dita por Francesco, "Io me ne vado da questa città!", está no **discurso direto**.

2) Repete-se a frase fazendo algumas mudanças necessárias, pois o fato encontra-se distante no tempo e no espaço.
   Ex. DD - Francesco disse: "Io me ne vado da questa città!"
   "Eu vou embora desta cidade!"
   DI - Francesco disse que lui se ne andava da quella città.
   Francesco disse que ele ia embora daquela cidade.

   A frase "Francesco disse che lui se ne andava da quella città" está no **discurso indireto**.

Le parti della frase che cambiano quando si passa dal Discorso Diretto al Discorso Indiretto sono: *i pronomi personali, i possessivi, i dimostrativi, gli avverbi di tempo e di luogo, la preposizione "fra", il verbo "venire", e i tempi e i modi dei verbi dipendenti.*

a) *I pronomi personali*
I pronomi personali di 1ª e di 2ª persona, singolare e plurale, diventano di 3ª persona singolare e plurale. Quelli di 3ª persona, singolare e plurale, non cambiano.

io → lui, lei
tu → lui, lei
lui, lei → lui, lei
noi → loro
voi → loro
loro → loro

Es. DD - Mario disse: "**Io** non posso uscire."
DI - Mario disse che **lui** non poteva uscire.

DD - Mario disse: "**Loro** abitano a Parigi."
DI - Mario disse che **loro** abitavano a Parigi.

b) *I possessivi*
I possessivi di 1ª e 2ª persona, singolare e plurale, diventano di 3ª persona singolare e plurale. Quelli di 3ª persona, singolare e plurale, non cambiano.

il mio → il suo
il tuo → il suo
il suo → il suo
il nostro → il loro
il vostro → il loro
il loro → il loro

Es. DD - Peppino disse a Dino: "Ti presento **il mio** amico."
DI - Peppino disse a Dino che gli presentava **il suo** amico.

DD - Peppino disse: "**Il nostro** cane è tornato a casa."
DI - Peppino disse che **il loro** cane era tornato a casa.

c) *I dimostrativi*
questo → quello (quel, quell')

Es. DD - Loro dissero: "**Questo** quadro è molto bello!"
DI - Loro dissero che **quel** quadro era molto bello.

Os elementos da frase que mudam na passagem do Discurso Direto para o Discurso Indireto são: *os pronomes pessoais, os possessivos, os demonstrativos, os advérbios de tempo e de lugar, a preposição "fra", o verbo "venire" e os tempos e os modos dos verbos dependentes.*

a) *Os pronomes pessoais*

Os pronomes pessoais da 1ª e da 2ª pessoa, singular e plural, tornam-se da 3ª pessoa, singular e plural. Os da 3ª pessoa, singular e plural, não mudam.

io → **lui, lei**
tu → **lui, lei**
lui, lei → **lui, lei**
noi → **loro**
voi → **loro**
loro → **loro**

Ex. DD - Mario disse: "**Io** non posso uscire."
DI - Mario disse che **lui** non poteva uscire.

DD - Mario disse: "**Loro** abitano a Parigi."
DI - Mario disse che **loro** abitavano a Parigi.

b) *Os possessivos*

Os possessivos da 1ª e da 2ª pessoa, singular e plural, tornam-se da 3ª pessoa, singular e plural. Os da 3ª pessoa, singular e plural, não mudam.

il mio → **il suo**
il tuo → **il suo**
il suo → **il suo**
il nostro → **il loro**
il vostro → **il loro**
il loro → **il loro**

Ex. DD - Peppino disse a Dino: "Ti presento **il mio** amico."
DI - Peppino disse a Dino che gli presentava **il suo** amico.

DD - Peppino disse: "**Il nostro** cane è tornato a casa."
DI - Peppino disse che **il loro** cane era tornato a casa.

c) *Os demonstrativos*

questo → **quello (quel, quell')**

Ex. DD - Loro dissero: "**Questo** quadro è molto bello!"
DI - Loro dissero che **quel** quadro era molto bello.

DD - Lui disse: "**Quest**i gatti sono affamati."
DI - Lui disse che **quei** gatti erano affamati.

d) Gli avverbi di tempo

oggi	→ quel giorno
ieri	→ il giorno prima (precedente)
domani	→ il giorno dopo (seguente, successivo), l'indomani
ora	→ allora, in quel momento
.... scorso	→ .... precedente, prima
.... prossimo	→ .... seguente, successivo, dopo
fa	→ prima
poco fa	→ poco prima

Es. DD - Maura disse: "Le ho telefonato 5 minuti **fa**."
DI - Maura disse che le aveva telefonato 5 minuti **prima**.

DD - Dissero: "**Domani** andremo alla partita."
DI - Dissero che **l'indomani** sarebbero andati alla partita.

e) Gli avverbi di luogo
qui, qua → **lì, là**

Es. DD - Sandra disse: "**Qui** c'è una grande confusione!"
DI - Sandra disse che **lì** c'era una grande confusione.

f) La preposizione "fra" (o "tra")
fra (tra) → **dopo**
fra poco → **poco dopo**

Es. DD - Loro dissero: "Torneremo **fra** un'ora."
DI - Loro dissero che sarebbero tornati **dopo** un'ora.

g) "Venire"
venire ——> andare

Es. DD - Le disse: "Posso **venire** domani da te."
DI - Le disse che poteva **andare** il giorno dopo da lei.

h) I tempi e i modi dei verbi dipendenti
Nel Discorso Indiretto esiste sempre un verbo principale (che può essere: **dire, raccontare, aggiungere, ripetere, rispondere, chiedere, domandare**, ecc.) e uno o più verbi dipendenti.

Es. Luigi dice: "Domani telefonerò agli amici."
     V. principale   V. dipendente

DD - Lui disse: "**Questi** gatti sono affamati."
DI - Lui disse che **quei** gatti erano affamati.

d) *Os advérbios de tempo*

oggi	→ **quel giorno**
ieri	→ **il giorno prima (precedente)**
domani	→ **il giorno dopo (seguente, successivo), l'indomani**
ora	→ **allora, in quel momento**
.... scorso	→ **.... precedente, prima**
.... prossimo	→ **.... seguente, successivo, dopo**
fa	→ **prima**
poco fa	→ **poco prima**

Ex. DD - Maura disse: "Le ho telefonato 5 minuti **fa**."
DI - Maura disse che le aveva telefonato 5 minuti **prima**.

DD - Dissero: "**Domani** andremo alla partita."
DI - Dissero che **l'indomani** sarebbero andati alla partita.

e) *Os advérbios de lugar*
qui, qua ——> **lì, là**

Ex. DD - Sandra disse: "**Qui** c'è una grande confusione!"
DI - Sandra disse che **lì** c'era una grande confusione.

f) A preposição "fra" (ou "tra")
fra (tra) ——> **dopo**
fra poco ——> **poco dopo**

Ex. DD - Loro dissero: "Torneremo **fra** un'ora."
DI - Loro dissero che sarebbero tornati **dopo** un'ora.

g) "Venire"
venire ——> **andare**

Ex. DD - Le disse: "Posso **venire** domani da te."
DI - Le disse che poteva **andare** il giorno dopo da lei.

h) *Os tempos e os modos dos verbos dependentes*
No Discurso Direto há sempre um verbo principal tal como: **dire** (*dizer*), **raccontare** (*contar*), **aggiungere** (*acrescentar*), **ripetere** (*repetir*), **rispondere** (*responder*), **chiedere** (*pedir, perguntar*), **domandare** (*perguntar*), etc., e um ou mais verbos dependentes.

Ex. Luigi dice: "Domani telefonerò agli amici."
 V. principal V. dependente

Se il verbo principale è al *presente* o al *futuro*, il tempo del verbo dipendente *non cambia*, solo la persona.
Es. DD - Lui **dice**: "**Sono** stanco."
DI - Lui **dice** che **è** stanco.

Se il verbo principale è al *passato*, il tempo del verbo dipendente *cambia*.
Es. DD - Lui **ha detto**: "Non **voglio** più lavorare qui."
DI - Lui **ha detto** che non **voleva** più lavorare lì.

Discorso Diretto

1) Presente Indicativo
Disse: "Lo **compro** io il giornale."

2) Futuro, Futuro Anteriore e Condizionale Semplice
Disse: "**Tornerò** in Italia quando **avrò ricevuto** l'eredità."

Disse: "**Preferirei** una camera con bagno."

3) Passato Prossimo e Passato Remoto
Disse: "**Ho comprato** una macchina Fiat."

Disse: "**Presi** in affitto una casa a Roma."

4) Congiuntivo Presente
Disse: "Credo che lui **sia** tedesco."

5) Congiuntivo Passato
Disse: "Mi pare che lui **abbia fatto** un buon lavoro."

6) Imperativo
Mi disse: "**Stai** zitto!"

Mi disse: "**Fai** presto!"

Discorso Indiretto

1) Imperfetto Indicativo
Disse che lo **comprava** lui il giornale.

2) Condizionale Composto
Disse che **sarebbe tornato** in Italia quando **avrebbe ricevuto** l'eredità.

Disse che **avrebbe preferito** una camera con bagno.

3) Trapassato Prossimo
Disse che **aveva comprato** una macchina Fiat.

Disse che **aveva preso** in affitto una casa a Roma.

4) Congiuntivo Imperfetto
Disse che credeva che lui **fosse** tedesco.

5) Congiuntivo Trapassato
Disse che gli pareva che lui **avesse fatto** un buon lavoro.

6) Di + Infinito o Congiuntivo Imperfetto
Mi disse **di stare** zitto.

Mi disse che **facessi** presto.

Se o verbo principal está no *presente* ou no *futuro*, o tempo do verbo dependente *não muda*, só a pessoa.
Ex. DD - Lui **dice**: "**Sono** stanco."
   DI - Lui **dice** che **è** stanco.

Se o verbo principal está no *passado*, o tempo do verbo dependente muda.
Ex. DD - Lui **ha detto**: "Non **voglio** più lavorare qui."
   DI - Lui **ha detto** che non **voleva** più lavorare lì.

Discurso Direto

1) Presente Indicativo
   Disse: "Lo **compro** io il giornale."

2) Futuro, Futuro Anteriore e Condizionale Presente
   Disse: "**Tornerò** in Italia quando **avrò ricevuto** l'eredità."

   Disse: "**Preferirei** una camera con bagno."

3) Passato Prossimo e Passato Remoto
   Disse: "**Ho comprato** una macchina Fiat."

   Disse: "**Presi** in affitto una casa a Roma."

4) Congiuntivo Presente
   Disse: "Credo che lui **sia** tedesco."

5) Congiuntivo Passato
   Disse: "Mi pare che lui **abbia fatto** un buon lavoro."

6) Imperativo
   Mi disse: "**Stai** zitto!"

   Mi disse: "**Fai** presto!"

Discurso Indireto

1) Imperfetto Indicativo
   Disse che lo **comprava** lui il giornale.

2) Condizionale Passato
   Disse che **sarebbe tornato** in Italia quando **avrebbe ricevuto** l'eredità.

   Disse che **avrebbe preferito** una camera con bagno.

3) Trapassato Prossimo
   Disse che **aveva comprato** una macchina Fiat.

   Disse che **aveva preso** in affitto una casa a Roma.

4) Congiuntivo Imperfetto
   Disse che credeva che lui **fosse** tedesco.

5) Congiuntivo Trapassato
   Disse che gli pareva che lui **avesse fatto** un buon lavoro.

6) Di + Infinito o Congiuntivo Imperfetto
   Mi disse **di stare** zitto.

   Mi disse che **facessi** presto.

Con i verbi **Chiedere** e **Domandare**:
(frasi interrogative)

1) *Indicativo Presente*

Mi chiese: "**Puoi** farmi un favore?"

2) *Passato Prossimo*

Ci domandò: "**Avete incontrato** Piero per la strada?"

1) *Congiuntivo Imperfetto o Indicativo Imperfetto*

Mi chiese se **potessi** (**potevo**) fargli un favore.
(frase interrogativa indiretta, introdotta dal **se**)

2) *Congiuntivo Trapassato o Trapassato Prossimo*

Ci domandò se **avessimo incontrato** (**avevamo incontrato**) Piero per la strada.
(frase interrogativa indiretta introdotta dal **se**)

I tempi seguenti **non cambiano** *nel Discorso Indiretto:*

Indicativo: Imperfetto, Trapassato Prossimo, Trapassato Remoto.
Condizionale: Passato.
Congiuntivo: Imperfetto e Trapassato.
I Modi Indefiniti: Infinito, Gerundio, Participio.

Discorso Indiretto del Periodo Ipotetico

La differenza fra i tempi verbali dei tre casi del Periodo Ipotetico (realtà, possibilità, irrealtà) sparisce quando si fa il passaggio dal Discorso Diretto al Discorso Indiretto.

Nel Discorso Indiretto del Periodo Ipotetico esiste solo la forma dell'irrealtà: **Congiuntivo Trapassato + Condizionale Composto**.

Es. DD - Disse: "Se **potrò**, **darò** una festa." (realtà)
 DI - Disse che se **avesse potuto**, **avrebbe dato** una festa. (irrealtà)

 DD - Disse: "Se **avessi** molto denaro, **farei** un bel viaggio all'estero." (possibilità)
 DI - Disse che **se avesse avuto** molto denaro, **avrebbe fatto** un bel viaggio all'estero. (irrealtà)

 DD - Disse: "Se **avessi potuto**, **sarei andato** al cinema." (irrealtà)
 DI - Disse che se **avesse potuto**, **sarebbe andato** al cinema. (irrealtà)

*Com os verbos **Chiedere** e **Domandare**:*
(frases interrogativas)

1) Indicativo Presente
Mi chiese: "**Puoi** farmi un favore?"

1) Congiuntivo Imperfetto ou Indicativo Imperfetto
Mi chiese se **potessi** (**potevo**) fargli un favore.
(oração interrogativa indireta, introduzida pelo **se**)

2) Passato Prossimo
Ci domandò: "**Avete incontrato** Piero per la strada?"

2) Congiuntivo Trapassato ou Trapassato Prossimo
Ci domandò se **avessimo incontrato** (**avevamo incontrato**) Piero per la strada.
(oração interrogativa indireta, introduzida pelo **se**)

*Os seguintes tempos **não mudam** no Discurso Indireto:*

Indicativo: Imperfetto, Trapassato Prossimo, Trapassato Remoto.
Condizionale: Composto.
Congiuntivo: Imperfetto e Trapassato.
I Modi Indefiniti: Infinito, Gerundio, Participio.

Discurso Indireto no Período Hipotético

Na passagem do Discurso Direto para o Discurso Indireto do Período Hipotético desaparecem as diferenças existentes entre os tempos verbais dos 3 casos (realidade, possibilidade, irrealidade).

No Discurso Indireto do Período Hipotético existe apenas a forma da irrealidade, ou seja: **Congiuntivo Trapassato + Condizionale Composto**.

Ex. DD - Disse: "Se **potrò**, **darò** una festa." (realidade)
DI - Disse che se **avesse potuto**, **avrebbe dato** una festa. (irrealidade)

DD - Disse: "Se **avessi** molto denaro, **farei** un bel viaggio all'estero." (possibilidade)
DI - Disse che se **avesse avuto** molto denaro, **avrebbe fatto** un bel viaggio all'estero. (irrealidade)

DD - Disse: "Se **avessi potuto**, **sarei andato** al cinema." (irrealidade)
DI - Disse che se **avesse potuto**, **sarebbe andato** al cinema. (irrealidade)

XII - Modi Indefiniti

I modi indefiniti sono: l'*Infinito*, il *Participio* e il *Gerundio*.

Essi esprimono l'azione in modo **indeterminato** dal punto di vista della persona e del genere (**chi** fa l'azione), del numero (**quanti** fanno l'azione) e del tempo (**quando** è fatta l'azione). Il verbo della frase principale fornirà questi dati.

Nella frase "**Piangendo**, lei raccontò cos'era successo", **lei raccontò** (frase principale) indica che chi "piangeva" era una 3ª persona femminile singolare (**lei**) che ha fatto l'azione al passato (**raccontò**).

Il verbo al gerundio da solo (**piangendo**) non dà questi dati.

La frase il cui verbo è coniugato in uno dei Modi Indefiniti è chiamata **implicita**.

La frase il cui verbo è coniugato in uno dei Modi Finiti è chiamata **esplicita**.

Es. **Dopo aver fatto** il lavoro, uscirò. (Implicita)
Infinito Passato (Modo Indefinito)

Dopo che avrò fatto il lavoro, uscirò. (Esplicita)
Futuro Anteriore (Modo Finito)

Es. **Fatto** il lavoro, uscì. (Implicita)
Participio Passato (Modo Indefinito)

Dopo che ebbe fatto il lavoro, uscì. (Esplicita)
Trapassato Remoto (Modo Finito)

Es. **Facendo** il lavoro, sentiva la radio. (Implicita)
Gerundio Presente (Modo Indefinito)

Mentre faceva il lavoro, sentiva la radio. (Esplicita)
Ind. Imperfetto (Modo Finito)

Nei tempi dei Modi Indefiniti i pronomi personali atoni vengono messi sempre **dopo** il verbo al quale si uniscono (Es. dopo aver**lo** visto, visto**lo**, avendo**lo** visto).

XII - Formas Nominais do Verbo

As Formas Nominais do verbo, em italiano, são: o **Infinitivo**, o **Particípio** e o **Gerúndio**.

Elas exprimem a ação de modo **indefinido** quanto à pessoa e ao gênero (**quem** faz a ação), ao número (**quantos** fazem a ação) e ao tempo (**quando** a ação é feita). É o verbo da oração principal que dará estes dados.

Na frase "**Piangendo**, lei raccontò cos'era successo", "**lei raccontò**" (oração principal) indica que quem "chorava" era uma 3ª pessoa, feminina, singular (**lei**) que fez a ação no passado (**raccontò**).

O Gerúndio sozinho (**piangendo**) não nos dá estes dados.

A frase cujo verbo pertence a uma das Formas Nominais é denominada **implícita**.

A frase cujo verbo pertence a um dos Modos Finitos (Indicativo, Subjuntivo, Imperativo e Condicional) é denominada **explícita**.

Ex. **Dopo aver fatto** il lavoro, uscirò. (Implícita)
Infinito Passato (Forma Nominal)

Dopo che avrò fatto il lavoro, uscirò. (Explícita)
Fut. Anteriore (Modo Finito)

Ex. **Fatto** il lavoro, uscì. (Implícita)
Participio Passato (Forma Nominal)

Dopo che ebbe fatto il lavoro, uscì. (Explícita)
Trapassato Remoto (Modo Finito)

Ex. **Facendo** il lavoro, sentiva la radio. (Implícita)
Gerundio Presente (Forma Nominal)

Mentre faceva il lavoro, sentiva la radio. (Explícita)
Ind. Imperfetto (Modo Finito)

Nos tempos das Formais Nominais, os pronomes pessoais átonos vêm sempre **após** o verbo e unidos a ele (Ex. dopo aver**lo** visto, visto**lo**, avendo**lo** visto).

INFINITO

L'Infinito ha due tempi:
1) Il Presente (o Semplice) - Es. cantare, vedere, sentire.
2) Il Passato (o Composto) - Es. avere cantato, avere veduto, avere sentito.

1) L'Infinito Presente (are, ere, ire)

- Da solo non esprime alcuna idea di tempo. È usato generalmente in frasi subordinate e indica un rapporto di contemporaneità rispetto al verbo della principale.
  Es. **Nello spedire** le lettere, **si accorge** (presente) di aver dimenticato i francobolli. (Implicita)

  Mentre spedisce (presente) le lettere, **si accorge** (presente) di aver dimenticato i francobolli. (Esplicita)

  Es. **Nello spedire** le lettere, **si è accorto** (passato) di aver dimenticato i francobolli. (Implicita)

  Mentre spediva (passato) le lettere, **si è accorto** (passato) di aver dimenticato i francobolli. (Esplicita)

  Es. **Nello spedire** le lettere, **si accorgerà** (futuro) di aver dimenticato i francobolli. (Implicita)

  Mentre spedirà (futuro) le lettere, **si accorgerà** (futuro) di aver dimenticato i francobolli. (Esplicita)

- Usato da solo, l'Infinito Presente può esprimere un ordine:
  a) positivo:
     Es. **Volgere** le frasi al plurale.
  b) negativo:
     Es. **Non fumare** in questo recinto.

- L'Infinito Presente può essere usato come un sostantivo vero e proprio:
  Es. Non ho il **piacere** di conoscerlo.
  Loro sono **esseri** in estinzione.

- O può essere sostantivato:
  Es. Tra **il dire** e **il fare** c'è di mezzo il mare.

- L'Infinito Presente segue generalmente i verbi servili:
  Es. Voglio **viaggiare**.
     Devono **uscire**.
     Non possono **partire**.

INFINITIVO

Em italiano não existe o Infinitivo Pessoal, só o Impessoal. O Infinitivo tem dois tempos:
1) O Infinitivo Impessoal: Ex. cantare, vedere, sentire.
2) O Infinitivo Impessoal Composto: Ex. avere cantato, avere veduto, avere sentito.

1) O Infinitivo Impessoal (are, ere, ire)

- Sozinho não dá nenhuma ideia de tempo. É usado geralmente em orações subordinadas e indica uma relação de contemporaneidade em relação ao verbo da oração principal.
  Ex. **Nello spedire** le lettere, **si accorge** (presente) di aver dimenticato i francobolli. (Implícita)

  Mentre spedisce (presente) le lettere, **si accorge** (presente) di aver dimenticato i francobolli. (Explícita).

  Ex. **Nello spedire** le lettere, **si è accorto** (passado) di aver dimenticato i francobolli. (Implícita)

  Mentre spediva (passado) le lettere, **si è accorto** (passado) di aver dimenticato i francobolli. (Explícita)

  Ex. **Nello spedire** le lettere, **si accorgerà** (futuro) di aver dimenticato i francobolli. (Implícita)

  Mentre spedirà (futuro) le lettere, **si accorgerà** (futuro) di aver dimenticato i francobolli. (Explícita)

- Sozinho, o Infinitivo Impessoal pode expressar uma ordem:
  a) positiva:
     Ex. **Volgere** le frasi al plurale.
  b) negativa:
     Ex. **Non fumare** in questo recinto.

- O Infinitivo Impessoal pode também ser usado como um verdadeiro substantivo:
  Ex. Non ho il **piacere** di conoscerlo.
  Loro sono **esseri** in estinzione.

- Ou pode ser substantivado:
  Ex. Tra **il dire** e **il fare** c'è di mezzo il mare.

- O Infinitivo Impessoal segue geralmente os verbos *volere*, *dovere* e *potere*:
  Ex. Voglio **viaggiare**.
  Devono **uscire**.
  Non possono **partire**.

2) L'Infinito Passato

Questo tempo indica, rispetto alla principale, un rapporto di:
a) *anteriorità*
　Es. Dopo **aver mangiato**, si sentì male. (Implicita)

　　Dopo che ebbe mangiato, si sentì male. (Esplicita)

　L'azione della subordinata "dopo aver mangiato" è anteriore a quella della principale "si sentì male".

b) *causa*
　Es. Era stanco morto per **aver giocato** molto. (Implicita)

　　Era stanco morto **perché aveva giocato** molto. (Esplicita)

PARTICIPIO

Il Participio ha due tempi:
1) Presente (o Semplice)
2) Passato (o Composto)

1) Il Participio Presente (ante, ente, ente)

È usato con:
a) *valore verbale*, ma molto raramente.
　Es. Gli atleti **partecipanti** alla corsa ebbero molti problemi. (Implicita)

　　Gli atleti **che parteciparono** alla corsa ebbero molti problemi. (Esplicita)

　　Es. Gli alunni **frequentanti** il corso devono andare in segreteria. (Implicita)

　　Gli alunni **che frequentano** il corso devono andare in segreteria. (Esplicita)

b) *valore nominale*
　Es. il **cantante**, l'**insegnante**, lo **studente**.

c) *valore aggettivale*
　Es. **importante, brillante, interessante**.

2) Il Participio Passato (ato, uto, ito)

È usato:
a) *come verbo*, con gli ausiliari **essere** e **avere**, per formare i tempi composti.

2) O Infinitivo Impessoal Composto

Este tempo indica uma:
a) *anterioridade*, em relação à oração principal
Ex. Dopo **aver mangiato**, si sentì male. (Implícita)

Dopo che ebbe mangiato, si sentì male. (Explícita)

A ação da subordinada "dopo aver mangiato" é anterior à da principal "si sentì male".

b) *causa*
Ex. Era stanco morto per **aver giocato** molto. (Implícita)

Era stanco morto **perché aveva giocato** molto. (Explícita)

PARTICÍPIO

O Particípio tem dois tempos:
1) Presente (ou Simples)
2) Passado (ou Composto)

1) O Particípio Presente (não existe no Português)

É usado com:
a) *valor verbal*, porém muito raramente.
Ex. Gli atleti **partecipanti** alla corsa ebbero molti problemi. (Implícita)

Gli atleti **che parteciparono** alla corsa ebbero molti problemi. (Explícita)

Ex. Gli alunni **frequentanti** il corso devono andare in segreteria. (Implícita)

Gli alunni **che frequentano** il corso devono andare in segreteria. (Explícita)

b) *valor nominal*
Ex. il **cantante**, l'**insegnante**, lo **studente**.

c) valor adjetivo
Ex. **importante**, **brillante**, **interessante**.

2) O Particípio Passado (ato, uto, ito)

É usado:
a) *como verbo*, com os auxiliares ***essere*** e ***avere***, para formar os tempos compostos:

Es. Ho **lavorato** troppo.
Avevano **veduto** un bel film.
Credo che sia **uscito** presto.

b) *come aggettivo*
Es. Ho preso una minestra **riscaldata**.

c) *come sostantivo*
Es. Il **fatto** è successo ieri.

d) *da solo*
Es. **Partiti** i genitori, i bambini cominciarono a piangere. (Implicita)

Dopo che furono partiti i genitori, i bambini cominciarono a piangere. (Esplicita)

Es. **Occupato** con il suo lavoro, non si accorse di niente. (Implicita)

Poiché era occupato con il suo lavoro, non si accorse di niente. (Esplicita)

L'accordo del Participio Passato

Il Participio Passato dei verbi transitivi si accorda con l'oggetto.
Es. **Finito** il discorso, tornò a casa.

Il Participio Passato dei verbi intransitivi si accorda, invece, con il soggetto.
Es. **Partiti** i cugini, ritrovammo la pace.

GERUNDIO

Il Gerundio ha due tempi:
1) Presente (o Semplice)
2) Passato (o Composto)

1) *Il Gerundio Presente (ando, endo, endo)*

Il Gerundio Presente non esprime il tempo di un'azione, ma il rapporto di tempo tra due azioni. Questo rapporto può essere:

a) *di contemporaneità* rispetto all'azione del verbo principale.
Es. **Pagando** il conto, **si accorge** (presente) di non avere più soldi. (Implicita)

Mentre paga (presente) il conto, **si accorge** (presente) di non avere più soldi. (Esplicita)

Ex. Ho **lavorato** troppo.
Avevano **veduto** un bel film.
Credo che sia **uscito** presto.

b) *como adjetivo*
Ex. Ho preso una minestra **riscaldata**.

c) *como substantivo*
Ex. Il **fatto** è successo ieri.

d) *sozinho*
Ex. **Partiti** i genitori, i bambini cominciarono a piangere. (Implícita)

Dopo che furono partiti i genitori, i bambini cominciarono a piangere. (Explícita)

Ex. **Occupato** con il suo lavoro, non si accorse di niente. (Implícita)

Poiché era occupato con il suo lavoro, non si accorse di niente. (Explícita)

A concordância do Particípio Passado

O Particípio Passado dos verbos transitivos concorda com o objeto.
Ex. **Finito** il discorso, tornò a casa.

O Particípio Passado dos verbos intransitivos concorda com o sujeito.
Ex. **Partiti** i cugini, ritrovammo la pace.

GERÚNDIO

O Gerúndio tem dois tempos:
1) Presente (ou Simples)
2) Passado (ou Composto)

1) O Gerúndio Presente (ando, endo, endo)

O Gerúndio Presente não exprime o tempo de uma ação, mas a relação de tempo entre duas ações. Esta relação pode ser:

a) *de contemporaneidade* em relação à ação do verbo principal.
Ex. **Pagando** il conto, **si accorge** (presente) di non avere più soldi. (Implícita)

Mentre paga (presente) il conto, **si accorge** (presente) di non avere più soldi. (Explícita)

Es. **Pagando** il conto, **si accorse** (passato) di non avere più soldi. (Implicita)

Mentre **pagava** (passato) il conto, **si accorse** (passato) di non avere più soldi. (Esplicita)

Es. **Pagando** il conto, **si accorgerà** (futuro) di non avere più soldi. (Implicita)

Mentre **pagherà** (futuro) il conto, **si accorgerà** (futuro) di non avere più soldi. (Esplicita)

b) *di causa* (Perché?)
   Es. **Essendo** ricco sfondato, può comprare tutto quello che vuole. (Implicita)

   Poiché é ricco sfondato, può comprare tutto quello che vuole. (Esplicita)

c) *di condizione* (a quale condizione?)
   Es. **Mangiando** meno pasta, dimagriresti. (Implicita)

   Se tu mangiassi meno pasta, dimagriresti. (Esplicita)

d) *di modo* (come?)
   Es. Studia (come?), **ascoltando** la radio. (Implicita)

   Es. Corregge gli errori (come?), **usando** la penna rossa. (Implicita)

- Il Gerundio Presente è anche usato per formare le perifrasi verbali:

  - andare + gerundio
    Es. – Come va la tua salute?
    – **Va migliorando**.

  - stare + gerundio
    Es. – Cosa **stai facendo**?
    – **Sto stirando** il vestito.

- Alcuni gerundi sono usati come sostantivi, come: **laureando**, **reverendo**, e nel linguaggio musicale: **crescendo**, **diminuendo**.

2) Gerundio Passato

Rispetto all'azione del verbo principale, il Gerundio Passato stabilisce un rapporto di:

a) *anteriorità*
   Es. **Avendo finito** il libro, me lo restituì. (Implicita)

   Quando ebbe finito il libro, me lo restituì. (Esplicita)

Ex. **Pagando** il conto, **si accorse** (passato) di non avere più soldi. (Implícita)

Mentre pagava (passato) il conto, **si accorse** (passato) di non avere più soldi. (Explícita)

Ex. **Pagando** il conto, **si accorgerà** (futuro) di non avere più soldi. (Implícita)

Mentre pagherà (futuro) il conto, **si accorgerà** (futuro) di non avere più soldi. (Explícita)

b) *de causa* (por quê?)
Ex. **Essendo** ricco sfondato, può comprare tutto quello che vuole. (Implícita)

Poiché è ricco sfondato, può comprare tutto quello che vuole. (Explícita)

c) *de condição* (a que condição?)
Ex. **Mangiando** meno pasta, dimagriresti. (Implícita)

Se tu mangiassi meno pasta, dimagriresti. (Explícita)

d) *de modo* (como?)
Ex. Studia (como?) **ascoltando** la radio. (Implícita)

Ex. Corregge gli errori (como?) **usando** la penna rossa. (Implícita)

• O Gerúndio Presente é também usado para formar as perífrases verbais:

- andare + gerúndio
Ex. – Come va la tua salute?
– **Va migliorando.**

- stare + gerúndio
Ex. – Cosa **stai facendo**?
– **Sto stirando** il vestito.

• Alguns gerúndios são usados como substantivos: **laureando, reverendo**, e na linguagem musical: **crescendo, diminuendo**.

2) O Gerúndio Composto

Em relação à ação do verbo principal, o Gerúndio Composto estabelece uma relação de:

a) *anterioridade*
Ex. **Avendo finito** il libro, me lo restituì. (Implícita)

Quando ebbe finito il libro, me lo restituì. (Explícita)

Es. **Avendo finito** il libro, me lo restituirà. (Implicita)

Quando avrà finito il libro, me lo restituirà. (Esplicita)

b) *di causa* (perché?)
Es. **Avendo fatto** tardi, perse il treno. (Implicita)

Poiché aveva fatto tardi, perse il treno. (Esplicita)

c) *di condizione* (a quale condizione?)
Es. **Avendo studiato** di più, saresti stato promosso. (Implicita)

Se tu avessi studiato di più, saresti stato promosso. (Esplicita)

XIII - *Imperativo*

L'imperativo è uno dei modi del verbo. È usato per esprimere:

a) *un ordine, un comando:*
Es. **Entra** e **sieditï**!

b) *un invito:*
Es. La prego, **si accomodi** pure!

c) *una preghiera:*
Es. **Aiutatemi,** per carità!

d) *un'esortazione:*
Es. **Facciamo** qualcosa per questa povera gente!

e) *una minaccia:*
Es. **Ripeti** ciò che hai detto e ti faccio vedere io!

IO

L'imperativo no ha la 1ª pers. sing. (IO) perché è insolito dare un comando a sé stessi. In questo caso si userà la 2ª persona.
Es.: E allora mi dissi: "la prossima volta **fa'** più attenzione!"

Ex. **Avendo finito** il libro, me lo restituirà. (Implícita)

Quando avrà finito il libro, me lo restituirà. (Explícita)

b) *de causa* (por quê?)
Ex. **Avendo fatto** tardi, perse il treno. (Implícita)

Poiché aveva fatto tardi, perse il treno. (Explícita)

c) *de condição* (a que condição?)
Ex. **Avendo studiato** di più, saresti stato promosso. (Implícita)

Se tu avessi studiato di più, saresti stato promosso. (Explícita)

XIII - *Imperativo*

O imperativo é um dos modos do verbo. É usado para expressar:

a) *uma ordem, um comando:*
Ex. **Entra** e **siediti**!

b) *um convite:*
Ex. La prego, **si accomodi** pure!

c) *uma súplica:*
Ex. **Aiutatemi,** per carità!

d) *uma exortação:*
Ex. **Facciamo** qualcosa per questa povera gente!

e) *uma ameaça:*
Ex. **Ripeti** ciò che hai detto e ti faccio vedere io!

IO

Não existe a 1ª pess. sing. (IO) pois é insólito dar uma ordem a si próprio. Neste caso será usada a 2ª pessoa.
Ex.: E allora mi dissi: "la prossima volta **fa'** più attenzione!"

TU-NOI-VOI

Le forme dell'imperativo relative a queste persone sono identiche a quelle **dell'indicativo presente**.
Fa eccezione solo la 2ª pers. sing. (tu) dei verbi in -ARE, che perde la RE finale dell'infinito (lavorARE-lavorA, ascoltARE-ascoltA).

- ARE cant**a** - cant**iamo** - cant**ate**
- ERE legg**i** - legg**iamo** - legg**ete**
- IRE dorm**i** - dorm**iamo** - dorm**ite**
         finisc**i** - fin**iamo** - fin**ite**

LEI-LORO

Nell'imperativo le terze pers. sing. e pl. sono uguali a quelle del **congiuntivo presente**. Sono forme usate nel trattamento formale:

- ARE cant**i** - cant**ino**
- ERE legg**a** - legg**ano**
- IRE dorm**a** - dorm**ano**
         finisc**a** - finisc**ano**

OSSERVAZIONI

- molte volte è usato il VOI al posto del LORO.
Es. Ragazzi, **venite** qui!
    Bambini, **mangiate** tutto!

- quando un verbo è irregolare nell'indicativo o nel congiuntivo presente, le stesse irregolarità sono incontrate nell'imperativo:
Es. Esci! (= ind. pres. - tu - verbo *uscire*)
    Esca! (= cong. pres. - Lei - verbo *uscire*)

L'imperativo può essere AFFERMATIVO (usciamo!, mangiate!) o NEGATIVO (non usciamo! non mangiate!).
Per fare l'imperativo NEGATIVO basta premettere NON alle forme dell'imperativo affermativo. Solo per la 2ª pers. sing. (TU) si usa il NON + l'INFINITO.
Es. Anna, **non dire** niente a nessuno!
    Cario, **non mangiare** tutto il dolce!

TU-NOI-VOI

As formas do imperativo relativas a estas pessoas são idênticas às do **presente do indicativo**. A única exceção é a 2ª pess. sing. (tu) dos verbos da 1ª conjugação ARE que perde o RE final do sufixo do infinitivo (lavorARE-lavorA, ascoltARE-ascoltA).

- ARE can**ta** - cant**iamo** - cant**ate**
- ERE legg**i** - legg**iamo** - legg**ete**
- IRE dorm**i** - dorm**iamo** - dorm**ite**
          finisc**i** - fin**iamo** - fin**ite**

LEI-LORO

No imperativo as terceiras pess. sing. e pl. (Lei-Loro) são iguais às do **subjuntivo presente**. São formas usadas no tratamento formal:

- ARE cant**i** - cant**ino**
- ERE legg**a** - legg**ano**
- IRE dorm**a** - dorm**ano**
          finisc**a** - finisc**ano**

OBSERVAÇÕES

- Muitas vezes usa-se o VOI no lugar do LORO.
  Ex. Ragazzi, **venite** qui!
  Bambini, **mangiate** tutto!

- quando um verbo é irregular no indicativo ou no subjuntivo presente, as mesmas irregularidades são encontradas no imperativo:
  Ex. Esci! (= ind. pres. - tu - verbo *usciré*)
  Esca! (= subj. pres. - Lei - verbo *uscire*)

O imperativo pode ser AFIRMATIVO (usciamo!, mangiate!) ou NEGATIVO (non usciamo!, non mangiate!).
Para formar o imperativo NEGATIVO basta colocar a negação NON antes das formas do imperativo afirmativo. Somente para a 2ª pess. sing. (TU) usa-se o NON + INFINITIVO.
Ex. Anna, **non dire** niente a nessuno!
Cario, **non mangiare** tutto il dolce!

Imperativo affermativo	Imperativo negativo
(tu) parl**a**!	non parl**are**!
(Lei) parl**i**!	non parl**i**!
(noi) parl**iamo**!	non parl**iamo**!
(voi) parl**ate**!	non parl**ate**!
(Loro) parl**ino**!	non parl**ino**!

GLI AUSILIARI

L'imperativo degli ausiliari ESSERE e AVERE non segue queste regole: eccetto la 2ª pers. sing. (tu), tutte le altre sono uguali al congiuntivo presente.

ESSERE	AVERE
sii	abbi
sia	abbia
siamo	abbiamo
siate	abbiate
siano	abbiano

IMPERATIVO CON I PRONOMI: diretti, indiretti, combinati, CI e NE

Con l'imperativo i pronomi si mettono DOPO il verbo, con cui formano una sola parola, per la 2ª pers. sing. (tu), la 1ª e la 2ª pers. pl. (noi-voi):

a) <u>con i pronomi diretti</u>: guarda**mi**! prendiamo**la**! mangiate**li**!

b) <u>con i pronomi indiretti</u>: telefona**gli**! scriviamo**le**! scrivete**ci**!

c) <u>con i pronomi combinati</u>: di**glielo**! portiamo**celi**! fate**melo**!

d) <u>con il CI</u>: passa**ci**! andiamo**ci**! andate**ci**!

e) <u>con il NE</u>: mangia**ne**! prendiamo**ne**! mettete**ne**!

Imperativo afirmativo	Imperativo negativo
(tu) parl**a**!	non parl**are**!
(Lei) parl**i**!	non parl**i**!
(noi) parl**iamo**!	non parl**iamo**!
(voi) parl**ate**!	non parl**ate**!
(Loro) parl**ino**!	non parl**ino**!

OS AUXILIARES

O imperativo dos auxiliares ESSERE e AVERE não segue estas regras: exceto a 2ª pess. sing. (tu), todas as outras são iguais ao subjuntivo presente.

ESSERE	AVERE
sii	abbi
sia	abbia
siamo	abbiamo
siate	abbiate
siano	abbiano

IMPERATIVO COM OS PRONOMES: diretos, indiretos, combinados, CI e NE

Com o imperativo os pronomes são colocados DEPOIS do verbo, com o qual formam uma única palavra, na 2ª pess. sing. (tu) e na 1ª e na 2ª pess. pl. (noi-voi):

a) <u>com os pronomes diretos</u>: guarda**mi**! prendiamo**la**! mangiate**li**!

b) <u>com os pronomes indiretos</u>: telefona**gli**! scriviamo**le**! scrívete**ci**!

c) <u>com os pronomes combinados</u>: di**glielo**! portiamo**celi**! fate**melo**!

d) <u>com o CI</u>: passa**ci**! andiamo**ci**! andate**ci**!

e) <u>com o NE</u>: mangia**ne**! prendiamo**ne**! mettete**ne**!

- PRIMA del verbo, da cui restano separati, per la 3ª pers. sing. e pl. (Lei-Loro)

    a) con i pronomi diretti: **la** mangi! **lo** facciano!
    b) con i pronomi indiretti: **gli** scriva! **mi** telefonino!
    c) con i pronomi combinati: **ce lo** dica! **gliele** mandino!
    d) con il CI: **ci** vada! **ci** passino!
    e) con il NE: **ne** parli! **ne** discutano!

IMPERATIVO NEGATIVO CON I PRONOMI

Con l'imperativo negativo i pronomi possono precedere o seguire il verbo:
per la 2ª pers. sing. (tu)
Es. Non **lo** dire! - non dir**lo**! (in quest'ultimo caso, quando è seguito da un pronome, l'infinito perde la **e** finale. Altri esempi: non mangiar**la**, non guardar**mi**);
e per la 1ª e 2ª pers. pl. (noi-voi)
Es. Non **lo** facciamo! - non facciamo**lo**!
Non **glielo** dite! - non dite**glielo**!
Ma precedono sempre il verbo
per la 3ª pers. sing. e pl. (Lei-Loro)
Es. Non **lo** dica! - non **lo** dicano!

IMPERATIVO DI UN VERBO RIFLESSIVO

Con l'imperativo di un verbo riflessivo i pronomi seguono le stesse regole sopra.

LAVARSI

Imperativo affermativo		Imperativo negativo	
(tu)	lava**ti**!	non	lavar**ti**!
(Lei)	**si** lavi!	non **si**	lavi
(noi)	laviamo**ci**!	non	laviamo**ci**!
(voi)	lavate**vi**!	non	lavate**vi**!
(Loro)	**si** lavino!	non **si**	lavino!

- ANTES do verbo, do qual ficam separados, na 3ª pess. sing. e pl. (Lei-Loro)

a) <u>com os pronomes diretos</u>: **la** mangi! **lo** facciano!

b) <u>com os pronomes indiretos</u>: **gli** scriva! **mi** telefonino!

c) <u>com os pronomes combinados</u>: **ce lo** dica! **gliele** mandino!

d) <u>com o CI</u>: **ci** vada! **ci** passino!

e) <u>com o NE</u>: **ne** parli! **ne** discutano!

IMPERATIVO NEGATIVO COM OS PRONOMES

Com o imperativo negativo os pronomes podem preceder ou seguir o verbo:
<u>na 2ª pess. sing. (tu)</u>
Ex. Non **lo** dire! - non dir**lo**! (neste último caso, quando é seguido de um pronome, o infinitivo perde o **e** final. Outros exemplos: non mangiar**la**, non guardar**mi**);
<u>e na 1ª e 2ª pess. pl. (noi-voi)</u>
Ex. Non **lo** facciamo! - non facciamo**lo**!
   Non **glielo** dite! - non dite**glielo**!
Os pronomes precedem, porém, sempre o verbo
<u>na 3ª pess. sing. e pl. (Lei-Loro)</u>
Ex. Non **lo** dica! - non **lo** dicano!

IMPERATIVO DE UM VERBO REFLEXIVO

Com o imperativo de um verbo reflexivo os pronomes seguem as mesmas regras acima.

LAVARSI

Imperativo afirmativo		Imperativo negativo	
(tu)	lava**ti**!	non	lavar**ti**!
(Lei)	**si** lavi!	non **si**	lavi
(noi)	laviamo**ci**!	non	laviamo**ci**!
(voi)	lavate**vi**!	non	lavate**vi**!
(Loro)	**si** lavino!	non **si**	lavino!

FORME MONOSILLABICHE

L'imperativo dei verbi ANDARE, STARE, DIRE, FARE e DARE ha una forma monosillabica (una sola sillaba) quando si tratta della 2ª pers. sing. (tu): **va'** (o **vai**), **sta'** (o **stai**), **di'**, **fa'** (o **fai**) e **da'** (o **dai**). I pronomi, eccetto **gli**, uniti a queste forme, raddopiano la consonante iniziale per un fenomeno di fonetica sintattica.

Es. Va-**m-mi** a prendere il bicchiere! - Va-**m-melo** a prendere!
Fa'gli esercizi, fa-**l-li** subito!
Fa-**c-ci** un favore! Fa-**c-celo** in fretta!
Va-**t-ti** a lavare le mani! Va-**t-tele** a lavare adesso!
Da-**l-la** a me! Da-**m-mela** per favore!
Di-**l-le** il segreto! Di**glielo**!
Sta-**m-mi** a sentire!
Da-**m-mi** le caramelle, da-**n-ne** una anche a Giulio!
Va' a casa, ma va-**c-ci** presto!

ALTRE FORME DI IMPERATIVO

Talvolta funge da imperativo:

a) il **futuro** dell'indicativo
   Es. Per domani **scriverete** dieci frasi.

b) l'**infinito**
   Es. Per domani **scrivere** dieci frasi.

FORMAS MONOSSILÁBICAS

O imperativo dos verbos ANDARE, STARE, DIRE, FARE e DARE têm uma forma monossilábica (uma só sílaba), na 2ª pess. sing. (tu): **va'** (ou **vai**), **sta'** (ou **stai**), **di'**, **fa'** (ou **fai**) e **da'** (ou **dai**). Os pronomes, unidos a essas formas, exceto **gli**, dobram a consoante inicial, por um fenômeno de fonética sintática.

Ex. Va-**m-mi** a prendere il bicchiere! - Va-**m-melo** a prenderei
 Fa'gli esercizi, fa-**l-li** subito!
 Fa-**c-ci** un favore! Fa-**c-celo** in fretta!
 Va-**t-ti** a lavare le mani! Va-**t-tele** a lavare adesso!
 Da-**l-la** a me! Da-**m-mela** per favore!
 Di-**l-le** il segreto! Di**glielo**!
 Sta-**m-mi** a sentire!
 Da-**m-mi** le caramelle, da-**n-ne** una anche a Giulio!
 Va' a casa, ma va-**c-ci** presto!

OUTRAS FORMAS DE IMPERATIVO

Às vezes tem valor de imperativo:

a) o **futuro** do indicativo
 Ex. Per domani **scriverete** dieci frasi.

b) o **infinito**
 Ex. Per domani **scrivere** dieci frasi.

Esercizi /Exercícios

Verbo Essere

I - Completare con il verbo **essere**, al Presente dell'Indicativo, le seguenti frasi.

1) Il bambino .... grande.
2) Tu .... italiana?
3) I quaderni .... nuovi.
4) Mario .... in giardino.
5) Noi .... a scuola.
6) Io .... pronto.
7) Voi .... americani.
8) Noi .... brasiliane.
9) Tu .... straniero.
10) Io .... francese.

II - Completare le frasi con il verbo **essere**, al Presente dell'Indicativo.

1) L'alunno .... in classe - Gli alunni .... in classe.
2) Io .... italiano - Noi .... italiani.
3) Tu .... bella - Voi .... belle.
4) Io .... a scuola - Noi .... a scuola.
5) Tu .... a Firenze - Voi .... a Firenze.
6) Il ragazzo .... simpatico - I ragazzi .... simpatici.
7) La ragazza .... tedesca - Le ragazze .... tedesche.
8) Tu .... spagnola - Voi .... spagnole.
9) Io .... di Rio de Janeiro - Noi .... di Rio de Janeiro.
10) Lo studente .... in treno - Gli studenti .... in treno.

Verbo Avere

I - Completare le frasi con il verbo **avere**, al Presente dell'Indicativo.

1) Io .... un gatto nero.
   Noi .... dei gatti neri.
2) Il nonno .... i capelli bianchi.
   I nonni .... i capelli bianchi.
3) Tu .... paura del buio?
   Voi .... paura del buio?
4) La zia .... una cognata francese.
   Le zie .... delle cognate francesi.

5) Tu .... la febbre.
   Voi .... la febbre.
6) Io .... molto sonno.
   Noi .... molto sonno.
7) Il povero .... fame.
   I poveri .... fame.
8) L'alunno .... il libro.
   Gli alunni .... i libri.
9) Tu .... fretta.
   Voi .... fretta.
10) Io ....freddo.
    Noi .... freddo.

II - Completare con il verbo *avere*, al Presente dell'Indicativo, le seguenti frasi.

1) Il cane .... il pelo lucido.
2) Noi .... caldo.
3) Tu .... il quaderno?
4) Io .... un vestito nuovo.
5) Voi .... un fazzoletto?
6) Loro .... ragione.
7) Carlo .... due sorelle.
8) Carlo e Germana .... molti cugini.
9) Io .... sete.
10) Voi .... torto.

Verbi Regolari

I - Mettere i verbi tra parentesi al Presente dell'Indicativo.

1) La ragazza *(cantare)* una canzone.   ....
2) Voi *(vedere)* la T.V.   ....
3) Luisa *(partire)* alle 7.   ....
4) Noi *(studiare)* l'italiano.   ....
5) Loro *(credere)* in Dio.   ....
6) Tu *(capire)* quello che dico?   ....
7) Io *(preferire)* la pizza brasiliana.   ....
8) Tu *(credere)* di essere bella?   ....
9) Il signore *(temere)* i ladri.   ....
10) Noi *(dormire)* presto.   ....

II - Completare le frasi con i verbi sotto.

1) Io .... la radio e Bruno .... la televisione.
2) I bambini .... la torta di mele.
3) Noi .... volentieri un cappuccino.
4) Tu .... molti vestiti.
5) Scusi, Lei .... un tè?
6) Loro .... con il treno delle 8.
7) Tu .... l'esercizio.
8) Noi .... un tango.
9) Fabio .... l'autobus.
10) Loro .... la casa dei genitori.

aspetta - partono - guarda - compri - accetta - finisci - balliamo - vendono - ascolto - mangiano - prendiamo

Verbi della 3ª Coniugazione - IRE

I - Completare le frasi con i verbi tra parentesi, al Presente dell'Indicativo.

1) Noi .... la finestra. *(aprire)*
2) La mamma .... il bambino. *(coprire)*
3) L'uomo .... la sua casa. *(costruire)*
4) I pagliacci .... i bambini. *(divertire)*
5) Tu cosa .... bere, vino o birra? *(preferire)*
6) Voi .... la casa. *(pulire)*
7) Io .... sempre tardi. *(dormire)*
8) Loro .... molto. *(soffrire)*
9) Io ti .... la penna. *(restituire)*
10) Loro .... le norme. *(stabilire)*

Verbi in CARE - GARE

I - Completare le frasi mettendo i verbi tra parentesi al Presente dell'Indicativo.

1) Noi *(pagare)* .... il conto.
2) Io vi *(spiegare)* .... tutto.
3) Il terremoto *(provocare)* .... seri danni.
4) Tu *(dimenticare)* .... il mio libro.
5) Noi vi *(comunicare)* .... il nuovo indirizzo.

6) I bambini *(giocare)* .... in giardino.
7) Tu non *(negare)* .... la tua razza.
8) Il vigile ci *(indicare)* .... la strada.
9) Noi *(legare)* .... il pacco con lo spago.
10) Voi *(toccare)* .... il cielo con un dito.

Verbi in CIARE - GIARE - SCIARE

I - Completare le frasi mettendo i verbi tra parentesi al Presente dell'Indicativo.

1) Tu *(lasciare)* .... le chiavi nelle macchina.
2) Io *(mangiare)* .... volentieri una bistecca.
3) Le lezioni *(cominciare)* .... alle 6 del pomeriggio.
4) Gli alunni non *(pronunciare)* .... bene la zeta.
5) Io *(denunciare)* .... le irregolarità.
6) Voi *(strusciare)* .... il pavimento.
7) Mario *(baciare)* .... la sua fidanzata.
8) Noi *(viaggiare)* .... sempre in treno.
9) Tu *(rinunciare)* .... a fare questo lavoro.
10) Voi *(lanciare)* .... l'idea.

Verbi Servili (o Modali)

I - Completare le frasi con i verbi tra parentesi al Presente dell'Indicativo.

1) Io non *(potere)* .... andare al cinema.
2) Loro *(dovere)* .... fare gli esercizi.
3) Voi *(volere)* .... aver sempre ragione.
4) Tu *(potere)* .... prestarmi la penna?
5) Gino *(volere)* .... uscire stasera con te.
6) Marina *(potere)* .... fare la domanda.
7) Io *(dovere)* .... lavorare anche di notte.
8) Tu *(volere)* .... una birra?
9) Voi *(dovere)* .... essere qui alle 10.
10) Noi non *(potere)* .... partire oggi.
11) Tu *(dovere)* .... riposare.
12) Loro *(volere)* .... giocare a tennis.
13) Voi *(potere)* .... telefonare di mattina.
14) L'alunna *(dovere)* .... fare l'iscrizione.

15) Io non *(volere)* .... vedere questo film.
16) Loro *(potere)* .... fare ciò che *(volere)* ....
17) Noi *(dovere)* .... scrivere una lettera.
18) Noi *(volere)* .... affittare una casa.
19) Ottavio non *(potere)* .... più guidare.
20) Tu *(volere)* .... mangiare troppo.

Verbi Irregolari

I - Completare le frasi mettendo i verbi tra parentesi al Presente dell'Indicativo.

1) Questo bambino non *(dire)* .... la verità.
2) Tu *(fare)* .... troppe cose.
3) Loro *(dare)* .... i dolci ai bambini.
4) Noi *(bere)* .... molto vino.
5) L'ascensore *(salire)* .... al 3º piano.
6) Maria, dove *(andare)* .... i ragazzi?
7) Ragazzi, da dove *(venire)* .... ?
8) Ciao Rodolfo, come *(stare)* .... tuo fratello?
9) Io non *(sapere)* .... a che ora comincia lo spettacolo.
10) A che ora *(uscire)* .... gli alunni?
11) Gli alpinisti *(salire)* .... sulla montagna.
12) Loro non *(bere)* .... , sono astemi.
13) Noi *(dare)* .... un regalo alla zia.
14) Voi *(fare)* .... molta attenzione.
15) Voi *(dire)* .... molte bugie.
16) Con chi *(uscire)* .... Maria?
17) Noi non *(sapere)* .... nulla.
18) Come *(stare)* .... i tuoi genitori?
19) Io *(venire)* .... da Parigi.
20) Io *(andare)* .... alla spiaggia.

II - Rispondere alle domande:

1) A che ora esci? .... alle 8.
2) Dove andate? .... al bar.
3) Cosa fai? Non .... niente.
4) Signori, cosa bevono? .... un tè.
5) Da dove viene, Signora Bianchi? .... dal Giappone.
6) Voi sapete l'arabo? No, ... solo il portoghese.

7) Salite sull'autobus? No, ………………………… sul tram.
8) Dove sta di casa, Professore? ……………… in Via Generale Parisi, 6.
9) A chi dai il premio? Lo ………………… al ragazzo più studioso.
10) Cosa facciamo adesso? Perché non ……………………… una passeggiata.

Indicativo Presente

I - Completare il brano mettendo i verbi tra parentesi al Presente dell'Indicativo.

La donna italiana

Le donne italiane *(essere)* ………………… certamente belle; di una bellezza un po' severa, forse, e la loro tenerezza *(essere)* …………… riservata, non costante nello sguardo e nei modi, al contrario di quel che *(avvenire)* ………………… nelle donne nordiche, che *(essere)* ……………… tenere sempre, quando non *(essere)* ……………… arcigne.

L'atteggiamento della donna italiana *(essere)* ……………… spesso superbo, altero, regale, il che *(dare)* ……………… una regolare apparenza di freddezza in donne dal volto appassionato. Più cordiali, invero, *(mostrarsi)* …………………… le donne del settentrione; più chiuse e scontrose che nell'Italia centrale *(essere)* …………… nel Sud. In certe regioni, come in Emilia, in Romagna, nel Veneto, *(fiorire)* ………………… con impetuosa baldanza, *(essere)* …………… forti e sensuali, allegre, ardite. In altre, come in Toscana, *(unire)* ………………… alla snellezza del corpo quella dello spirito, *(essere)* …………… fini, attente, intelligenti in sommo grado. *(Amare)* ……………… l'eleganza, non *(apparire)* ……………… mai goffe neppure quando – giovinette – *(sembrare)* ………………… un po' frivole e incolte; sempre *(farsi)* ……………… perdonare con la leggiadria della persona.

Gli italiani *(guardare)* ……………………… le donne, sempre, per istinto e per necessità. *(Disprezzare)* ……………………… anzi chi non *(amare)* ………………… le donne, *(considerare)* ……………………… poco virili i popoli privi di sensualità, o almeno li *(considerare)* ……………………… sciocchi, o ipocriti, ad ogni modo fantocci, non uomini completi.

ESERCIZI

Si *(ridere)* .... molto in Italia dell'indignazione dei puritani che ci *(rimproverare)* .... di essere troppo "galanti". Talvolta, *(essere)* .... vero, si *(eccedere)* ...., e non *(mancare)* .... i noiosi, i vanitosi, gli ossessionati. *(Essere)* .... difetti che fatalmente *(accompagnare)* .... tutte le manifestazioni di caratteri forti e ben definiti; ma ne *(essere)* .... noi stessi infastiditi, anzi irritati, e da tempo si *(cercare)* .... di ridurre e addirittura annullare tali eccessi mediante una migliore educazione sociale...

Da: *LA LINGUA ITALIANA PER STRANIERI*, corso medio (esercizi e test) di Katerin Katerinov, 3ª edizione riveduta e corretta. Edizioni Guerra, Perugia.

Passato Prossimo

I - Completare le desinenze dei participi passati secondo le esigenze della concordanza.

1) Ieri ho comprat... molti dischi nuovi.
2) Teresa è rimast...... a casa.
3) Gli amici sono andat...... alla partita di calcio.
4) Hanno inventat...... una nuova macchina.
5) Francesco ha lavorat...... molto ma non è riuscit...... a concludere nulla.
6) Sono success...... cose strane in quel castello.
7) Cos'è success...... a casa tua?
8) Mi sono piaciut...... molto le fettuccine al pesto.
9) Lui ha già vist...... il film.
10) Ti sono piaciut...... i cioccolatini?

II - Completare le frasi con i participi passati sottoelencati.

1) Ieri abbiamo .... un bel film.
2) Luisa ti ha .... un favore?
3) Perché hai .... la luce?
4) Abbiamo .... troppo denaro.
5) Chi ha .... il campionato?
6) I professori hanno .... gli esercizi.
7) La mamma ha .... la pasta.
8) Le bambine hanno .... molti fiori.
9) Hai .... un bel raffreddore!

10) Non hanno .... alla mia lettera.

spento - vinto - visto - risposto - chiesto - cotto - preso - corretto - colto - speso

III - Come l'esercizio precedente.

1) Gli invitati sono .... in macchina.
2) Dante è .... a Firenze.
3) Gli alunni sono .... in ascensore.
4) A che ora sono .... le ragazze?
5) Il sole oggi è .... alle 5.45.
6) La signora è .... mentre faceva la coda.
7) I bambini sono .... di corsa in casa.
8) Le mie cugine sono .... con il treno delle 9.
9) Durante l'epidemia sono .... molti animali.
10) Angela è .... al 5º piano.

nato - sorto - salita - venuti - morti - uscite - scesi - svenuta - partite - entrati

IV - Completare le frasi mettendo i verbi tra parentesi al Passato Prossimo.

1) Io *(appendere)* .... tutti i quadri.
2) Voi *(aprire)* .... le finestre?
3) Noi *(chiudere)* .... la porta.
4) Loro mi *(chiedere)* .... una spiegazione.
5) Maurizio *(scegliere)* .... un bel regalo per te.
6) Tu *(friggere)* .... il pollo.
7) Chi *(dipingere)* .... questo capolavoro?
8) I bambini *(fare)* .... i capricci.
9) Cosa voi *(decidere)* .... ?
10) Il temporale *(distruggere)* .... le case.

V - Come l'esercizio precedente.

1) Il corso di spagnolo *(costare)* .... poco.
2) Freddy non *(guarire)* .... ancora ....
3) I ladri *(scappare)* .... dalla finestra.
4) Voi *(diventare)* .... troppo maleducate.
5) Come tu *(crescere)* .... figlio mio!
6) Io non *(riuscire)* .... a fare l'esercizio.
7) Noi *(nascere)* .... in Italia.

8) Il sole *(tramontare)* .... tardi, ieri.
9) Le mie scarpe *(sparire)* ....!
10) Sandra *(rientrare)* .... sola.

VI - Completare con l'ausiliare (***essere*** o ***avere***) il Passato Prossimo delle seguenti frasi.

1) Noi .... passato delle vacanze stupende in Liguria.
2) Le scuole di samba .... sfilate lunedì.
3) Il caldo .... aumentato molto negli ultimi anni.
4) I nostri codici .... cambiati.
5) La frequenza degli alunni .... diminuita del 30%.
6) Tu .... migliorato la tua calligrafia.
7) Gli alunni .... seguito il corso con interesse.
8) La sua salute .... migliorata da sabato scorso.
9) I bambini .... corsi a casa per sapere la novità.
10) Voi .... salito le scale di corsa.
11) Io .... suonato il campanello di casa tua per ore.
12) Le lezioni .... finite da un po'.
13) San Francesco .... vissuto una vita di privazioni.
14) La pubblicità .... aumentato la vendita del prodotto.
15) Purtroppo la guerra non .... ancora terminata.
16) Noi .... scesi dall'autobus alla fermata dopo.
17) Loro .... avanzato delle proposte scorrette.
18) Il corso .... cominciato da un mese.
19) I cavalli del concorso ippico .... saltato gli ostacoli alla perfezione.
20) Gino .... cominciato un nuovo lavoro.

VII - Completare le desinenze dei participi passati secondo le esigenze della concordanza.

1) Luisa ha incontrat...... le amiche e le ha salutat....
2) I bambini hanno comprat...... i biscotti e li hanno mangiat...... già tutti.
3) Claudio ha vist...... il vestito in vetrina e l'ha comprat...... per sua moglie.
4) Noi abbiamo inventat...... la storia e poi l'abbiamo raccontat...... ai nostri genitori.
5) Voi avete noleggiat...... la macchina e l'avete guidat...... subito senza problemi.

6) Io ho sentit...... i dischi nuovi da mio fratello e poi li ho comprat....
7) Tu hai scritt...... la lettera e l'hai spedit...... per via aerea.
8) Il dentista ha scopert...... una brutta carie e l'ha subito otturat....
9) Ho ricevut...... dei cioccolatini in regalo ma ne ho mangiat...... solo uno.
10) Hanno ricevut...... le riviste italiane e le hanno già lett...... tutte.

VIII - Volgere al Passato Prossimo le seguenti frasi:

1) Il signore compra un cappello.
   Il signore .... un cappello.
2) La signora legge un libro interessante.
   La signora .... un libro interessante.
3) Io esco presto tutte le mattine.
   Io .... presto tutte le mattine.
4) Tu parti in aereo.
   Tu .... in aereo.
5) Il bambino fa l'esercizio di matematica.
   Il bambino .... l'esercizio di matematica.
6) Lui dice una bugia.
   Lui .... una bugia.
7) Tu vai al cinema con tua sorella.
   Tu .... al cinema con tua sorella.
8) Io riesco a capire quasi tutto.
   Io .... a capire quasi tutto.
9) La signorina smette di fumare.
   La signorina .... di fumare.
10) Questo studente arriva in ritardo.
    Questo studente .... in ritardo.

IX - Come l'esercizio precedente.

1) I signori comprano un cappello.
   I signori .... un cappello.
2) Le signore leggono un libro interessante.
   Le signore .... un libro interessante.
3) Usciamo presto tutte le mattine.
   .... presto tutte le mattine.
4) Voi partite in aereo.
   Voi .... in aereo.

5) I bambini fanno l'esercizio di matematica.
   I bambini .... l'esercizio di matematica.
6) Loro dicono una bugia.
   Loro .... una bugia.
7) Voi andate al cinema con vostra sorella.
   Voi .... al cinema con vostra sorella.
8) Noi riusciamo a capire quasi tutto.
   Noi .... a capire quasi tutto.
9) Le signorine smettono di fumare.
   Le signorine .... di fumare.
10) Questi studenti arrivano in ritardo.
    Questi studenti .... in ritardo.

Futuro

I - Mettere i verbi tra parentesi al Futuro Semplice.

1) Loro *(cantare)* .... una canzone italiana.
2) Tu non *(lavorare)* .... domani.
3) Io ti *(amare)* .... sempre!
4) Voi mi *(lasciare)* .... qui solo?
5) Noi *(cercare)* .... un appartamento.
6) Voi *(affittare)* .... questa casa?
7) Lui *(prendere)* .... l'aereo per Milano.
8) Lei *(partire)* .... per Torino.
9) Il conto, lo *(pagare)* .... noi.
10) Io lo *(leggere)* .... dopo, il giornale.

II - Come l'esercizio precedente.

1) A che ora tu *(essere)* .... a casa?
2) Voi *(avere)* .... dei guai con questo cane.
3) Lui *(andare)* .... via dopodomani.
4) Noi *(bere)* .... solo una birra.
5) Chi *(tradurre)* .... la lettera?
6) Io *(venire)* .... da te se *(io-potere)* ....
7) Loro *(rimanere)* .... qui da me.
8) Il professore *(tenere)* .... una conferenza.
9) Io lo *(sapere)* .... domani se lui *(venire)* ....
10) Sono sicuro che loro *(volere)* .... uscire dopo cena.

III - Mettere i verbi tra parentesi al Futuro Anteriore e al Futuro Semplice.

1) Dopo che *(io-finire)* .... di studiare, *(io-uscire)* .... con te.
2) Quando *(noi-ricevere)* .... lo stipendio, *(noi-pagare)* .... i debiti.
3) Appena *(lui-arrivare)* .... *(noi-andare)* .... a teatro.
4) Lei *(leggere)* .... il racconto dopo che *(lei-fare)* .... gli esercizi.
5) Io ti *(telefonare)* .... appena *(io-sapere)* .... il risultato.
6) Loro *(comprare)* .... una macchina nuova solo dopo che il Governo *(riuscire)* .... a controllare i prezzi.
7) Noi vi *(pagare)* .... ciò che vi dobbiamo appena *(noi-ritornare)* .... dall'Europa.
8) Tu *(capire)* .... la situazione dopo che io ti *(fare)* .... leggere la lettera.
9) Noi *(prenotare)* .... l'aereo solo dopo che tu ci *(dire)* .... di quale compagnia aerea si tratta.
10) Quando voi *(scendere)* .... io vi *(gettare)* .... le chiavi dalla finestra.

Verbi Riflessivi

I - Mettere i verbi tra parentesi al Presente dell'Indicativo.

1) Io *(lavarsi)* .... le mani.
2) L'alunno *(dimenticarsi)* .... di portare i quaderni.
3) Tu *(ricordarsi)* .... di Paolo?
4) Lei *(mettersi)* .... i pantaloni.
5) Lui *(vestirsi)* .... in fretta.
6) Tu *(spazzolarsi)* .... i capelli.
7) Io *(svegliarsi)* .... alle 6.
8) La bambina *(divertirsi)* .... al circo.
9) Il ragazzo *(iscriversi)* .... al corso.
10) Tu *(riposarsi)* .... dopo il lavoro.

II - Come l'esercizio precedente.

1) Noi *(lavarsi)* .... le mani.
2) Gli alunni *(dimenticarsi)* .... di portare i quaderni.
3) Voi *(ricordarsi)* .... di Paolo?
4) Loro *(mettersi)* .... i pantaloni.
5) Loro *(vestirsi)* .... in fretta.
6) Voi *(spazzolarsi)* .... i capelli.
7) Noi *(svegliarsi)* .... alle 6.
8) Le bambine *(divertirsi)* .... al circo.
9) I ragazzi *(iscriversi)* .... al corso.
10) Voi *(riposarsi)* .... dopo il lavoro.

III - Volgere i verbi dell'esercizio I al Passato Prossimo.

1) Io .... le mani.
2) L'alunno .... di portare i quaderni.
3) Tu .... di Paolo?
4) Lei .... i pantaloni.
5) Lui .... in fretta.
6) Tu .... i capelli.
7) Io .... alle 6.
8) La bambina .... al circo.
9) Il ragazzo .... al corso.
10) Tu .... dopo il lavoro.

IV - Volgere le frasi dell'esercizio II al Passato Prossimo.

1) Noi .... le mani.
2) Gli alunni .... di portare i quaderni.
3) Voi .... di Paolo?
4) Loro .... i pantaloni.
5) Loro .... in fretta.
6) Voi .... i capelli.
7) Noi .... alle 6.
8) Le bambine .... al circo.
9) I ragazzi .... al corso.
10) Voi .... dopo il lavoro.

V - Trasformare le frasi secondo il modello:

Mi devo svegliare presto. / Devo svegliar**mi** presto.

1) Si devono iscrivere al corso. / .... al corso.
2) Ci vogliamo vestire in bagno. / .... in bagno.
3) Vi potete organizzare meglio. / .... meglio.
4) Mi voglio divertire stasera. / .... stasera.
5) Ti devi sbrigare! / ....!
6) Non mi voglio pettinare. / Non ....
7) Ci vogliamo scusare. / ....
8) Lui si deve laureare a giugno. / Lui .... a giugno.
9) Si possono sedere dovunque. / .... dovunque.
10) Lei si può sistemare a casa mia. / Lei .... a casa mia.

VI - Trasformare le frasi secondo il modello:

Mi sono dovuto alzare alle 7. / Ho dovuto alzar**mi** alle 7.

1) Ti sei potuta presentare all'esame?

....

2) Lui si è voluto mettere la cravatta.

....

3) Voi vi siete dovuti svegliare ad un tratto.

....

4) Io mi sono potuta interessare del fatto.

....

5) Loro si sono voluti sposare subito.

....

Imperfetto e Trapassato Prossimo dell'Indicativo

I - Mettere i verbi tra parentesi all'Imperfetto dell'Indicativo.

1) Quando *(io-essere)* .... piccolo, *(io-giocare)* .... a nascondino.

2) Loro *(avere)* .... una sorella che *(abitare)* .... in Francia.

3) Tu *(cantare)* .... mentre noi *(vedere)* .... la T.V.

4) *(esserci)* .... una volta un re che *(avere)* .... 3 figlie.

5) Mentre lui *(asciugarsi)* .... io *(vestirsi)* ....

II - Volgere i verbi al plurale.

1) Io facevo ginnastica tutti i giorni.
   Noi .... ginnastica tutti i giorni.
2) Lui beveva sempre molti bicchieri di vino.
   Loro .... sempre molti bicchieri di vino.
3) Tu mi dicevi il tuo indirizzo mentre io parlavo al telefono.
   Voi ci .... il vostro indirizzo mentre noi .... al telefono.
4) Io salivo le scale in fretta.
   Noi .... le scale in fretta.
5) Lui usciva sempre tardi.
   Loro .... sempre tardi.

III - Mettere i verbi tra parentesi al Trapassato Prossimo dell'Indicativo.

1) Ti ho telefonato perché volevo sapere se *(tu-parlare)* .... con Giuliano.
2) Erano stanchi perché *(loro-giocare)* .... a calcio tutta la mattina.
3) Lui aveva fame perché non *(lui-mangiare)* .... niente a colazione.
4) Io ti *(dire)* .... di tornare presto.
5) Quando Giuseppe è nato, suo nonno *(morire)* .... già .... da un anno.
6) Ero triste perché non *(io-riuscire)* .... all'esame.
7) I bambini avevano sonno perché *(loro-stare)* .... tutto il pomeriggio in piscina.
8) Ho saputo che il professore non *(avvisare)* .... gli alunni del cambiamento di orario.

9) Quando Lauro è morto, sua figlia non *(nascere)* .... ancora ....
10) Quando siamo arrivati da voi, Lucia ci ha detto che *(voi-uscire)* .... poco prima.

Condizionale

I - Mettere i verbi tra parentesi al Presente del Condizionale.

1) Grazie, io *(accettare)* .... un caffè.
2) Lui *(prendere)* .... volentieri un tè.
3) Tu mi *(fare)* .... un favore?
4) Noi *(uscire)* .... con voi se non piovesse così.
5) Grazie, *(io-gradire)* .... una bibita fresca.
6) Voi cosa ne *(dire)* .... di fare una gita in montagna?
7) Loro *(preferire)* .... tornare a casa.
8) La signorina *(capire)* .... meglio senza gli auricolari.
9) Loro *(mangiare)* .... una pizza margherita.
10) Tu *(invitare)* .... Maura alla tua festa?

II - Trasformare le frasi secondo il modello:

Io **berrò** un bicchierino.   a) Io **berrei** un bicchierino.
                               b) Noi **berremmo** un bicchierino.

1) Io verrò al cinema volentieri.
   a) Io .... al cinema volentieri.
   b) Noi .... al cinema volentieri.
2) Tu mi tradurrai questo libro?
   a) Tu mi .... questo libro?
   b) Voi ci .... questo libro?
3) Lui non potrà fumare qui.
   a) Lui non .... fumare qui.
   b) Loro non .... fumare qui.
4) Lei berrà una birra con te.
   a) Lei .... una birra con te.
   b) Loro .... una birra con te.

5) Tu forse non vorrai uscire con Paolo.
   a) Tu forse non .... uscire con Paolo.
   b) Voi forse non .... uscire con Paolo.

III - Completare con il Condizionale Composto le seguenti frasi.

1) Io *(andare)* .... alla spiaggia ma pioveva.
2) Noi *(comprare)* .... la carne ma costava troppo.
3) Loro *(sedersi)* .... ma non c'erano posti liberi.
4) Tu *(dormire)* .... di più con la finestra chiusa.
5) Lei *(ballare)* .... meglio con le scarpe basse.
6) Voi *(venire)* .... alla festa?
7) Lui *(viaggiare)* .... più volentieri in aereo.
8) Io *(dimenticarsi)* .... di venire, senza la tua telefonata.
9) Mi *(piacere)* .... andare a Parigi con loro.
10) Tu *(riuscire)* .... a finire il lavoro parlando meno.

Imperativo

I - Completare le frasi mettendo i verbi tra parentesi all'Imperativo affermativo.

1) Maria, *(ascoltare)* .... ciò che ti dico!
2) Piero, *(mettere)* .... il libro sul tavolo!
3) Ragazzi, *(finire)* .... gli esercizi!
4) Signora, *(pulire)* .... subito la sedia!
5) Mario, *(obbedire)* .... alla mamma!
6) Bambini, *(aprire)* .... la finestra!
7) Signore, *(Lei-scrivere)* .... la lettera!
8) Signore, *(Loro-offrire)* .... le bibite!
9) Signorina, *(parlare)* .... più forte!
10) Adesso *(voi-ballare)* .... un valzer!

II - Volgere gli Imperativi dalla forma del "tu" alla forma del "Lei".

1) Mangia! .... !
2) Dormi! .... !
3) Parti! .... !
4) Leggi! .... !
5) Cammina! .... !
6) Accendi! .... !
7) Chiudi! .... !
8) Guarda! .... !
9) Senti! .... !
10) Agisci! .... !

III - Mettere i verbi riflessivi tra parentesi all'Imperativo Affermativo.

1) Carlo, *(mettersi)* .... le scarpe!
2) *(noi-ricordarsi)* .... di telefonare!
3) Signori, *(accomodarsi)* .... pure!
4) Signora, *(sedersi)* ...., La prego!
5) Ragazzi, *(vestirsi)* .... in fretta!
6) Teresa, *(lavarsi)* .... i capelli!
7) Signorine, *(alzarsi)* .... subito!
8) Bambine, *(svegliarsi)* .... presto!
9) Signora Bianchi, *(asciugarsi)* .... le mani!
10) Giovanni *(pulirsi)* .... i piedi!

IV - Mettere gli Imperativi alla forma negativa.

1) Cerca la penna! .... la penna!
2) Spegni la T.V.! .... la T.V.!
3) Andate via! .... via!
4) Compriamo il giornale! .... il giornale!
5) Agisca! .... !
6) Mangia! .... !
7) Fuma la pipa! .... la pipa!
8) Accendano il fuoco! .... il fuoco!
9) Prendete l'autobus! .... l'autobus!
10) Apra il cassetto! .... il cassetto!

V - Completare le frasi mettendo i verbi tra parentesi all'Imperativo Affermativo.

1) *(voi-andare)* .... a casa vostra!
2) Signori, *(venire)* .... domani!

3) Signora, mi *(dare)* .... la sua borsa!
4) Signore, ci *(Lei-fare)* .... un favore!
5) Marina, *(stare)* .... ferma!
6) Su, *(voi-avere)* .... pazienza!
7) Ti prego, *(essere)* .... gentile!
8) Maria, *(dire)* .... tu la poesia!
9) Bambini, *(stare)* .... zitti!
10) Ragazzi, *(dire)* .... la verità!

VI - Completare le frasi secondo il modello:

Se vuoi accompagnare tu Luisa, accompagna**la**!
Se vuole accompagnare Lei Luisa, **la** accompagni!

1) Se vuoi comprare il vestito, ...!
   Se vuole comprare il vestito, ...!
2) Se volete spedire le cartoline, ...!
   Se vogliono spedire le cartoline, ...!
3) Se preferisci bere il vino, ...!
   Se preferisce bere il vino, ...!
4) Se preferite prendere un tè, ...!
   Se preferiscono prendere un tè, ...!
5) Se vuoi mangiare i cioccolatini, ...!
   Se vuole mangiare i cioccolatini, ...!

VII - Completare gli Imperativi con i pronomi o la particella "ci".

1) Se vuoi dire una bugia, di ....!
2) Se vuoi fare le bizze, fa ....!
3) Se vuoi andare alla spiaggia, va ....!
4) Se vuoi stare a casa, sta ....!
5) Per favore, da .... *(a me)* il quaderno!

VIII - Completare le frasi secondo il modello:

Se vuoi dare il regalo a Maurizio, **daglielo**!

1) Se vuoi dire la verità a tua mamma, ...!
2) Se volete comprare la cravatta a Lucio, ...!
3) Se preferisci scrivere tu le lettere ai parenti, ...!
4) Se preferite mandare a me i francobolli, ...!
5) Se vuoi regalare i biscotti alla nonna, ...!
6) Se volete inviare i libri al professore, ...!

7) Se desideri consegnare personalmente la posta a Franco............
....!
8) Se desiderate fare un favore allo zio, ...!
9) Se devi preparare la cena a tuo figlio, ...!
10) Se dovete chiedere un favore a me, ...
........................!

IX - Completare le frasi secondo il modello:

Se vuole dare il regalo a Maurizio, **glielo dia**!

1) Se vuole dire la verità a Sua mamma, ...!
2) Se vogliono comprare la cravatta a Lucio, ...
...................!
3) Se preferisce scrivere Lei le lettere ai parenti, ...
................!
4) Se preferiscono mandare a me i francobolli, ...
....!
5) Se vuole regalare i biscotti alla nonna, ...
....!
6) Se vogliono inviare i libri al professore, ...
....!
7) Se desidera consegnare personalmente la posta a Franco, ...
....!
8) Se desiderano fare un favore allo zio, ...
....!
9) Se deve preparare la cena a Suo figlio, ...
....!
10) Se devono chiedere un favore a me, ...
....!

X - Volgere all'Imperativo negativo.

1) Comprami il giornale! .... il giornale!
2) Fammi un favore! .... un favore!
3) Stallo a sentire! .... a sentire!
4) Pettinati! ....!
5) Dagli una mano! .... una mano!
6) Dicci tutto! .... niente!
7) Asciugati i capelli! .... i capelli!
8) Mettiti gli occhiali! .... gli occhiali!
9) Offrile un caffè! .... un caffè!
10) Vattene! ....!

Congiuntivo

I - Completare le frasi mettendo i verbi tra parentesi al Congiuntivo Presente.

1) Credo che Paul *(arrivare)* .... con il treno delle 11.
2) Mi pare che tu *(lavorare)* .... troppo.
3) È probabile che loro *(scrivere)* .... le lettere.
4) Suppongo che voi *(capire)* .... la spiegazione.
5) È inutile che noi *(partire)* .... oggi.
6) Desidero che tu *(finire)* .... il compito.
7) Penso che i ragazzi *(studiare)* .... in camera.
8) Voglio che tu *(restare)* .... qui con me.
9) Carlo vuole che io gli *(telefonare)* .... tutti i giorni.
10) Occorre che voi *(spedire)* .... subito i documenti.

II - Completare le frasi mettendo i verbi tra parentesi al Congiuntivo Passato.

1) Mi sembra che loro *(passare)* .... le vacanze in Italia.
2) Penso che lui *(perdere)* .... tutta la sua fortuna al gioco.
3) Spero che voi *(restare)* .... a casa.
4) Antonietta crede che suo figlio *(partire)* .... ieri.
5) Penso che il corso *(finire)* ....
6) Mi pare che loro *(trovare)* .... il cane.
7) È possibile che lui *(tornare)* .... in Albergo solo.
8) Ho paura che lei non *(raccontare)* .... tutto.
9) Spero che voi *(invitare)* .... anche Raffaella.
10) È probabile che i ragazzi *(arrivare)* .... già ....

III - Mettere i verbi tra parentesi al Congiuntivo Presente.

1) Mi pare che lui *(andare)* .... a casa a piedi.
2) Credo che loro *(stare)* .... bene.
3) Speriamo che voi *(venire)* ......,........................... presto.
4) È importante che tu *(dire)* .... la verità.
5) È meglio che voi gli *(dare)* .... una mano.
6) Suppongo che lei *(essere)* .... francese.
7) È una vergogna che loro *(fare)* .... certe cose.
8) Loro credono che noi *(volere)* .... partecipare al gioco.
9) Lei vuole che io *(tenere)* .... la casa in ordine.
10) Non credo che tu *(avere)* .... ragione.

IV - Mettere i verbi tra parentesi al Congiuntivo Passato.

1) Credo che Susanna *(tradurre)* .... questo libro.
2) È improbabile che loro *(uscire)* .... con questo diluvio.
3) È possibile che *(essere)* .... lui a telefonare.
4) È un peccato che voi non *(fare)* .... gli esercizi.
5) Spero che loro *(dire)* .... ciò che pensano.
6) Spero che tu *(potere)* .... arrivare in tempo.
7) Non credo che lui non *(volere)* .... invitarci.
8) Mi pare che tu *(dare)* .... la carta sbagliata.
9) Loro ritengono che voi *(andare)* .... già via.
10) Io credo che lui *(avere)* .... paura del cane.

V - Completare le frasi con il **che + Congiuntivo Presente** o il **di + Infinito.**

1) Spero .... non *(essere-io)* .... troppo in ritardo.

ESERCIZI •

2) Ritieni .... lui ti *(capire)* .... ?
3) Mi pare .... voi non *(sapere)* .... nulla.
4) Lui crede .... *(potere-lui)* .... fare il lavoro da solo.
5) Ho l'impressione .... *(desiderare-loro)* .... mangiare.
6) Tu credi .... *(avere-tu)* .... ragione?
7) Ho paura .... *(arrivare-lui)* .... dopo l'esame.
8) Loro temono .... *(sbagliare-loro)* ....
9) Sperate .... *(arrivare-voi)* .... in tempo?
10) Loro desiderano .... il professore *(scrivere)* .... gli esercizi alla lavagna.

VI - Mettere i verbi tra parentesi al Congiuntivo Imperfetto.

1) Credevo che Mario .... americano.   *(essere)*
2) Pensavo che loro .... un libro.   *(leggere)*
3) Avevamo paura che voi .... troppo.   *(bere)*
4) Lui credeva che io .... una sorella.   *(avere)*
5) Lei sperava che noi .... tutto.   *(capire)*
6) Credevo che tu .... dall'inglese.   *(tradurre)*
7) Era necessario che lui .... del suo meglio.   *(fare)*
8) Non sapevo che loro .... così male.   *(stare)*
9) Eravamo sicuri che voi .... oggi.   *(partire)*
10) Voleva che lui le .... una mano.   *(dare)*

VII - Mettere i verbi tra parentesi al Congiuntivo Trapassato.

1) Speravo che tutti *(fare)* .... l'esercizio.
2) Ritenevo che loro *(arrivare)* .... con il treno delle 5.
3) Credeva che io *(andare)* .... al bar.
4) Il professore sperava che gli alunni *(correggere)* .... gli errori.
5) I genitori speravano che il figlio *(riuscire)* .... all'esame.
6) Mi sembrava che loro *(dire)* .... la verità.
7) Lei credeva che noi *(parlare)* .... di lei.

8) Mi pareva che tu *(mettersi)* .... i miei pantaloni.
9) Speravo che i bambini *(lavarsi)* .... le mani da soli.
10) Supponevamo che voi *(studiare)* .... la lezione.

Periodo Ipotetico

I - Completare le frasi secondo il modello:

Se **vai** al cinema, ci **vengo** anch'io. *(andare-tu/venire-io)*

1) Se non .... la tua calligrafia, non .... quello che scrivi. *(migliorare-tu/capire-io)*
2) Se non ...., non .... l'ombrello. *(piovere/portare-io)*
3) Se ...., ... d'accordo. *(tacere-lui/essere-lui)*
4) Se ...., vi .... *(venire-voi/aspettare-noi)*
5) Se mi .... alla festa, ti .... mio fratello. *(invitare-tu/presentare-io)*
6) Mi presti la tua macchina?
   Se ...., te la .... con piacere. *(funzionare/prestare-io)*
7) Se .... la luce, ... meglio. *(accendere-tu/vederci-tu)*
8) Se non ...., non .... *(telefonare-loro/venire-loro)*
9) Se ...., ... usare la mia giacca. *(volere-tu/potere-tu)*
10) Se .... dei problemi, ... chiedere aiuto. *(avere-voi/potere-voi)*

II - Completare le frasi con i verbi *sotto*.

1) Se ti spazzolerai i denti dopo i pasti, non .... carie.
2) Se si deciderà, io le .... le chiavi.
3) Se si ricorderanno di me, io mi .... di loro.
4) Se potrà, lei mi .... il pacco a casa.
5) Se spedirà la lettera oggi, voi la .... tra una settimana.

6) Se farete più attenzione, voi .... meglio la spiegazione.
7) Se farà bel tempo, i ragazzi .... al mare.
8) Se lo cercheremo, noi lo .... senz'altro.
9) Se verrete, noi vi ....
10) Se le telefonerai, lei .... felice.

andranno - ricorderò - riceverete - troveremo - darò - avrai - consegnerà - aspetteremo - capirete - sarà

III - Completare le frasi con l'Imperativo.

1) Se non puoi venire, ...! *(avvertirmi)*
2) Se volete le informazioni, ...! *(telefonarci)*
3) Se può andarci, ...! *(andarci)*
4) Se deve uscire, ...! *(uscire)*
5) Se preferisci restare a casa, ...! *(restarci)*
6) Se vogliono scrivere, ...! *(scrivere)*
7) Se preferite fare gli esercizi, ...! *(farli)*
8) Se vuoi mandare la lettera, ...! *(mandarla)*
9) Se dovete partire subito, ...! *(partire)*
10) Se vuole venire, ... pure! *(venire)*

IV - Completare le frasi con il Condizionale Semplice.

1) Se tu mi facessi questo favore, io *(essere)* .... contenta.
2) Se tornaste oggi, noi vi *(aspettare)* ....
3) Se avesse il libro, lo *(leggere)* ....
4) Se tu vincessi il primo premio, cosa *(fare)* ....?
5) Se voi aveste molti soldi, cosa *(comprare)* ....?
6) Dove *(andare)* ...., se poteste viaggiare?
7) Loro *(mangiare)* .... di più se avessero fame.
8) Tu *(tuffarsi)* .... in quest'acqua gelida, se tu fossi più giovane?
9) Loro *(affittare)* .... la loro casa, se trovassero un buon inquilino.
10) Io *(smettere)* .... di fumare, se avessi un buon motivo.

V - Completare le frasi con il Congiuntivo Imperfetto.

1) Saremmo felici se voi ci *(dare)* .... una mano.

2) Se tu *(fare)* .... subito i compiti, potresti uscire con noi.
3) Se *(io-avere)* ....l'accendino ti accenderei la sigaretta.
4) Loro comprerebbero il tuo libro se *(costare)* .... meno.
5) Non userebbe gli occhiali se *(vederci)* ....
6) Noi sapremmo i verbi se *(essere)* .... facili.
7) Sentirebbero la musica se tu *(aumentare)* .... il volume della radio.
8) La mamma sarebbe più contenta se noi non *(dire)* .... tante stupidaggini.
9) Dormirebbero meglio se *(loro-coprirsi)* ....
10) Se *(io-potere)* ...., lavorerei solo tre giorni alla settimana.

VI - Completare le frasi secondo il modello:

Uscirei se non **piovesse**. *(uscire-io/piovere)*

1) .... se .... voce. *(cantare-io/avere-io)*
2) Se i bambini .... subito, noi .... uscire. *(dormire-loro/potere-noi)*
3) Lucia .... se .... la città. *(guidare-lei/conoscere-lei)*
4) .... il pieno se .... dov'è il distributore di benzina. *(fare-noi/sapere-noi)*
5) .... da noi se lo .... *(venire-voi/volere-voi)*

VII - Completare le frasi con il Congiuntivo Trapassato e il Condizionale Passato.

1) Se tu *(asciugarsi)* .... subito non *(tu-prendere)* .... un raffreddore.
2) Se io *(avere)* .... il tuo numero di telefono, ti *(telefonare-io)* ....
3) Se loro *(studiare)* .... di più, *(riuscire-loro)* .... all'esame.

4) Se *(essere-voi)* .... intelligenti, *(capire-voi)* .... al volo la situazione.
5) Se .... *(visitare-tu)* la zia, *(sapere-tu)* .... che cos'ha.

VIII - Completare le frasi con il Condizionale Composto e il Congiuntivo Trapassato.

1) Ti *(comprare-io)* .... un bel regalo se *(avere-io)* .... soldi.
2) Ti *(invitare-noi)* .... a cena se *(sapere-noi)* .... che non eri partito.
3) *(Andare-loro)* .... a Milano se non *(esserci)* .... lo sciopero dei treni.
4) *(Tagliare-lui)* .... l'albero se io non lo *(impedire)* ....
5) *(Uscire-tu)* .... prima di casa se *(ricordarsi-tu)* .... che non c'erano più autobus a quell'ora.

Passato e Trapassato Remoto

I - Completare le frasi mettendo i verbi tra parentesi al Passato Remoto.

1) Carla *(mangiare)* .... la pizza.
2) Io *(lavorare)* .... dieci anni in quella ditta.
3) Tu *(credere)* .... alle sue parole?
4) Loro *(partire)* .... subito dopo cena.
5) Noi non *(capire)* .... cos'era successo.
6) Il padrone *(aumentare)* .... lo stipendio di tutti gli impiegati.
7) I bambini *(avere)* .... paura dell'elefante.
8) Non *(esserci)* .... una sola persona disposta a difenderlo.
9) Voi *(comprare)* .... la casa nel 1948.
10) *(Essere)* .... i tuoi occhi neri a conquistarmi.

II - Completare le frasi mettendo i verbi tra parentesi al Passato Remoto.

1) Ti ricordi dove *(mettere-io)* .... i vestiti della nonna?

2) Lui non *(sapere)* .... rispondere alla domanda.
3) Cosa *(fare)* .... i bambini in campagna?
4) Io lo *(conoscere)* .... qualche anno fa.
5) Tu *(decidere)* .... di restare in Italia.
6) Noi *(chiudere)* .... la porta.
7) Lui mi *(chiedere)* .... un favore.
8) Loro *(vincere)* .... il primo premio.
9) Io non *(volere)* ....assolutamente saperne.
10) Questo scrittore *(vivere)* .... molti anni in Francia.

III - Volgere i verbi, che sono al Passato Remoto, al plurale.

1) Io chiusi gli occhi. Noi .... gli occhi.
2) Lui fece bella figura. Loro .... bella figura.
3) Tu decidesti di andare a casa. Voi .... di andare a casa.
4) Lui perse gli occhiali. Loro ....gli occhiali.
5) Io rimasi a bocca asciutta. Noi .... a bocca asciutta.

IV - Volgere i verbi, che sono al Passato Remoto, al singolare.

1) Loro lessero il giornale. Lui .... il giornale.
2) Voi scriveste la lettera. Tu .... la lettera.
3) Noi ridemmo molto della storia. Io .... molto della storia.
4) Voi ci deste la notizia. Tu .... la notizia.
5) Loro ci resero i soldi. Lei .... i soldi.

V - Completare il brano, mettendo i verbi tra parentesi al Passato Remoto.

La mosca

Quando Cimabue *(prendere)* .... nella sua bottega Giotto come allievo, lo *(mettere)* .... a pulire i pennelli, a preparare i colori e a fare altri semplici lavori. Giotto avrebbe voluto dipingere, ma il maestro non glielo permetteva.
Un giorno Cimabue dovette uscire per una faccenda e *(lasciare)* .... l'allievo a guardia della bottega. Era rimasto sul cavalletto un ritratto con i colori ancora freschi, da cui il ragazzo doveva tener lontane le mosche. Giotto *(guardare)* .... a lungo la tavola, poi *(prendere)* .... i pennelli e *(dipingere)* ....

sulla faccia raffigurata una mosca così ben fatta e naturale, che Cimabue, quando *(essere)* .... di ritorno, *(prendere)* .... per vera. Brontolando *(cominciare)* .... ad agitare il cappello per scacciarla, credendo che ormai gli avesse rovinato l'opera.

Siccome la mosca non se ne andava e Giotto rideva, Cimabue *(capire)* .... lo scherzo e *(comprendere)* .... anche quanto valeva l'allievo. Così lo *(mettere)* .... a dipingere.

VI - Completare secondo il modello:

    Lei **telefonò** quando   **ebbe saputo** la notizia.
                     appena
                     non appena
                     dopo che   *(telefonare-lei/sapere-lei)*

1) Loro ci .... dopo che .... a casa. *(chiamare-loro/arrivare-loro)*
2) Il giornalista .... la notizia non appena ....certezza del fatto. *(pubblicare-lui/avere-lui)*
3) Voi ci .... la storia solo dopo che .... a letto. *(raccontare-voi/andare-noi)*
4) Io la .... subito dopo che .... di casa. *(incontrare-io/uscire-lei)*
5) Lui .... da me appena .... il risultato dell'esame. *(venire-lui/sapere-lui)*

Forma Passiva

I - Mettere le frasi alla Forma Passiva.

    1) Maurizio dipinge il quadro.

    ....

    2) La mamma laverà i vestiti.

    ....

    3) Le ragazze scrivevano la lettera.

    ....

    4) Il tenore cantava l'aria dell'Aida.

    ....

5) L'alunno ha fatto l'esercizio.

6) Lo scultore ha scolpito la statua di marmo.

7) Uno scrittore americano avrebbe scritto questo romanzo.

8) Il Signor Rossi comprò un cappello nuovo in quel negozio.

9) La Signora Zanghi affitterà l'appartamento di tuo padre.

10) Marina aveva noleggiato una macchina francese.

II - Volgere le frasi dalla Forma Passiva alla Forma Attiva.

1) Il libro era letto con interesse dagli studenti.

2) I fiumi sono inquinati dai rifiuti delle fabbriche.

3) L'inglese sarà imparato presto dai bambini.

4) Il fuoco era acceso ogni sera dalle ragazze.

5) Le domande d'iscrizione furono consegnate dalla segretaria.

6) La notizia sarà stata data certamente dalla T.V.

7) Orlando e Olga sono stati invitati a cena dai Lamperi.

8) La Divina Commedia fu scritta da Dante Alighieri.

9) Degli ottimi panini al tartufo sono fatti da Donney.

10) Questa storia mi è stata raccontata da Daniela.

III - Sostituire il verbo *essere* con il verbo *venire*.

1) La lettera *(è)* .... scritta dalla segretaria.
2) La posta *(era)* .... consegnata regolarmente.

3) Il pacco *(sarà)* .... spedito domani.
4) I telegrammi *(saranno)* .... inviati a casa loro.
5) Questo quadro *(fu)* .... venduto l'anno scorso.
6) I giocattoli *(furono)* .... acquistati dai nonni.
7) Gli articoli di cancelleria *(sono)* .... comprati dal caporeparto.
8) Il regalo per Piero *(sarà)* .... scelto da sua moglie.
9) Le cravatte italiane *(erano)* .... vendute in dollari.
10) Credevo che quei gelati *(fossero)* .... fatti con la frutta fresca.

IV - Dall'Attiva alla Passiva e viceversa.

1) Il vento aprì le finestre.

2) Il professore fa il dettato.

3) L'affitto sarà pagato da me.

4) La data dell'inizio delle lezioni è stata cambiata dalla Direzione.

5) Il ladro ha rubato la mia bicicletta.

6) Un triste tango era cantato dalla ragazza argentina.

7) Tu faresti delle belle fotografie con una macchina più moderna.

8) Credevo che Silvano avesse comprato la T.V. a colori.

9) Le candeline furono spente con un soffio da Fulvia.

10) Le gazzelle erano uccise dai cacciatori.

V - Trasformare le frasi secondo il modello:

a) Le lettere **sono spedite** per via aerea.
b) Le lettere **vengono spedite** per via aerea.
c) Le lettere **si spediscono** per via aerea.

1) a) Anticamente il pollo era mangiato con le mani.
   b) Anticamente il pollo .... con le mani.
   c) Anticamente il pollo .... con le mani.

2) a) Generalmente questo lavoro è fatto in due.
   b) Generalmente questo lavoro .... in due.
   c) Generalmente questo lavoro .... in due.

3) a) Il raffreddore è preso più spesso in inverno.
   b) Il raffreddore .... più spesso in inverno.
   c) Il raffreddore .... più spesso in inverno.

4) a) Queste storie erano raccontate ai bambini.
   b) Queste storie .... ai bambini.
   c) Queste storie .... ai bambini.

5) a) I regali sono ricevuti sempre con entusiasmo.
   b) I regali .... sempre con entusiasmo.
   c) I regali .... sempre con entusiasmo.

VI - Volgere le frasi alla Forma Passiva.

1) In questo caso, possono adottare misure legali.

2) I genitori devono sapere la verità.

3) Il campione russo non può ricevere la medaglia.

4) Quell'alunno non deve fare l'esame orale.

5) Tutti potevano vedere lo spettacolo.

6) Gli studenti dovranno fare il disegno a mano libera.

7) Si devono evitare gli eccessi.

8) Non si può ottenere sempre tutto ciò che si vuole.

9) Le ragazze dovrebbero ricevere una rosa.

10) Non credo che lui possa accettare l'offerta.

ESERCIZI •

VII - Trasformare le frasi secondo il modello:

Belle queste scarpe. Chi **te le** ha regalate?
Belle queste scarpe. Da chi **ti** sono state regalate?

1) Che bei fiori! Chi ve li ha dati?
   Che bei fiori! ....
2) Questo appartamento non è il loro. Chi gliel'ha prestato?
   Questo appartamento non è il loro. ....
   ....?
3) Signora, chi gliele ha offerte queste rose?
   Signora, ...?
4) Questi fogli, chi ve li ha consegnati?
   Questi fogli, ...?
5) E la ricompensa, chi ce la darà?
   E la ricompensa, ...?
6) Dice sul serio Signore? Ma chi gliel'ha detto?
   Dice sul serio Signore? ....?
7) Ho ricevuto delle riviste. Chi me le ha mandate?
   Ho ricevuto delle riviste. ....?
8) Che bel ragazzo! Chi te l'ha presentato?
   Che bel ragazzo! ....?
9) È una lettera piena di errori. Chi te l'ha inviata?
   È una lettera piena di errori. ....
   ....?
10) Che belle fotografie! Chi ve le ha fatte?
    Che belle fotografie! ....?

Discorso Diretto - Discorso Indiretto

I - Dal Discorso Diretto al Discorso Indiretto.

1) Maria dice: "Vado a comprare il pane."
   Maria dice che ....
2) Ripete sempre: "Non voglio più lavorare in questa ditta."
   Ripete sempre che ....
3) Raccontano: "Siamo usciti soli e ci siamo perduti."
   Raccontano che ....
4) Dirà: "Non posso andare a teatro perché ho la febbre."
   Dirà che ....
5) Risponderanno: "Siamo d'accordo, faremo il tema domani."
   Risponderanno che ....

II - Dal Discorso Diretto al Discorso Indiretto.

1) Disse: "Non fumo e non bevo più da un anno."
   Disse che ....
2) Ha detto: "Andrò al centro a piedi."
   Ha detto che ....
3) Rispose: "Prenderò io i bambini a scuola."
   Rispose che ....
4) Hanno risposto: "Prenderemmo volentieri un tè freddo."
   Hanno risposto che ....
5) Dissero: "Oggi facciamo il dolce e domani faremo la pizza."
   Dissero che ....
   ....
6) Aggiunse: "L'ho fatto per ragioni personali."
   Aggiunse che ....
7) Hanno detto: "Il mese scorso abbiamo cambiato turno."
   Hanno detto che ....
8) Disse: "Ho incontrato Marcello poco fa."
   Disse che ....
9) Raccontò: "I miei genitori nacquero a Paola."
   Raccontò che ....
10) Ha detto: "Credo che il pacco sia arrivato ieri."
    Ha detto che ....

III - Dal Discorso Diretto al Discorso Indiretto.

1) Disse: "È probabile che il museo sia chiuso oggi."
   Disse che ....
2) Ha detto: "I musei di quella città chiudevano alle 5."
   Ha detto che ....
3) Aggiunse: "La mia famiglia abita in questo quartiere."
   Aggiunse che ....
4) Hanno detto: "Aspetteremo l'autobus alla fermata dopo che avremo comprato i biglietti in tabaccheria."
   Hanno detto che ....
   ....
5) Disse: "Comprai quella borsa per mia mamma."
   Disse che ....
6) Aggiunsero: "Si deve fare l'iscrizione qui in segreteria."
   Aggiunsero che ....
7) Disse: "Ho messo i fiori lì, in quel vaso."
   Disse che ....

8) Mi chiese: "Mi può dire dov'è la posta?"
   Mi chiese se ....
9) Ci domandorono: "Avete conosciuto i nostri cugini?"
   Ci domandorono se ....
10) Dissero: "Avremmo voluto fargli un regalo migliore."
    Dissero che ....

IV - Completare secondo il modello:

Disse a Mario: "**Stai** fermo!"
a) Disse a Mario **di stare** fermo.
b) Disse a Mario che **stesse** fermo.

1) Mi disse: "Vai in biblioteca e prendi il dizionario!"
   a) Mi disse ....
   b) Mi disse ....
2) Ti ha detto: "Apri la finestra e chiudi la porta!"
   a) Ti ha detto ....
   b) Ti ha detto ....
3) Ci dissero: "Venite da noi e portate le bibite!"
   a) Ci dissero ....
   b) Ci dissero ....
4) Gli ordinò: "Mettetevi in fila e marciate!"
   a) Gli ordinò ....
   b) Gli ordinò ....
5) Le disse: "Si accomodi e aspetti un attimo!"
   a) Le disse ....
   b) Le disse ....

V - Dal Discorso Indiretto al Discorso Diretto.

1) Disse che aveva già finito tutti gli esercizi.
   Disse: ....
2) Dissero che avrebbero preso una birra.
   Dissero: ....
3) Ha detto che suo figlio dormiva 8 ore al giorno.
   Ha detto:..
4) Disse che credeva che lui fosse già tornato a casa.
   Disse: ....
5) Mi disse di andare a casa sua, che mi avrebbe fatto sentire i suoi dischi di jazz.
   Disse: ....

6) Raccontò che aveva ricevuto la notizia il giorno precedente.
   Raccontò: ....
7) Disse che sarebbe andato negli Stati Uniti dopo un mese.
   Disse: ....
8) Ha detto che stava bene lì perché c'era più ombra.
   Ha detto: ....
9) Disse che credeva che loro avessero perduto tutto al gioco una settimana prima.
   Disse: ....
10) Mi disse di buttare via tutti i suoi vestiti.
    Mi disse: ....

VI - Dal Discorso Diretto all'Indiretto e viceversa.

1) Domandò se la lezione era già cominciata.
   Domandò: ....
2) Disse che sarebbe andato in Italia per conoscere le sue opere d'arte.
   Disse: ....
3) Disse: "Temo che sia stato lui a vendere il mio quadro."
   Disse che ....
4) Mi disse: "Restituiscimi il libro che ti ho prestato."
   Mi disse di: ....
5) Dissero che volevano dimenticare il loro passato.
   Dissero: ....
6) Mi dissero di dimenticare tutto quello che avevo visto.
   Mi dissero: ....
7) Gli chiesi se era stato il loro cane a mordere il mio.
   Gli chiesi: ....
8) Dissero: "L'anno prossimo andremo a Roma per visitare i nostri parenti."
   Dissero che ....
   ....
9) Mi rispose: "Quello che so è che non so niente."
   Mi rispose che ....
10) Hanno detto che il prossimo Presidente sarebbe stato Lula.
    Hanno detto: ....

VII - Mettere le seguenti frasi del Periodo Ipotetico al Discorso Indiretto.

1) Mi disse: "Se prenderai quest'autobus, arriverai a casa."
   Mi disse che ....

2) Dissero: "Se aveste la patente, guidereste la macchina."
   Dissero che ....
3) Gli ha detto: "Se finirai presto il lavoro, potrai uscire prima."
   Gli ha detto che ....
4) Hanno detto: "Se avessero voluto, avrebbero potuto vendere la loro casa."
   Hanno detto che ....
   ....
5) Disse: "Se avessi dei fiori, li metterei nei vasi."
   Disse che ....
6) Le ha detto: "Se farai delle belle foto, vincerai il primo premio."
   Le ha detto che ....
7) Dissero: "Se fossimo stati ricchi, avremmo potuto comprare la nuova Ferrari."
   Dissero che ....
   ....
8) Disse: "Venderei quel quadro se sapessi quanto vale."
   Disse che ....
9) Disse loro: "Se andrete a letto ora, vi darò un cioccolatino."
   Disse loro che ....
10) Dissero: "Saremmo stati più felici se fossimo rimasti qui."
    Dissero che ....

Modi Indefiniti

I - Mettere i verbi tra parentesi all'Infinito Presente o Passato.

1) Dopo *(vedere)* .... il film, sono andati al bar.
2) Andò a finire in ospedale, per *(bere)* .... troppo.
3) Tu devi *(sapere)* .... che io ti voglio molto bene.
4) Dopo *(finire)* .... il corso d'italiano, si iscrissero a quello di francese.
5) Io posso *(fare)* .... questo esercizio.
6) Dopo *(guarire)* ...., tornò a casa.
7) È stato bocciato per *(mancare)* .... all'esame orale.
8) Loro vogliono *(comprare)* .... questo modello.

9) Dopo *(andare)* .... alla spiaggia, sono andati alla partita.
10) Sono tornati al lavoro dopo *(essere)* .... in vacanza in Grecia.

II - Sostituire l'Imperativo con l'Infinito Presente.

1) **Mettete** la pasta nell'acqua bollente.
   .... la pasta nell'acqua bollente.
2) **Prendete** la medicina due volte al giorno.
   .... la medicina due volte al giorno.
3) **Sostituite** i puntini con un verbo riflessivo.
   .... i puntini con un verbo riflessivo.
4) **Scolate** la pasta e **conditela** con burro e formaggio.
   .... la pasta e .... con burro e formaggio.
5) **Volgete** le frasi al passato prossimo.
   .... le frasi al passato prossimo.

III - Completare le frasi con il Participio Passato.

1) Ho *(vincere)* .... il 1º premio!
2) Hanno *(spendere)* .... molto.
3) Gli alunni sono *(scendere)* .... a piedi.
4) Lei è *(salire)* .... in ascensore.
5) Hanno *(correre)* .... 3 km.
6) Abbiamo *(mettere)* .... il libro nella borsa.
7) Avete *(dipingere)* .... il muro?
8) Che cosa hai *(rispondere)* .... ?
9) Ha *(perdere)* .... i documenti.
10) Hanno *(bere)* .... due litri di vino.

IV - Come l'esercizio precedente.

1) Ti ho *(rendere)* .... il libro?
2) Chi ha *(accendere)* .... la luce?
3) Noi siamo *(rimanere)* .... a casa.
4) Ha *(vivere)* .... una vita tranquilla.
5) Chi ha *(scegliere)* .... il regalo?
6) Loro mi hanno *(chiedere)* .... un piacere.
7) Dove sei *(nascere)* .... ?
8) Cos'è *(succedere)* .... ?
9) Avete *(tradurre)* .... la lettera?
10) Lui mi ha *(promettere)* .... di venire.

ESERCIZI •

V - Mettere i verbi tra parentesi al Gerundio Presente.

1) – Niccola, cosa stai *(fare)* .... ?
   – Sto *(lavorare)* ....
2) *(Prendere)* .... quest'autobus, arriverà in centro.
3) *(Dormire)* .... così tanto, non avrete il tempo di fare molto.
4) Farò fare l'esame *(sostituire)* .... il dettato con il tema.
5) Ingrasserai, *(mangiare)* .... così!
6) Ha passato la notte *(bere)* .... nei bar.
7) È arrivato *(dire)* .... che doveva riuscire subito.
8) Studio meglio *(sentire)* .... la radio.
9) Ma che lingua state *(parlare)* .... ?
10) Sto *(aspettare)* .... la corriera.

VI - Sostituire la forma Implicita con quella Esplicita.

1) **Fatti** i conti, capirono che gli era rimasto ben poco.
   .... i conti, capirono che gli era rimasto ben poco.
2) **Consegnato** il foglio, se ne andò.
   .... il foglio, se ne andò.
3) **Assorto** dallo studio, non vedesti entrare i ragazzi.
   .... dallo studio, non vedesti entrare i ragazzi.
4) **Ricevuta** la patente, presi la macchina e guidai per ore.
   .... la patente, presi la macchina e guidai per ore.
5) **Obbligato** a parlare in pubblico, faceva sempre un discorso brevissimo.
   .... a parlare in pubblico, faceva sempre un discorso brevissimo.
6) **Comprate** le riviste, le regalerà agli amici.
   .... le riviste, le regalerà agli amici.
7) **Incontrato** il suo vecchio amore, si mise a piangere.
   .... il suo vecchio amore, si mise a piangere.
8) **Abituati** a mentire, non sapevano più dire la verità.
   .... a mentire, non sapevano più dire la verità.

9) **Scelti** i regali, li farete consegnare a casa.
   .... i regali, li farete consegnare a casa.
10) **Esausti** dal viaggio, dormimmo due giorni e due notti.
    .... dal viaggio, dormimmo due giorni e due notti.

VII - Trasformare le frasi sottolineate alla forma Esplicita.

1) **Accendendo** la luce, ci vedete meglio.
   .... la luce, ci vedete meglio.
2) **Essendo** molto stanchi, andarono a riposarsi.
   .... molto stanchi, andarono a riposarsi.
3) **Aspettandoti**, ho approfittato per guardare i negozi.
   ...., ho approfittato per guardare i negozi.
4) **Fumando** meno, la mia salute migliorerebbe.
   .... meno, la mia salute migliorerebbe.
5) **Avendo** più soldi, potremmo comprare quella casa.
   .... più soldi, potremmo comprare quella casa.
6) Mangiava sempre **guardando** la T.V.
   Mangiava sempre .... la T.V.
7) Erano diventati così forti, **facendo** ginnastica ogni giorno.
   Erano diventati così forti, ... ginnastica ogni giorno.
8) **Parlando** più lentamente, loro ti capirebbero meglio.
   .... più lentamente, loro ti capirebbero meglio.
9) Sentì il telefono che suonava, **uscendo** di casa.
   Sentì il telefono che suonava, ... di casa.
10) **Guadagnando** così poco, ha delle difficoltà per mantenere la famiglia.
    .... così poco, ha delle difficoltà per mantenere la famiglia.

VIII - Trasformare le frasi sottolineate alla forma Esplicita.

1) **Avendo letto** il giornale, sapevano cos'era successo.
   .... il giornale, sapevano cos'era successo.

2) **Essendo uscito** prima, avresti preso l'autobus delle 5.
   .... prima, avresti preso l'autobus delle 5.
3) **Avendo mangiato** troppo, ora ci sentiamo male.
   .... troppo, ora ci sentiamo male.
4) **Avendo visto** il film varie volte, sapeva il dialogo a memoria.
   .... il film varie volte, sapeva il dialogo a memoria.
5) Non **essendo** mai **stati** in Italia, desideravano conoscerla.
   .... in Italia, desideravano conoscerla.
6) **Avendo dimenticato** le chiavi, non poterono entrare in casa.
   .... le chiavi, non poterono entrare in casa.
7) **Avendo dormito** di più, ti sentiresti riposato.
   .... di più, ti sentiresti riposato.
8) **Avendo finito** il romanzo, me lo restituirà.
   .... il romanzo, me lo restituirà.
9) **Avendo preso** l'aereo, sareste già arrivati.
   .... l'aereo, sareste già arrivati.
10) **Essendo finito** il film, spense la T.V.
    .... il film, spense la T.V.

IX - Dalla forma Esplicita alla forma Implicita.

1) Non è stato promosso **poiché aveva fatto** molti errori all'esame.
   Non è stato promosso .... molti errori all'esame.
2) Solo dopo **che l'avrò letto** tutto, potrò dare il mio parere sul libro.
   Solo dopo .... tutto, potrò dare il mio parere sul libro.
3) Dopo **che li ho conosciuti** bene, ho cambiato idea su di loro.
   Dopo .... bene, ho cambiato idea su di loro.
4) **Mentre guardano** le foto, si ricordano del viaggio.
   .... le foto, si ricordano del viaggio.
5) Erano stanchi morti **perché avevano lavorato** troppo.
   Erano stanchi morti .... troppo.

6) Poterono entrare solo dopo **che ebbero mostrato** i biglietti.
   Poterono entrare solo dopo .... i biglietti.
7) Mi sono accorta che il vaso aveva un difetto solo dopo **che ho aperto** il pacco.
   Mi sono accorta che il vaso aveva un difetto solo dopo .... il pacco.
8) Si ricordarono di mettere il nome sul foglio solo dopo **che l'ebbero consegnato** al professore.
   Si ricordarono di mettere il nome sul foglio solo dopo .... al professore.
9) Il gatto è ingrassato **poiché ha mangiato** molti topi.
   Il gatto è ingrassato .... molti topi.
10) Vi diremo tutto dopo **che avremo saputo** esattamente come sono andate le cose.
    Vi diremo tutto dopo .... esattamente come sono andate le cose.

Seconda Parte
Segunda Parte

VERBI IRREGOLARI

I verbi irregolari non seguono, nella flessione, lo schema tipico della Coniugazione a cui appartengono. L'irregolarità può consistere nel cambiamento:

1) della radice: **and**-are, **vad**-o,

2) della desinenza: cadere, io cad-**di** (invece di cad-ei o cad-etti),

3) della radice e della desinenza: **viv**-ere, io **vis-si**.

1ª Coniugazione: ARE

I verbi irregolari della prima Coniugazione sono tre: *andare*, *dare*, *stare*.

Fare, che deriva dal latino *facere*, presenta, in alcune forme, le desinenze caratteristiche della 2ª Coniugazione: fac**e**vo, fac**e**ssi, fac**e**ndo.

Attenzione!
Le parole **in neretto** sono le voci che presentano irregolarità.

VERBOS IRREGULARES

Os verbos irregulares não seguem, na flexão, o esquema típico da conjugação à qual pertencem. A irregularidade pode estar na mudança:

1) do radical: **and**-are, **vad**-o,

2) da desinência: cad-ere, io cad-**di** (no lugar de cad-ei ou cad-etti),

3) do radical e da desinência: **viv**-ere, io **vis-si**.

1ª Conjugação: ARE

Os verbos irregulares da 1ª Conjugação são apenas 3: ***andare***, ***dare***, ***stare***.

Fare, que provém do latim *facere*, apresenta, em algumas formas, as desinências características da 2ª Conjugação: fac**e**vo, fac**e**ssi, fac**e**ndo.

Atenção!

As formas **em negrito** são as que apresentam irregularidades.

ANDARE (ir) - andato

INDICATIVO
Presente: **vado, vai, va**, andiamo, andate, **vanno**
Imperfetto: andavo, andavi, andava, andavamo, andavate, andavano
Passato Remoto: andai, andasti, andò, andammo, andaste, andarono
Futuro Semplice: **andrò, andrai, andrà, andremo, andrete, andranno**

CONDIZIONALE
Semplice: **andrei, andresti, andrebbe, andremmo, andreste, andrebbero**

IMPERATIVO
va' (**vai, va**), **vada**, andiamo, **andate, vadano**

CONGIUNTIVO
Presente: **vada, vada, vada**, andiamo, **andiate, vadano**
Imperfetto: andassi, andassi, andasse, andassimo, andaste, andassero

PARTICIPIO
Presente: andante
Passato: andato

GERUNDIO
Presente: andando

Ausiliare: ESSERE

Es. I ragazzi sono andati alla spiaggia.

- ***Andare* + Participio Passato di un verbo:** rende l'idea di "necessità, obbligo".

- ***Andare* + Particípio Passado de um verbo:** serve para dar uma ideia de "necessidade, obrigatoriedade".

Es. L'esercizio **va fatto** con attenzione./*O exercício deve ser feito com atenção.*

- ***Andare* + a + Infinito:** il verbo *andare*, quando precede la preposizione **a** piú l'Infinito di un verbo, trasmette sempre un'idea di "spostamento" e non di Futuro come in portoghese.

- ***Andare* + a + Infinitivo:** o verbo *andare*, quando precede a preposição **a** mais o Infinitivo de um verbo, dá sempre uma ideia de "deslocamento", e não de Futuro como em português.

Es. Dopo pranzo vado a lavorare.
Significa: *Depois do almoço vou (sair) para trabalhar (e não "trabalharei").*

NOTA: o "sair" não é obrigatoriamente de casa, mas, pelo menos, do lugar onde se está.

- **Pronomi Indiretti + *Andare*:** questa forma in cui *mi*, *ti*, *gli*, *le*, *ci*, *vi*, *gli* precedono il verbo *andare* ha la connotazione di "piacere, avere voglia di".

- **Pronomes Oblíquos + *Andare*:** esta forma na qual *mi*, *ti*, *gli*, *le*, *ci*, *vi*, *gli* precedem o verbo *andare* tem a conotação de "querer, gostar".

Es. **Ti andrebbe** una birra? = Ti piacerebbe una birra?
Questi gnocchi non **mi vanno**. = non mi piacciono.
Vi va di uscire? = Avete voglia di uscire?

DARE (dar) - *dato*
INDICATIVO
  Presente: do, **dai**, **dà**, diamo, date, **danno**
  Imperfetto: davo, davi, dava, davamo, davate, davano
  Passato Remoto: **diedi** (**detti**), **desti**, **diede** (**dette**), **demmo**, **deste**, **diedero** (**dettero**)
  Futuro Semplice: **darò**, **darai**, **darà**, **daremo**, **darete**, **daranno**
CONDIZIONALE
  Semplice: **darei**, **daresti**, **darebbe**, **daremmo**, **dareste**, **darebbero**
IMPERATIVO
  da' (**dai**, **dà**), **dia**, diamo, date, **diano**
CONGIUNTIVO
  Presente: **dia**, **dia**, **dia**, diamo, diate, **diano**
  Imperfetto: **dessi**, **dessi**, **desse**, **dessimo**, **deste**, **dessero**
PARTICIPIO
  Presente: dante (raro)
  Passato: dato
GERUNDIO
  Presente: dando
Ausiliare: *AVERE*
  Es. Hai dato il regalo a Giulio?

- Si coniuga come *dare*: *ridare*
- Como *dare* se conjuga: *ridare*

STARE (estar) - stato

INDICATIVO

Presente: sto, **stai**, sta, stiamo, state, **stanno**

Imperfetto: stavo, stavi, stava, stavamo, stavate, stavano

Passato Remoto: **stetti**, **stesti**, **stette**, **stemmo**, **steste**, **stettero**

Futuro Semplice: **starò**, **starai**, **starà**, **staremo**, **starete**, **staranno**

CONDIZIONALE

Semplice: **starei**, **staresti**, **starebbe**, **staremmo**, **stareste**, **starebbero**

IMPERATIVO

sta' (**stai**, sta), **stia**, stiamo, state, **stiano**

CONGIUNTIVO

Presente: **stia**, **stia**, **stia**, stiamo, stiate, **stiano**

Imperfetto: **stessi**, **stessi**, **stesse**, **stessimo**, **steste**, **stessero**

PARTICIPIO

Presente: stante

Passato: stato

GERUNDIO

Presente: stando

Ausiliare: ESSERE

Es. Sono stata in Italia l'anno scorso.

- ***Stare* + per + Infinito:** questa struttura è usata per dare un'idea di "imminenza".
  Es. **Sta per piovere** = pioverà tra poco

- ***Stare* + per + Infinitivo:** esta estrutura é usada para dar uma ideia de "iminência".
  Ex: *Vai chover daqui a pouco.*

- **Il verbo *stare* è usato con il *Gerundio*:**
  Es. Cosa stai facendo?

- **O verbo *stare* é usado com o *Gerúndio*:**
  Ex: *O que estás fazendo?*

- Si coniugano come **stare**: **ristare** (*demorar-se, ficar*), **soprastare** (*superar, vencer*), **sottostare** (*estar em baixo*).

MA: constare (*constar*), **contrastare** (*contrastar*), **costare** (*custar*), **prestare** (*emprestar*), **restare** (*ficar*), **sostare** (*deter-se, parar*), **sovrastare** (*sobrestar, superar*) sono regolari.

FARE (fazer) - fatto

- Questo verbo è separato dagli altri verbi irregolari della 1ª Coniugazione perché, come abbiamo giá detto, appartiene alla 2ª Coniugazione, anche se termina in -*are*.

- Este verbo encontra-se separado dos outros verbos irregulares da 1ª Conjugação, pois, como já dissemos, pertence à 2ª Conjugação, embora termine em -*are*.

INDICATIVO
 Presente: **faccio, fai, fa, facciamo, fate, fanno**
 Imperfetto: **facevo, facevi, faceva, facevamo, facevate, facevano**
 Passato Remoto: **feci, facesti, fece, facemmo, faceste, fecero**
 Futuro Semplice: **farò, farai, farà, faremo, farete, faranno**
CONDIZIONALE
 Semplice: **farei, faresti, farebbe, faremmo, fareste, farebbero**
IMPERATIVO
 fa' (fai, fa), faccia, facciamo, fate, facciano
CONGIUNTIVO
 Semplice: **faccia, faccia, faccia, facciamo, facciate, facciano**
 Imperfetto: **facessi, facessi, facesse, facessimo, faceste, facessero**
PARTICIPIO
 Presente: **facente**
 Passato: **fatto**
GERUNDIO
 Presente: **facendo**
Ausiliare: *AVERE*
 Es. Cosa facciamo adesso?

- Si coniugano come *fare*: **assuefare** (*acostumar*), **contraffare** (*falsificar*), **disfare** (*desfazer*), **liquefare** (*liquefazer*), **mansuefare** (*amansar*), **putrefare** (*putrefazer*), **rarefare** (*rarefazer*), **rifare** (*refazer*), **soddisfare** (*satisfazer*), **sopraffare** (*oprimir, dominar*), **stupefare** (*espantar*), **tumefare** (*entumescer*), ecc.

2ª Coniugazione: ERE / 2ª Conjugação: ERE

- I verbi irregolari della 2ª Coniugazione sono molto numerosi e possono essere divisi in due gruppi:

- Há muitos verbos irregulares da 2ª Conjugação. Eles podem ser divididos em dois grupos:

1 - verbi in -*ére* (con **e** tonica come **cadere**)
2 - verbi in -*ere* (con **e** atona come **chiudere**).

- I primi hanno un maggior numero di forme anomale e inoltre alterano generalmente la radice in alcune voci del Presente Indicativo e Congiuntivo (***valere***: valg-o, valg-a). I verbi del 2º gruppo, invece, salvo qualche eccezione, limitano la propria irregolarità al Passato Remoto (1ª e 3ª persona singolare e 3ª plurale): ***chiudere*** - chiusi, chiuse, chiusero, e al Participio Passato: chiuso.

1 - verbos em -*ére* (com **e** tônico, como **cadere**)
2 - verbos em -*ere* (com **e** átono, como **chiudere**).

- Os verbos do 1º grupo têm maior número de irregularidades e geralmente mudam o radical em algumas formas do Presente do Indicativo e do Subjuntivo (***valere***: valg-o, valg-a). Já os verbos do 2º grupo, salvo algumas exceções, limitam suas irregularidades ao Passato Remoto (na 1ª e 3ª pessoa do singular e na 3ª do plural): ***chiudere*** - chiusi, chiuse, chiusero, e ao Particípio Passado: chiuso.

1 - *Verbi Irregolari della 2ª Coniugazione in -ÉRE (e tonica)*/Verbos Irregulares da 2ª Conjugação em -ÉRE (e tônico)

ACCADERE *(acontecer)* - ***accaduto***

- È un verbo impersonale (ha solo la 3ª persona singolare e plurale), usato con i pronomi indiretti ***mi, ti, gli, le, ci, vi, gli*** prima del verbo. Ma alcune volte può essere usato senza i pronomi, come nella frase: "accade spesso di sognare gente sconosciuta".

- É um verbo impessoal (possui apenas a 3ª pessoa do singular e do plural), usado com os pronomes oblíquos ***mi, ti, gli, le, ci, vi, gli*** antes do verbo. Porém algumas vezes pode ser usado sem os pronomes como na frase: "accade spesso di sognare gente sconosciuta".

INDICATIVO
Presente: (mi, ti, gli, le, ci, vi, gli) accade, accadono
Imperfetto: (mi, ti, gli, le, ci, vi, gli) accadeva, accadevano
Passato Remoto: (mi, ti, gli, le, ci, vi, gli) **accadde, accaddero**
Futuro Semplice: (mi, ti, gli, le, ci, vi, gli) **accadrà, accadranno**

CONDIZIONALE
  Semplice: (mi, ti, gli, le, ci, vi, gli) **accadrebbe**, **accadrebbero**
CONGIUNTIVO
  Presente: (mi, ti, gli, le, ci, vi, gli) accada, accadano
  Imperfetto:(mi, ti, gli, le, ci, vi, gli) accadesse, accadessero
PARTICIPIO
  Passato: accaduto
GERUNDIO
  Presente: accadendo
Ausiliare: ESSERE

  Es. Mi è accaduto un fatto strano oggi.
    Domani ci accadranno cose interessanti.

APPARTENERE (pertencer) - *appartenuto*
INDICATIVO
  Presente: **appartengo**, **appartieni**, **appartiene**, apparteniamo, appartenete, **appartengono**
  Imperfetto: appartenevo, appartenevi, apparteneva, appartenevamo, appartenevate, appartenevano
  Passato Remoto: **appartenni**, appartenesti, **appartenne**, appartenemmo, apparteneste, **appartennero**
  Futuro Semplice: **apparterrò**, **apparterrai**, **apparterrà**, **apparterremo**, **apparterrete**, **apparterranno**
CONDIZIONALE
  Semplice: **apparterrei**, **apparterresti**, **apparterrebbe**, **apparterremmo**, **apparterreste**, **apparterrebbero**
IMPERATIVO
  appartieni, **appartenga**, apparteniamo, appartenete, **appartengano**
CONGIUNTIVO
  Presente: **appartenga**, **appartenga**, **appartenga**, apparteniamo, apparteniate, **appartengano**
  Imperfetto: appartenessi, appartenessi, appartenesse, appartenessimo, apparteneste, appartenessero
PARTICIPIO
  Presente: appartenente
  Passato: appartenuto
GERUNDIO
  Presente: appartenendo
Ausiliare: ESSERE o AVERE
  Es. Lui non ha mai appartenuto alla nostra famiglia.
    Questo mobile è appartenuto a mia nonna.

BERE *(beber)* - **bevuto**
INDICATIVO
 Presente: **bevo, bevi, beve, beviamo, bevete, bevono**
 Imperfetto: **bevevo, bevevi, beveva, bevevamo, bevevate, bevevano**
 Passato Remoto: **bevvi, bevesti, bevve, bevemmo, beveste, bevvero**
 Futuro Semplice: **berrò, berrai, berrà, berremo, berrete, berranno**
CONDIZIONALE
 Semplice: **berrei, berresti, berrebbe, berremmo, berreste, berrebbero**
IMPERATIVO
 bevi, beva, beviamo, bevete, bevano
CONGIUNTIVO
 Presente: **beva, beva, beva, beviamo, beviate, bevano**
 Imperfetto: **bevessi, bevessi, bevesse, bevessimo, beveste, bevessero**
PARTICIPIO
 Presente: **bevente**
 Passato: **bevuto**
GERUNDIO
 Presente: **bevendo**
Ausiliare: *AVERE*
 Es. Quando era in Italia beveva molto vino.
  Noi abbiamo bevuto tutto.

CADERE *(cair)* - **caduto**
INDICATIVO
 Presente: cado, cadi, cade, cadiamo, cadete, cadono
 Imperfetto: cadevo, cadevi, cadeva, cadevamo, cadevate, cadevano
 Passato Remoto: **caddi**, cadesti, **cadde**, cademmo, cadeste, **caddero**
 Futuro Semplice: **cadrò, cadrai, cadrà, cadremo, cadrete, cadranno**
CONDIZIONALE
 Semplice: **cadrei, cadresti, cadrebbe, cadremmo, cadreste, cadrebbero**
IMPERATIVO
 cadi, cada, cadiamo, cadete, cadano
CONGIUNTIVO
 Presente: cada, cada, cada, cadiamo, cadiate, cadano
 Imperfetto: cadessi, cadessi, cadesse, cadessimo, cadeste, cadessero

PARTICIPIO
　Presente: cadente
　Passato: caduto
GERUNDIO
　Presente: cadendo

Ausiliare: ESSERE
　Es. Il bambino è caduto dal letto.

- Si coniugano come **cadere**: **decadere** (decair), **ricadere** (recair) e **scadere** (vencer o prazo).

CONDOLERSI - come *DOLERSI*

DISPIACERE (lamentar, desagradar) - **dispiaciuto**
Verbo impersonale usato solo alla 3ª persona singolare e plurale. È preceduto dai pronomi indiretti.
INDICATIVO
　Presente: (mi, ti, gli, le, ci, vi, gli) dispiace, **dispiacciono**
　Imperfetto: (mi, ti, gli, le, ci, vi, gli) dispiaceva, dispiacevano
　Passato Remoto: (mi, ti, gli, le, ci, vi, gli) **dispiacque**, **dispiacquero**
　Futuro Semplice: (mi, ti, gli, le, ci, vi, gli) dispiacerà, dispiaceranno
CONDIZIONALE
　Semplice: (mi, ti, gli, le, ci, vi, gli) dispiacerebbe, dispiacerebbero
IMPERATIVO
　- manca -
CONGIUNTIVO
　Presente: (mi, ti, gli, le, ci, vi, gli) **dispiaccia**, **dispiacciano**
　Imperfetto: (mi, ti, gli, le, ci, vi, gli) dispiacesse, dispiacessero
PARTICIPIO
　Presente: dispiacente
　Passato: **dispiciaciuto**
GERUNDIO
　Presente: dispiacendo
Ausiliare: ESSERE
　Es. Mi è dispiaciuto molto non andare in Italia.
　　　Penso che questi fatti dispiacciano anche a voi.

DISSUADERE(dissuadir) - come *PERSUADERE*
Ausiliare: AVERE

DOLERSI (queixar-se) - doluto (dolutosi)
INDICATIVO
Presente: mi **dolgo**, ti **duoli**, si **duole**, ci doliamo (**dogliamo**), vi dolete, si **dolgono**
Imperfetto: mi dolevo, ti dolevi, si doleva, ci dolevamo, vi dolevate, si dolevano
Passato Remoto: mi **dolsi**, ti dolesti, si **dolse**, ci dolemmo, vi doleste, si **dolsero**
Futuro Semplice: mi **dorrò**, ti **dorrai**, si **dorrà**, ci **dorremo**, vi **dorrete**, si **dorranno**
CONDIZIONALE
Semplice: mi **dorrei**, ti **dorresti**, si **dorrebbe**, ci **dorremmo**, vi **dorreste**, si **dorrebbero**
IMPERATIVO
duoliti, si **dolga**, doliamoci (**dogliamoci**), doletevi, si **dolgano**
CONGIUNTIVO
Presente: mi **dolga**, ti **dolga**, si **dolga**, ci doliamo (**dogliamo**), vi doliate (**dogliate**), si **dolgano**
Imperfetto: mi dolessi, ti dolessi, si dolesse, ci dolessimo, vi doleste, si dolessero
PARTICIPIO
Presente: dolente
Passato: doluto (dolutosi)
GERUNDIO
Presente: dolendo (dolendosi)
Ausiliare: ESSERE
Es. Si dolse della sua disgrazia.

DOVERE (dever) - dovuto
INDICATIVO
Presente: **devo**, **devi**, **deve**, **dobbiamo**, dovete, **devono**
Imperfetto: dovevo, dovevi, doveva, dovevamo, dovevate, dovevano
Passato Remoto: dovei (-etti), dovesti, dové (-ette), dovemmo, doveste, doverono (-ettero)
Futuro Semplice: **dovrò**, **dovrai**, **dovrà**, **dovremo**, **dovrete**, **dovranno**
CONDIZIONALE
Semplice: **dovrei**, **dovresti**, **dovrebbe**, **dovremmo**, **dovreste**, **dovrebbero**
IMPERATIVO
- manca -

CONGIUNTIVO
   Presente: **deva (debba), deva (debba), deva (debba), dobbiamo, dobbiate, devano (debbano)**
   Imperfetto: dovessi, dovessi, dovesse, dovessimo, doveste, dovessero
PARTICIPIO
   Presente: - manca -
   Passato: dovuto
GERUNDIO
   Presente: dovendo
Ausiliare: *ESSERE o AVERE*

Il verbo **dovere** è un verbo servile (cioè, che precede sempre un altro verbo all'Infinito) e può coniugarsi sia con l'ausiliare **essere** sia con **avere**. Il verbo all'Infinito determinerà l'ausiliare.

Es. Ieri abbiamo dovuto mangiare in piedi (mangiare-avere)
    Voi siete dovuti uscire presto (uscire-essere)

MA: usato in senso assoluto, si coniuga con l'ausiliare **avere**.

Es. Perché sei scappato? Non posso dirtelo, ma ho dovuto.

EQUIVALERE (equivaler) - come *VALERE*
Ausiliare: *ESSERE*

GIACERE (jazer) - **giaciuto**
INDICATIVO
   Presente: **giaccio**, giaci, giace, giaciamo (**giacciamo**), giacete, **giacciono**
   Imperfetto: giacevo, giacevi, giaceva, giacevamo, giacevate, giacevano
   Passato Remoto: **giacqui**, giacesti, **giacque**, giacemmo, giaceste, **giacquero**
   Futuro Semplice: giacerò, giacerai, giacerà, giaceremo, giacerete, giaceranno
CONDIZIONALE
   Semplice: giacerei, giaceresti, giacerebbe, giaceremmo, giacereste, giacerebbero
IMPERATIVO
   giaci, **giaccia**, giaciamo (**giacciamo**), giacete, **giacciano**
CONGIUNTIVO
   Presente: **giaccia, giaccia, giaccia**, giaciamo (**giacciamo**), giaciate (**giacciate**), **giacciano**

Imperfetto: giacessi, giacessi, giacesse, giacessimo, giaceste, giacessero
PARTICIPIO
　Passato: **giaciuto**
GERUNDIO
　Presente: giacendo

Ausiliare: ESSERE, raro AVERE
Es. Qui giace un uomo valoroso.

GODERE *(gozar, desfrutar)* - **goduto**
È regolare in tutti i tempi, eccetto per la forma del futuro e del condizionale.
INDICATIVO
　Futuro Semplice: **godrò, godrai, godrà, godremo, godrete, godranno**
CONDIZIONALE
　Semplice: **godrei, godresti, godrebbe, godremmo, godreste, godrebbero**
PARTICIPIO
　Passato: **goduto**
Ausiliare: AVERE
Es. Ho goduto molto questo bel soggiorno in montagna.

MANTENERE *(manter)* - *come* TENERE
Ausiliare: AVERE

OTTENERE *(obter)* - *come* TENERE
Ausiliare: AVERE

PARERE(1) *(parecer)* - **parso**
INDICATIVO
　Presente: **paio**, pari, pare, **paiamo**, parete, **paiono**
　Imperfetto: parevo, parevi, pareva, parevamo, parevate, parevano
　Passato Remoto: **parvi**, paresti, **parve**, paremmo, pareste, **parvero**
　Futuro Semplice: **parrò, parrai, parrà, parremo, parrete, parranno**
CONDIZIONALE
　Semplice: **parrei, parresti, parrebbe, parremmo, parreste, parrebbero**
IMPERATIVO
　- manca -

CONGIUNTIVO
   Presente: **paia, paia, paia, paiamo, paiate, paiano**
   Imperfetto: paressi, paressi, paresse, paressimo, pareste, paressero
PARTICIPIO
   Presente: **parvente** (raro)
   Passato: **parso**
GERUNDIO
   Presente: parendo
Ausiliare: *ESSERE*
   Es. Con questo vestito pari un pagliaccio.

PARERE(2) *(parecer)* - *parso*
   Verbo impersonale, usato solo alla 3ª persona singolare e plurale. È preceduto dai pronomi indiretti.
INDICATIVO
   Presente: (mi, ti, gli, le, ci, vi, gli) pare, **paiono**
   Imperfetto: (mi, ti, gli, le, ci, vi, gli) pareva, parevano
   Passato Remoto: (mi, ti, gli, le, ci, vi, gli) **parve, parvero**
   Futuro Semplice: (mi, ti, gli, le, ci, vi, gli) **parrà, parranno**
CONDIZIONALE
   Semplice: (mi, ti, gli, le, ci, vi, gli) **parrebbe, parrebbero**
IMPERATIVO
   - manca -
CONGIUNTIVO
   Presente: (mi, ti, gli, le, ci, vi, gli) **paia, paiano**
   Imperfetto: (mi, ti, gli, le, ci, vi, gli) paresse, paressero
PARTICIPIO
   Passato: **parso**
Ausiliare: *ESSERE*
   Es. Mi parve di vedere Luigi.
      Gli pareva di essere un gigante.

PERMANERE *(permanecer)* - come *RIMANERE*
   Participio Passato: **permaso**

PERSUADERE *(persuadir)* - *persuaso*
   È regolare in tutti i tempi eccetto:
INDICATIVO
   Passato Remoto: **persuasi**, persuadesti, **persuase**, persuademmo, persuadeste, **persuasero**

PARTICIPIO
>   Passato: **persuaso**
Ausiliare: *AVERE*
>   Es. La mamma persuase il figlio a studiare.

PIACERE(1) *(agradar)* - ***piaciuto***
INDICATIVO
>   Presente: **piaccio**, piaci, piace, **piacciamo**, piacete, **piacciono**
>   Imperfetto: piacevo, piacevi, piaceva, piacevamo, piacevate, piacevano
>   Passato Remoto: **piacqui**, piacesti, **piacque**, piacemmo, piaceste, **piacquero**
>   Futuro Semplice: piacerò, piacerai, piacerà, piaceremo, piacerete, piaceranno

CONDIZIONALE
>   Semplice: piacerei, piaceresti, piacerebbe, piaceremmo, piacereste, piacerebbero

IMPERATIVO
>   piaci, **piaccia**, **piacciamo**, piacete, **piacciano**

CONGIUNTIVO
>   Presente: **piaccia**, **piaccia**, **piaccia**, **piacciamo**, **piacciate**, **piacciano**
>   Imperfetto: piacessi, piacessi, piacesse, piacessimo, piaceste, piacessero

PARTICIPIO
>   Presente: piacente
>   Passato: **piaciuto**

GERUNDIO
>   Presente: piacendo

Ausiliare: *ESSERE*
>   Es. Noi piacciamo molto al nonno.

• Come ***piacere*** si coniugano: ***compiacere*** (*comprazer*), ***dispiacere*** (*desgostar*) e ***spiacere*** (*desagradar*).

PIACERE(2) *(gostar)* - ***piaciuto***
Verbo impersonale, usato alla 3ª persona singolare e plurale. È preceduto dai pronomi indiretti.

INDICATIVO
>   Presente: (mi, ti, gli, le, ci, vi, gli) piace, **piacciono**
>   Imperfetto: (mi, ti, gli, le, ci, vi, gli) piaceva, piacevano
>   Passato Remoto: (mi, ti, gli, le, ci, vi, gli) **piacque**, **piacquero**
>   Futuro Semplice: (mi, ti, gli, le, ci, vi, gli) piacerà, piaceranno

CONDIZIONALE
   Semplice: (mi, ti, gli, le, ci, vi, gli) piacerebbe, piacerebbero
CONGIUNTIVO
   Presente: (mi, ti, gli, le, ci, vi, gli) **piaccia**, **piacciano**
   Imperfetto: (mi, ti, gli, le, ci, vi, gli) piacesse, piacessero
PARTICIPIO
   Passato: **piaciuto**
Ausiliare: *ESSERE*
     Es. Mi piace il vino rosso. *(Gosto do vinho tinto.)*
        Mi piacciono gli gnocchi. *(Gosto de inhoques.)*
        Ti è piaciuta la torta? *(Você gostou da torta?)*
        Vi sono piaciuti i dischi? *(Vocês gostaram dos discos?)*

POSSEDERE (possuir) - come **SEDERE**

POTERE (poder) - **potuto**
INDICATIVO
   Presente: **posso**, **puoi**, **può**, **possiamo**, potete, **possono**
   Imperfetto: potevo, potevi, poteva, potevamo, potevate, potevano
   Passato Remoto: potei (-etti), potesti, potè (-ette), potemmo, poteste, poterono (-ettero)
   Futuro Semplice: **potrò**, **potrai**, **potrà**, **potremo**, **potrete**, **potranno**
CONDIZIONALE
   Semplice: **potrei**, **potresti**, **potrebbe**, **potremmo**, **potreste**, **potrebbero**
IMPERATIVO
   - manca -
CONGIUNTIVO
   Presente: **possa**, **possa**, **possa**, **possiamo**, **possiate**, **possano**
   Imperfetto: potessi, potessi, potesse, potessimo, poteste, potessero
PARTICIPIO
   Presente: potente
   Passato: potuto
GERUNDIO
   Presente: potendo
Ausiliare: *ESSERE o AVERE*
   Potere è un verbo servile e precede sempre un altro verbo all'Infinito. L'ausiliare sarà lo stesso del verbo all'Infinito che lo segue.

Es. Non ho potuto dormire (dormire-avere)
Maria non è potuta partire (partire-essere)

MA: usato in senso assoluto, si coniuga con l'ausiliare AVERE.

Es. Siete andati al cinema? No, non abbiamo potuto.

PREVALERE (prevalecer) - come *VALERE*

PREVEDERE (prever) - come *VEDERE*
MA: al Futuro Semplice dell'*Indicativo* e al Presente del *Condizionale* ha la forma non sincopata: **prevederò**, **prevederei**, ecc.

PROVVEDERE (prover, providenciar) - come *VEDERE*
MA: al Futuro Semplice dell'*Indicativo* e al Presente del *Condizionale* ha la forma non sincopata: **provvederò**, **provvederei**, ecc.

RIMANERE (ficar) - *rimasto*
INDICATIVO
Presente: **rimango**, rimani, rimane, rimaniamo, rimanete, **rimangono**
Imperfetto: rimanevo, rimanevi, rimaneva, rimanevamo, rimanevate, rimanevano
Passato Remoto: **rimasi**, rimanesti, **rimase**, rimanemmo, rimaneste, **rimasero**
Futuro Semplice: **rimarrò, rimarrai, rimarrà, rimarremo, rimarrete, rimarrano**

CONDIZIONALE
Semplice: **rimarrei, rimarresti, rimarrebbe, rimarremmo, rimarreste, rimarrebbero**

IMPERATIVO
rimani, **rimanga**, rimaniamo, rimanete, **rimangano**

CONGIUNTIVO
Presente: **rimanga, rimanga, rimanga**, rimaniamo, rimaniate, **rimangano**
Imperfetto: rimanessi, rimanessi, rimanesse, rimanessimo, rimaneste, rimanessero

PARTICIPIO
Presente: rimanente
Passato: **rimasto**

GERUNDIO
Presente: rimanendo
Ausiliare: *ESSERE*
Es. Con chi sono rimasti i figli di Luisa?

RITENERE *(manter, julgar)* - come TENERE

SAPERE *(saber)* - saputo
INDICATIVO
Presente: **so, sai, sa, sappiamo,** sapete, **sanno**
Imperfetto: sapevo, sapevi, sapeva, sapevamo, sapevate, sapevano
Passato Remoto: **seppi,** sapesti, **seppe,** sapemmo, sapeste, **seppero**
Futuro Semplice: **saprò, saprai, saprà, sapremo, saprete, sapranno**
CONDIZIONALE
Semplice: **saprei, sapresti, saprebbe, sapremmo, sapreste, saprebbero**
IMPERATIVO
sappi, sappia, sappiamo, sappiate, sappiano
CONGIUNTIVO
Presente: **sappia, sappia, sappia, sappiamo, sappiate, sappiano**
Imperfetto: sapessi, sapessi, sapesse, sapessimo, sapeste, sapessero
PARTICIPIO
Presente: sapiente
Passato: saputo
GERUNDIO
Presente: sapendo
Ausiliare: *AVERE*
Es. Quando era a Milano seppe tutta la verità.
Hanno saputo del nostro arrivo oggi.

SEDERE *(sentar)* - seduto
INDICATIVO
Presente: **siedo, siedi, siede,** sediamo, sedete, **siedono** (anche, ma più raro: **seggo, siedi, siede,** sediamo, sedete, **seggono**)
Imperfetto: sedevo, sedevi, sedeva, sedevamo, sedevate, sedevano
Passato Remoto: sedei, sedesti, sedé, sedemmo, sedeste, sederono
Futuro Semplice: sederò, sederai, sederà, sederemo, sederete, sederanno

CONDIZIONALE
  Semplice: sederei, sederesti, sederebbe, sederemmo, sedereste, sederebbero
IMPERATIVO
  siedi, sieda (segga), sediamo, sedete siedano (seggano)
CONGIUNTIVO
  Presente: sieda (segga), sieda (segga), sieda (segga), sediamo, sediate, siedano (seggano)
  Imperfetto: sedessi, sedessi, sedesse, sedessimo, sedeste, sedessero
PARTICIPIO
  Passato: seduto
GERUNDIO
  Presente: sedendo
Ausiliare: *AVERE*
Es. Ho seduto il bambino sulla poltrona.

SEDERSI *(sentar-se)* **- sedutosi**
È la forma riflessiva del verbo **sedere**: io mi **siedo**, tu ti **siedi** ecc.
Ausiliare: *ESSERE*
Es. Si è seduto sulla poltrona.

SOSTENERE *(sustentar) - come **TENERE***

TACERE *(calar)* **- taciuto**
INDICATIVO
  Presente: **taccio**, taci, tace, **tacciamo**, tacete, **tacciono**
  Imperfetto: tacevo, tacevi, taceva, tacevamo, tacevate, tacevano
  Passato Remoto: **tacqui**, tacesti, **tacque**, tacemmo, taceste, **tacquero**
  Futuro Semplice: tacerò, tacerai, tacerà, taceremo, tacerete, taceranno
CONDIZIONALE
  Semplice: tacerei, taceresti, tacerebbe, taceremmo, tacereste, tacerebbero
IMPERATIVO
  taci, **taccia, tacciamo**, tacete, **tacciano**
CONGIUNTIVO
  Presente: **taccia, taccia, taccia, tacciamo, tacciate, tacciano**
  Imperfetto: tacessi, tacessi, tacesse, tacessimo, taceste, tacessero
PARTICIPIO
  Passato: **taciuto**

GERUNDIO
  Presente: tacendo
Ausiliare: *AVERE*
  Es. Taci e ascolta.
     Finalmente i bambini hanno taciuto.

TENERE (ter, segurar) - **tenuto**
INDICATIVO
  Presente: **tengo**, **tieni**, **tiene**, teniamo, tenete, **tengono**
  Imperfetto: tenevo, tenevi, teneva, tenevamo, tenevate, tenevano
  Passato Remoto: **tenni**, tenesti, **tenne**, tenemmo, teneste, **tennero**
  Futuro Semplice: **terrò**, **terrai**, **terrà**, **terremo**, **terrete**, **terranno**
CONDIZIONALE
  Semplice: **terrei**, **terresti**, **terrebbe**, **terremmo**, **terreste**, **terrebbero**
IMPERATIVO
  tieni, **tenga**, teniamo, tenete, **tengano**
CONGIUNTIVO
  Presente: **tenga**, **tenga**, **tenga**, teniamo, teniate, **tengano**
  Imperfetto: tenessi, tenessi, tenesse, tenessimo, teneste, tenessero
PARTICIPIO
  Presente: tenente
  Passato: tenuto
GERUNDIO
  Presente: tenendo
Ausiliare: *AVERE*
  Es. La signora ha tenuto il pacchetto in mano.
     Il Presidente terrà una conferenza domani.

  Osservazione: **tenere** non si usa <u>mai</u> con la funzione di Ausiliare.

TRATTENERE (reter) - come *TENERE*

VALERE (valer) - **valso**
INDICATIVO
  Presente: **valgo**, vali, vale, valiamo, valete, **valgono**
  Imperfetto: valevo, valevi, valeva, valevamo, valevate, valevano
  Passato Remoto: **valsi**, valesti, **valse**, valemmo, valeste, **valsero**
  Futuro Semplice: **varrò**, **varrai**, **varrà**, **varremo**, **varrete**, **varranno**
CONDIZIONALE
  Semplice: **varrei**, **varresti**, **varrebbe**, **varremmo**, **varreste**, **varrebbero**
IMPERATIVO
  vali, **valga**, valiamo, valete, **valgano**

CONGIUNTIVO
　　Presente: **valga**, **valga**, **valga**, valiamo, valiate, **valgano**
　　Imperfetto: valessi, valessi, valesse, valessimo, valeste, valessero
PARTICIPIO
　　Presente: valente
　　Passato: **valso**
GERUNDIO
　　Presente: valendo
Ausiliare: ESSERE
　　Es. Quanto valgono questi gioielli?
　　　　Non ne è valsa la pena.

VEDERE (ver) - *veduto, visto*
INDICATIVO
　　Presente: vedo, vedi, vede, vediamo, vedete, vedono
　　Imperfetto: vedevo, vedevi, vedeva, vedevamo, vedevate, vedevano
　　Passato Remoto: **vidi**, vedesti, **vide**, vedemmo, vedeste, **videro**
　　Futuro Semplice: **vedrò**, **vedrai**, **vedrà**, **vedremo**, **vedrete**, **vedranno**
CONDIZIONALE
　　Semplice: **vedrei**, **vedresti**, **vedrebbe**, **vedremmo**, **vedreste**, **vedrebbero**
IMPERATIVO
　　vedi, veda, vediamo, vedete, vedano
CONGIUNTIVO
　　Presente: veda, veda, veda, vediamo, vediate, vedano
　　Imperfetto: vedessi, vedessi, vedesse, vedessimo, vedeste, vedessero
PARTICIPIO
　　Presente: vedente
　　Passato: veduto, **visto**
GERUNDIO
　　Presente: vedendo
Ausiliare: AVERE
　　Es. Voglio che tu veda questo film.
　　　　Quando hai veduto Carlo?

VOLERE (querer) - *voluto*
INDICATIVO
　　Presente: **voglio**, **vuoi**, **vuole**, **vogliamo**, volete, **vogliono**
　　Imperfetto: volevo, volevi, voleva, volevamo, volevate, volevano
　　Passato Remoto: **volli**, volesti, **volle**, volemmo, voleste, **vollero**
　　Futuro Semplice: **vorrò**, **vorrai**, **vorrà**, **vorremo**, **vorrete**, **vorranno**

CONDIZIONALE
   Semplice: **vorrei**, **vorresti**, **vorrebbe**, **vorremmo**, **vorreste**, **vorrebbero**
IMPERATIVO
   vogli, **voglia**, **vogliamo**, volete, **vogliano**
CONGIUNTIVO
   Presente: **voglia**, **voglia**, **voglia**, **vogliamo**, **vogliate**, **vogliano**
   Imperfetto: volessi, volessi, volesse, volessimo, voleste, volessero
PARTICIPIO
   Presente: volente
   Passato: voluto
GERUNDIO
   Presente: volendo
Ausiliare: *ESSERE o AVERE*
   Volere è un verbo servile (precede sempre un altro verbo all'Infinito). L'ausiliare sarà quello del verbo all'Infinito che lo segue.

   Es. Avete voluto comprare questo vestito *(comprare-avere)*.
       Le ragazze sono volute tornare a casa (tornare-essere).

   MA: usato in senso assoluto, si coniuga con l'ausiliare **avere**.

   Es. Luisa è venuta alla spiaggia con te? No, non ha voluto.

2 - Verbi Irregolari della 2ª Coniugazione in -ERE (e atona) / *Verbos Irregulares da 2ª Conjugação em -ERE (e átono)*

- Sono dati solo i tempi che presentano irregolarità.
- São dados apenas os tempos que apresentam irregularidades.

ACCENDERE *(acender)* - **acceso**
INDICATIVO
   Passato Remoto: **accesi**, accendesti, **accese**, accendemmo, accendeste, **accesero**
PARTICIPIO
   Passato: **acceso**
Ausiliare: *AVERE*
   Es. Per favore, accendi la luce.
       Ha acceso il fuoco.

ACCLUDERE *(incluir)* - **accluso**
INDICATIVO
Passato Remoto: **acclusi**, accludesti, **accluse**, accludemmo, accludeste, **acclusero**
PARTICIPIO
Passato: **accluso**
Ausiliare: AVERE
Es. È meglio accludere il curriculum vitae alla lettera.

ACCOGLIERE *(acolher)* - come **COGLIERE**

ACCORGERSI *(dar-se conta, perceber)* - **accortosi**
INDICATIVO
Passato Remoto: mi **accorsi**, ti accorgesti, si **accorse**, ci accorgemmo, vi accorgeste, si **accorsero**
PARTICIPIO
Passato: **accortosi**
Ausiliare: ESSERE
Es. Mi accorsi di aver lasciato la porta aperta.
I ladri si sono accorti di aver sbagliato casa.

ACCORRERE *(acorrer)* - come **CORRERE**

ACCRESCERE *(acrescentar)* - come **CRESCERE**

AFFIGGERE *(afixar)* - come **FIGGERE**
PARTICIPIO Passato: **affisso**
Es. Ha affisso tutti i manifesti.

AFFLIGGERE *(afligir)* - come **FIGGERE**
PARTICIPIO Passato: **afflitto**
Es. È afflitto da una profonda tristezza.

AGGIUNGERE *(acrescentar)* - come **GIUNGERE**
Ausiliare: AVERE
Es. Ho aggiunto una pagina al libro.

ALLUDERE (aludir) - ***alluso***
INDICATIVO
   Passato Remoto: **allusi**, alludesti, **alluse**, alludemmo, alludeste, **allusero**
PARTICIPIO
   Passato: **alluso**
Ausiliare: *AVERE*

AMMETTERE (admitir) - come *METTERE*

ANNETTERE (anexar) - ***annesso***
INDICATIVO
   Passato Remoto: annettei (**annessi**), annettesti, annetté (**annesse**), annettemmo, annetteste, annetterono (**annessero**)
PARTICIPIO
   Passato: **annesso**
Ausiliare: *AVERE*
   Es. Ho annesso la ricevuta alla lettera.

APPENDERE (pendurar) - ***appeso***
INDICATIVO
   Passato Remoto: **appesi**, appendesti, **appese**, appendemmo, appendeste, **appesero**
PARTICIPIO
   Passato: **appeso**
Ausiliare: *AVERE*
   Es. Hai appeso il quadro nuovo?

APPRENDERE (aprender) - come *PRENDERE*

ARDERE (queimar, arder) - ***arso***
INDICATIVO
   Passato Remoto: **arsi**, ardesti, **arse**, ardemmo, ardeste, **arsero**
PARTICIPIO
   Passato: **arso**
Ausiliare: *AVERE (se è usato transitivamente)*
            ESSERE (se è usato intransitivamente)
   Es. Hai arso la legna nel caminetto? (Tr.)
      L'albero è arso in un attimo. (Intr.)

ASP**E**RGERE *(aspergir)* - **asperso**
INDICATIVO
 Passato Remoto: **aspersi**, aspergesti, **asperse**, aspergemmo, aspergeste, **aspersero**
PARTICIPIO
 Passato: **asperso**
Ausiliare: AVERE
 Es. Il prete ha asperso l'acqua benedetta sui fedeli.

ASS**I**STERE *(assistir)* - **assistito**
PARTICIPIO
 Passato: **assistito**
Ausiliare: AVERE
 Es. Abbiamo assistito alla riunione.

ASS**O**LVERE *(absolver)* - **assolto**
INDICATIVO
 Passato Remoto: **assolsi** (assolvei - assolvetti), assolvesti, **assolse** (assolvette), assolvemmo, assolveste, **assolsero** (assolvettero)
PARTICIPIO
 Passato: **assolto**
Ausiliare: AVERE
 Es. Il giudice ha assolto il colpevole.

ASS**U**MERE *(assumir)* - **assunto**
INDICATIVO
 Passato Remoto: **assunsi**, assumesti, **assunse**, assumemmo, assumeste, **assunsero**
PARTICIPIO
 Passato: **assunto**
Ausiliare: AVERE
 Es. Lui ha assunto tutta la colpa.

ATT**E**NDERE *(esperar)* - **atteso**
INDICATIVO
 Passato Remoto: **attesi,** attendesti, **attese**, attendemmo, attendeste, **attesero**

PARTICIPIO
　　Passato: **atteso**
Ausiliare: *AVERE*
　　Es. Ti abbiamo atteso molto davanti al cinema.

ATTINGERE (atingir, tirar) - **attinto**
INDICATIVO
　　Passato Remoto: **attinsi**, attingesti, **attinse**, attingemmo, attingeste, **attinsero**
PARTICIPIO
　　Passato: **attinto**
Ausiliare: *AVERE*
　　Es. Hai attinto la meta.

AVVINCERE (apertar, amarrar) - come **VINCERE**

AVVOLGERE (embrulhar, enrolar) - come **VOLGERE**

CHIEDERE (pedir) - **chiesto**
INDICATIVO
　　Passato Remoto: **chiesi**, chiedesti, **chiese**, chiedemmo, chiedeste, **chiesero**
PARTICIPIO
　　Passato: **chiesto**
Ausiliare: *AVERE*
　　Es. Ti ricordi che l'anno scorso ti chiesi un favore?
　　　　Avete chiesto informazioni al vigile?

CHIUDERE (fechar) - **chiuso**
INDICATIVO
　　Passato Remoto: **chiusi**, chiudesti, **chiuse**, chiudemmo, chiudeste, **chiusero**
PARTICIPIO
　　Passato: **chiuso**
Ausiliare: *AVERE*
　　Es. Abbiamo chiuso le finestre.

CINGERE *(cercar)* - **cinto**
INDICATIVO
Passato Remoto: **cinsi**, cingesti, **cinse**, cingemmo, cingeste, **cinsero**
PARTICIPIO
Passato: **cinto**
Ausiliare: *AVERE*
Es. I nemici hanno cinto la città.

COGLIERE *(colher)* - **colto**
INDICATIVO
Presente: **colgo, cogli**, coglie, **cogliamo**, cogliete, **colgono**
Passato Remoto: **colsi**, cogliesti, **colse**, cogliemmo, coglieste, **colsero**
IMPERATIVO
cogli, colga, cogliamo, cogliete, **colgano**
CONGIUNTIVO
Presente: **colga, colga, colga, cogliamo, cogliate, colgano**
PARTICIPIO
Passato: **colto**
Ausiliare: *AVERE*
Es. Ho colto molti fiori in giardino.

COINCIDERE *(coincidir)* - **coinciso**
INDICATIVO
Passato Remoto: **coincisi**, coincidesti, **coincise**, coincidemmo, coincideste, **coincisero**
PARTICIPIO
Passato: **coinciso**
Ausiliare: *AVERE*
Es. Le nostre risposte hanno coinciso.

COLLUDERE *(conluiar)* - come **ALLUDERE**

COMMETTERE *(cometer)* - come **METTERE**

COMMUOVERE *(comover)* - come **MUOVERE**

COMPIANGERE *(compadecer-se)* - come **PIANGERE**

COMPIERE *(completar, concluir)* - *come* ***COMPIRE***

COMPRENDERE *(compreender)* - *come* ***PRENDERE***

COMPRIMERE *(comprimir)* - ***compresso***
INDICATIVO
    Passato Remoto: **compressi**, comprimesti, **compresse**, comprimemmo, comprimeste, **compressero**
PARTICIPIO
    Passato: **compresso**
Ausiliare: *AVERE*
    Es. Voi comprimeste le labbra dalla rabbia.

CONCEDERE *(conceder)* - ***concesso, conceduto***
INDICATIVO
    Passato Remoto: **concessi** (concedei - concedetti), concedesti, **concesse** (concedé - concedette), concedemmo, concedeste, **concessero** (concederono, concedettero)
PARTICIPIO
    Passato: **concesso** - conceduto
Ausiliare: *AVERE*
    Es. Mi ha concesso l'onore della sua visita.

CONCLUDERE *(concluir)* - *come* ***ACCLUDERE***

CONCORRERE *(concorrer)* - *come* ***CORRERE***

CONFIGGERE *(cravar)* - *come* ***FIGGERE***
PARTICIPIO
    Passato: **confitto**
Ausiliare: *AVERE*
    Es. Gli confisse il pugnale nel petto.

CONFONDERE *(confundir)* - *come* ***FONDERE***

CONGIUNGERE *(juntar, unir)* - *come* **GIUNGERE**
Ausiliare: *AVERE*

CONNETTERE *(unir, ligar)* - *come* **ANNETTERE**

CONOSCERE *(conhecer)* - **conosciuto**
INDICATIVO
    Passato Remoto: **conobbi**, conoscesti, **conobbe**, conoscemmo, conosceste, **conobbero**
PARTICIPIO
    Passato: **conosciuto**
Ausiliare: *AVERE*
    Es. L'ho conosciuto alla festa.

CONSISTERE *(consistir)* - **consistito**
PARTICIPIO
    Passato: **consistito**
Ausiliare: *ESSERE*
    Es. La sua fortuna consiste in una casa.

CONTENDERE *(disputar)* - *come* **TENDERE**

CONTUNDERE *(contundir)* - **contuso**
INDICATIVO
    Passato Remoto: **contusi**, contundesti, **contuse**, contundemmo, contundeste, **contusero**
PARTICIPIO
    Passato: **contuso**
Ausiliare: *AVERE*
    Es. Si contuse il braccio sciando.

CONVERGERE *(convergir)* - **converso**
INDICATIVO
    Passato Remoto: **conversi**, convergesti, **converse**, convergemmo, convergeste, **conversero**
PARTICIPIO
    Passato: **converso** (raro)
Ausiliare: *ESSERE*
    Es. Le nostre opinioni convergono.

CONVINCERE *(convencer)* - come **VINCERE**

CONVIVERE *(conviver)* - come **VIVERE**
Ha una seconda forma per il Futuro: convivrò, convivrai, ecc.

CORREGGERE *(corregir)* - **corretto**
INDICATIVO
   Passato Remoto: **corressi**, correggesti, **corresse**, correggemmo, correggeste, **corressero**
PARTICIPIO
   Passato: **corretto**
Ausiliare: *AVERE*
   Es. Gli alunni hanno corretto lo sbaglio.

CORRERE *(correr)* - **corso**
INDICATIVO
   Passato Remoto: **corsi**, corresti, **corse**, corremmo, correste, **corsero**
PARTICIPIO
   Passato: **corso**
Ausiliare: *AVERE (se usato transitivamente)*
             ESSERE (se usato intransitivamente)
   Es. Oggi ho corso 3 chilometri. (Tr.)
       Appena saputa la notizia, è corso da Teresa. (Intr.)

CORROMPERE *(corromper)* - come **ROMPERE**

COSPERGERE *(aspergir)* - come **ASPERGERE**

COSTRINGERE *(constringir)* - **costretto**
INDICATIVO
   Passato Remoto: **costrinsi**, costringesti, **costrinse**, costringemmo, costringeste, **costrinsero**
PARTICIPIO
   Passato: **costretto**
Ausiliare: *AVERE*
   Es. Lo hanno costretto a parlare.

CRESCERE *(crescer)* - **cresciuto**
INDICATIVO
    Passato Remoto: **crebbi**, crescesti, **crebbe**, crescemmo, cresceste, **crebbero**
PARTICIPIO
    Passato: **cresciuto**
Ausiliare: ESSERE
    Es. Tua figlia è cresciuta molto quest'anno.

CROCIFIGGERE *(crucificar)* - come **FIGGERE**

CUOCERE *(cozinhar)* - **cotto**
INDICATIVO
    Presente: **cuocio**, cuoci, cuoce, **cociamo**, cocete, **cuociono**
    Imperfetto: **cocevo, cocevi, coceva, cocevamo, cocevate, cocevano**
    Passato Remoto: **cossi**, cocesti, **cosse**, cocemmo, coceste, **cossero**
    Futuro Semplice: **cocerò, cocerai, cocerà, coceremo, cocerete, coceranno**
CONDIZIONALE
    Semplice: **cocerei, coceresti, cocerebbe, coceremmo, cocereste, cocerebbero**
IMPERATIVO
    cuoci, **cuocia, cociamo,** cocete, **cuociano**
CONGIUNTIVO
    Presente: **cuocia, cuocia, cuocia, cociamo, cociate, cuociano**
    Imperfetto: **cocessi, cocessi, cocesse, cocessimo, coceste, cocessero**
PARTICIPIO
    Presente: **cocente**
    Passato: **cotto** (**cociuto**-raro)
GERUNDIO
    Presente: **cocendo**
Ausiliare: AVERE
    Es. La mamma ha cotto la verdura.

    OSSERVAZIONE: Sono molto usate e, anzi, tendono a prevalere le forme che conservano il dittongo: cuociamo, cuocevo, cuocerò, cuocerei, cuocessi, ecc.

DECIDERE *(decidir)* **- deciso**
INDICATIVO
  Passato Remoto: **decisi**, decidesti, **decise**, decidemmo, decideste, **decisero**
PARTICIPIO
  Passato: **deciso**
Ausiliare: *AVERE*
  Es. Non abbiamo ancora deciso niente.

DECORRERE *(decorrer)* - *come* ***CORRERE***

DECRESCERE *(decrescer)* - *come* ***CRESCERE***

DELUDERE *(frustrar)* - *come* ***ALLUDERE***

DEPRIMERE *(deprimir)* - *come* ***COMPRIMERE***

DERIDERE *(troçar)* - *come* ***RIDERE***

DESCRIVERE *(descrever)* - *come* ***SCRIVERE***

DESISTERE *(desistir)* - *come* ***ESISTERE***

DESUMERE *(deduzir)* - *come* ***ASSUMERE***

DETERGERE *(limpar)* - *come* ***TERGERE***

DEVOLVERE *(devolver, destinar)* **- devoluto**
INDICATIVO
  Passato Remoto: **devolsi**, devolvesti, **devolse**, devolvemmo, devolveste, **devolsero**
PARTICIPIO
  Passato: **devoluto**
Ausiliare: *AVERE*
  Es. Hanno devoluto questa somma ai poveri.

DIFENDERE *(defender)* - **difeso**
INDICATIVO
Passato Remoto: **difesi**, difendesti, **difese**, difendemmo, difendeste, **difesero**
PARTICIPIO
Passato: **difeso**
Ausiliare: AVERE
Es. Il cane ha difeso il suo padrone.

DIFFONDERE *(difundir)* - come **FONDERE**

DIPENDERE *(depender)* - come **APPENDERE**

DIPINGERE *(pintar)* - **dipinto**
INDICATIVO
Passato Remoto: **dipinsi**, dipingesti, **dipinse**, dipingemmo, dipingeste, **dipinsero**
PARTICIPIO
Passato: **dipinto**
Ausiliare: AVERE
Es. Giovanni ha dipinto questo quadro.

DIRIGERE *(dirigir)* - **diretto**
INDICATIVO
Passato Remoto: **diressi**, dirigesti, **diresse**, dirigemmo, dirigeste, **diressero**
PARTICIPIO
Passato: **diretto**
Ausiliare: AVERE
Es. Fabio ha sempre diretto bene i suoi affari.

DISCENDERE *(descer, descender)* - come **SCENDERE**

DISCIOGLIERE *(desatar, dissolver)* - come **SCIOGLIERE**

DISCONOSCERE *(desconhecer) - come* **CONOSCERE**

DISCORRERE *(conversar) - come* **CORRERE**

DISCUTERE *(discutir) -* **discusso**
INDICATIVO
 Passato Remoto: **discussi**, discutesti, **discusse**, discutemmo, discuteste, **discussero**
PARTICIPIO
 Passato: **discusso**
Ausiliare: *AVERE*
 Es. Perché avete discusso ieri?

DISILLUDERE *(desiludir) - come* **ALLUDERE**

DISPERDERE *(dispersar) - come* **PERDERE**

DISSOLVERE *(dissolver) -* **dissolto, dissoluto**
INDICATIVO
 Passato Remoto: **dissolsi** (dissolvei), dissolvesti, **dissolse** (dissolvé), dissolvemmo, dissolveste, **dissolsero** (dissolverono)
PARTICIPIO
 Passato: **dissolto** o **dissoluto**
Ausiliare: *AVERE*
 Es. Ho dissolto la medicina nell'acqua.

DISTENDERE *(estender) - come* **TENDERE**

DISTINGUERE *(distinguir) -* **distinto**
INDICATIVO
 Passato Remoto: **distinsi**, distinguesti, **distinse**, distinguemmo, distingueste, **distinsero**
PARTICIPIO
 Passato: **distinto**
Ausiliare: *AVERE*
 Es. Non ha distinto il bene dal male.

DISTOGLIERE *(desviar, dissuadir)* - come **TOGLIERE**

DISTRUGGERE *(destruir)* - come **STRUGGERE**

DIVERGERE *(divergir)* - come **CONVERGERE**
(senza il Participio Passato)

DIVIDERE *(dividir)* - **diviso**
INDICATIVO
Passato Remoto: **divisi**, dividesti, **divise**, dividemmo, divideste, **divisero**
PARTICIPIO
Passato: **diviso**
Ausiliare: AVERE
Es. Hanno diviso il terreno a metà.

ECCELLERE *(exceler, superar-se)* - **eccelso**
INDICATIVO
Passato Remoto: **eccelsi**, eccellesti, **eccelse**, eccellemmo, eccelleste, **eccelsero**
PARTICIPIO
Passato: **eccelso**
Ausiliare: AVERE
Es. Questo alunno eccelle in tutto.

ELEGGERE *(eleger)* - come **LEGGERE**

ELUDERE *(evitar)* - come **ALLUDERE**

EMERGERE *(emergir)* - **emerso**
INDICATIVO
Passato Remoto: **emersi**, emergesti, **emerse**, emergemmo, emergeste, **emersero**
PARTICIPIO
Passato: **emerso**
Ausiliare: ESSERE
Es. È emerso ad un tratto dall'acqua.

_E_RGERE *(erguer)* - **erto**
INDICATIVO
   Passato Remoto: **ersi**, ergesti, **erse**, ergemmo, ergeste, **ersero**
PARTICIPIO
   Passato: **erto**
Ausiliare: *AVERE*
   Es. Ersero la statua sul monte.

ER_I_GERE *(erigir)* - **eretto**
INDICATIVO
   Passato Remoto: **eressi**, erigesti, **eresse**, erigemmo, erigeste, **eressero**
PARTICIPIO
   Passato: **eretto**
Ausiliare: *AVERE*
   Es. Hanno eretto il grattacielo in un anno.

ESCL_U_DERE *(excluir)* - come *ACCLUDERE*

ES_I_GERE *(exigir)* - **esatto**
PARTICIPIO
   Passato: **esatto**
Ausiliare: *AVERE*
   Es. Quel padre esige molto dai suoi figli.

ES_I_STERE *(existir)* - **esistito**
PARTICIPIO
   Passato: **esistito**
Ausiliare: *ESSERE*
   Es. Non è mai esistita questa ipotesi.

ESP_A_NDERE *(expandir)* - come *SPANDERE*

ESP_E_LLERE *(expelir)* - **espulso**
INDICATIVO
   Passato Remoto: **espulsi**, espellesti, **espulse**, espellemmo, espelleste, **espulsero**

PARTICIPIO
Passato: **espulso**
Ausiliare: *AVERE*
Es. Lo hanno espulso per un anno dall'Università.

ESPLODERE *(explodir)* - **esploso**
INDICATIVO
Passato Remoto: **esplosi**, esplodesti, **esplose**, esplodemmo, esplodeste, **esplosero**
PARTICIPIO
Passato: **esploso**
Ausiliare: *AVERE (se usato transitivamente)*
ESSERE (se usato intransitivamente)
Es. I soldati hanno esploso la Centrale Nucleare. (Tr.)
Quando ha saputo la notizia è esploso dalla rabbia. (Intr.)

ESPRIMERE *(exprimir)* - *come* **COMPRIMERE**

ESTENDERE *(estender)* - *come* **TENDERE**

ESTINGUERE *(extinguir)* - *come* **DISTINGUERE**

EVADERE *(evadir)* - **evaso**
INDICATIVO
Passato Remoto: **evasi**, evadesti, **evase**, evademmo, evadeste, **evasero**
PARTICIPIO
Passato: **evaso**
Ausiliare: *ESSERE*
Es. Il ladro è evaso dalla prigione.

FENDERE *(fender)* - ***fesso, fenduto***
PARTICIPIO
Passato: **fesso**, fenduto
Ausiliare: *AVERE*
Es. Ha fesso il tronco in due pezzi.

FIGGERE (fincar, cravar) - *fisso, fitto*
INDICATIVO
Passato Remoto: **fissi**, figgesti, **fisse**, figgemmo, figgeste, **fissero**
PARTICIPIO
Passato: **fisso, fitto**
Ausiliare: *AVERE*
Es. Lei fisse gli occhi su quel ragazzo.

FINGERE (fingir) - *finto*
INDICATIVO
Passato Remoto: **finsi**, fingesti, **finse**, fingemmo, fingeste, **finsero**
PARTICIPIO
Passato: **finto**
Ausiliare: *AVERE*
Es. Lui ha finto di essere morto per salvarsi.

FLETTERE (dobrar, curvar) - *flesso*
INDICATIVO
Passato Remoto: **flessi**, flettesti, **flesse**, flettemmo, fletteste, **flessero**
PARTICIPIO
Passato: **flesso**
Ausiliare: *AVERE*

FONDERE (fundir) - *fuso*
INDICATIVO
Passato Remoto: **fusi**, fondesti, **fuse**, fondemmo, fondeste, **fusero**
PARTICIPIO
Passato: **fuso**
Ausiliare: *AVERE*
Es. La cuoca ha fuso il burro.

FRANGERE (quebrar) - *franto*
INDICATIVO
Passato Remoto: **fransi**, frangesti, **franse**, frangemmo, frangeste, **fransero**
PARTICIPIO
Passato: **franto**
Ausiliare: *AVERE*
Es. Lui mi ha franto le ossa.

FRIGGERE *(fritar)* - **fritto**
INDICATIVO
   Passato Remoto: **frissi**, friggesti, **frisse**, friggemmo, friggeste, **frissero**
PARTICIPIO
   Passato: **fritto**
Ausiliare: *AVERE*
   Es. Avete fritto le patate per la cena?

FUNGERE *(funcionar, exercer a função)* - **funto**
INDICATIVO
   Passato Remoto: **funsi**, fungesti, **funse**, fungemmo, fungeste, **funsero**
PARTICIPIO
   Passato: **funto** (raro)
Ausiliare: *AVERE*
   Es. Lui funge da direttore.

GIUNGERE *(chegar)* - **giunto**
INDICATIVO
   Passato Remoto: **giunsi**, giungesti, **giunse**, giungemmo, giungeste,
                  giunsero
PARTICIPIO
   Passato: **giunto**
Ausiliare: *ESSERE*
   Es. Gli amici sono giunti in ritardo.

ILLUDERE *(iludir)* - *come* **ALLUDERE**

IMBEVERE *(embeber)* - *come* **BERE**

IMMERGERE *(imergir)* - *come* **EMERGERE**

IMPELLERE *(impelir)* - *come* **ESPELLERE**

IMPRIMERE *(imprimir)* - *come* **COMPRIMERE**

INCIDERE *(incidir, gravar)* - *come* ***DECIDERE***

INCLUDERE *(incluir)* - *come* ***ACCLUDERE***

INCOGLIERE *(acontecer)* - *come* ***COGLIERE***

INCORRERE *(incorrer)* - *come* ***CORRERE***

INCUTERE *(incutir)* - ***incusso***
INDICATIVO
    Passato Remoto: **incussi** (incutei), incutesti, **incusse** (incuté), incutemmo, incuteste, **incussero** (incuterono)
PARTICIPIO
    Passato: **incusso**
Ausiliare: *AVERE*
    Es. Questa persona mi incute paura.

INDULGERE *(perdoar)* - ***indulto***
INDICATIVO
    Passato Remoto: **indulsi**, indulgesti, **indulse**, indulgemmo, indulgeste, **indulsero**
PARTICIPIO
    Passato: **indulto**
Ausiliare: *AVERE*
    Es. Il Papa ha indulto i peccatori.

INFLIGGERE *(infligir)* - *come* ***FIGGERE***
PARTICIPIO
    Passato: **inflitto**
Ausiliare: *AVERE*
    Es. Hanno inflitto la sconfitta al nemico.

INFONDERE *(infundir)* - *come* ***FONDERE***

INFRANGERE *(infringir)* - *come* ***FRANGERE***

INSISTERE *(insistir)* - **insistito**
PARTICIPIO
　Passato: **insistito**
Ausiliare: *AVERE*
　Es. Ha insistito molto affinché uscissi con lui.

INSORGERE *(insurgir)* - come ***SORGERE***

INTENDERE *(entender, ter a intenção)* - come ***TENDERE***

INTERCORRERE *(intercorrer)* - come ***CORRERE***

INTERROMPERE *(interromper)* - come ***ROMPERE***

INTINGERE *(molhar)* - come ***TINGERE***

INTRIDERE *(ensopar)* - **intriso**
INDICATIVO
　Passato Remoto: **intrisi**, intridesti, **intrise**, intridemmo, intrideste,
　　　　　　　　intrisero
PARTICIPIO
　Passato: **intriso**
Ausiliare: *AVERE*
　Es. La ferita ha intriso la camicia di sangue.

INVADERE *(invadir)* - **invaso**
INDICATIVO
　Passato Remoto: **invasi**, invadesti, **invase**, invademmo, invadeste,
　　　　　　　　invasero
PARTICIPIO
　Passato: **invaso**
Ausiliare: *AVERE*
　Es. I nemici hanno invaso il nostro territorio.

LEDERE *(ofender)* - **leso**
INDICATIVO
　Passato Remoto: **lesi**, ledesti, **lese**, ledemmo, ledeste, **lesero**

PARTICIPIO
  Passato: **leso**
Ausiliare: *AVERE*
  Es. Avete leso il mio onore.

*L**E**GGERE* (ler) - **letto**
INDICATIVO
  Passato Remoto: **lessi**, leggesti, **lesse**, leggemmo, leggeste, **lessero**
PARTICIPIO
  Passato: **letto**
Ausiliare : *AVERE*
  Es. Ho letto un libro interessante.

*M**E**SCERE* (servir líquidos) - **mesciuto**
PARTICIPIO
  Passato: **mesciuto**
Ausiliare: *AVERE*
  Es. Lui doveva mescere gli invitati.

*M**E**TTERE* (botar) - **messo**
INDICATIVO
  Passato Remoto: **misi**, mettesti, **mise**, mettemmo, metteste, **misero**
PARTICIPIO
  Passato: **messo**
Ausiliare: *AVERE*
  Es. Dove hai messo le mie cravatte nuove?

*M**O**RDERE* (morder) - **morso**
INDICATIVO
  Passato Remoto: **morsi**, mordesti, **morse**, mordemmo, mordeste, **morsero**
PARTICIPIO
  Passato: **morso**
Ausiliare: *AVERE*
  Es. Il cane ha morso il bambino.

*M**U**NGERE* (mungir, ordenhar) - **munto**
INDICATIVO
  Passato Remoto: **munsi**, mungesti, **munse**, mungemmo, mungeste, **munsero**

PARTICIPIO
   Passato: **munto**
Ausiliare: AVERE
   Es. Hanno già munto tutte le vacche.

MUOVERE *(mexer)* - ***mosso***
INDICATIVO
   Passato Remoto: **mossi**, **movesti**, **mosse**, **movemmo**, **moveste**, **mossero**
PARTICIPIO
   Passato: **mosso**
Ausiliare: AVERE
   Es. Non ha mosso un dito quando ho chiesto il suo aiuto.

NASCERE *(nascer)* - ***nato***
INDICATIVO
   Passato Remoto: **nacqui**, nascesti, **nacque**, nascemmo, nasceste, **nacquero**
PARTICIPIO
   Passato: **nato**
Ausiliare: ESSERE
   Es. Sono nati più bambini che bambine ultimamente.

NASCONDERE *(esconder)* - ***nascosto***
INDICATIVO
   Passato Remoto: **nascosi**, nascondesti, **nascose**, nascondemmo, nascondeste, **nascosero**
PARTICIPIO
   Passato: **nascosto**
Ausiliare: AVERE
   Es. Chi ha nascosto le mie scarpe?

NEGLIGERE *(negligenciar)* - come **DIRIGERE**

NUOCERE *(prejudicar)* - ***nociuto***
INDICATIVO
   Presente: **noccio**, nuoci, nuoce, **nociamo**, nocete, **nocciono**

Imperfetto: **nocevo, nocevi, noceva, nocevamo, nocevate, nocevano**
Passato Remoto: **nocqui, nocesti, nocque, nocemmo, noceste, nocquero**
Futuro Semplice: **nocerò, nocerai, nocerà, noceremo, nocerete, noceranno**
CONDIZIONALE
Semplice: **nocerei, noceresti, nocerebbe, noceremmo, nocereste, nocerebbero**
IMPERATIVO
nuoci, **noccia, nociamo, nocete, nocciano**
CONGIUNTIVO
Presente: **noccia, noccia, noccia, nociamo, nociate, nocciano**
Imperfetto: **nocessi, nocessi, nocesse, nocessimo, noceste, nocessero**
PARTICIPIO
Presente: **nocente**
Passato: **nociuto**
GERUNDIO
Presente: **nocendo**
Ausiliare: *AVERE*
Es. L'inquinamento ha nociuto all'ambiente.

OSSERVAZIONE: Sono usate anche le forme col dittongo: nuoccio, nuocevo, nuocerò, ecc.

OCCLUDERE (obstruir) - come *ACCLUDERE*

OCCORRERE (ocorrer, precisar) - *occorso*

Verbo impersonale. Sono usate solo la 3ª persona singolare e plurale di tutti i tempi, precedute dai pronomi indiretti.
INDICATIVO
Presente: (mi, ti, gli, le, ci, vi, gli) occorre, occorrono
Imperfetto: (mi, ti, gli, le, ci, vi, gli) occorreva, occorrevano
Passato Remoto: (mi, ti, gli, le, ci, vi, gli) **occorse, occorsero**
Futuro Semplice: (mi, ti, gli, le, ci, vi, gli) occorrerà, occorreranno
CONDIZIONALE
Semplice: (mi, ti, gli, le, ci, vi, gli) occorrerebbe, occorrerebbero
CONGIUNTIVO
Presente: (mi, ti, gli, le, ci, vi, gli) occorra, occorrano
Imperfetto: (mi, ti, gli, le, ci, vi, gli) occorresse, occorressero

PARTICIPIO
   Passato: **occorso**
GERUNDIO
   Presente: occorrendo
Ausiliare: ESSERE
   Es. Mi sono occorse poche parole per convincerlo.
   (Precisei de poucas palavras para convencê-lo.)
   Spesso questo verbo impersonale è usato senza i pronomi indiretti:
   Es. Occorre molto tempo per arrivare a casa tua.
   Occorrono molte ore per fare questo lavoro.

OFFENDERE (ofender) - come **DIFENDERE**

OPPRIMERE (oprimir) - come **COMPRIMERE**

PERCORRERE (percorrer) - come **CORRERE**

PERCUOTERE (bater, espancar) - **percosso**
INDICATIVO
   Passato Remoto: **percossi, percotesti, percosse, percotemmo, percoteste, percossero**
PARTICIPIO
   Passato: **percosso**
Ausiliare: AVERE
   Es. Furono percossi dai ladri.

PERDERE (perder) - **perso**
INDICATIVO
   Passato Remoto: **persi** (perdei-perdetti), perdesti, **perse** (perdé-perdette), perdemmo, perdeste, **persero** (perderono, perdettero)
PARTICIPIO
   Passato: **perso**, perduto
Ausiliare: AVERE
   Es. Hanno perso le chiavi di casa.

PERVADERE (penetrar, inundar) - come **EVADERE**

PIANGERE (chorar) - **pianto**
INDICATIVO
    Passato Remoto: **piansi**, piangesti, **pianse**, piangemmo, piangeste, **piansero**
PARTICIPIO
    Passato: **pianto**
Ausiliare: AVERE
    Es. Perché hai pianto?

PIOVERE (chover) - **piovuto**
    Verbo impersonale. Esiste solo la 3ª persona singolare di ogni tempo.
INDICATIVO
    Presente: piove
    Imperfetto: pioveva
    Passato Remoto: **piovve**
    Futuro Semplice: pioverà
CONDIZIONALE
    Semplice: pioverebbe
CONGIUNTIVO
    Presente: piova
    Imperfetto: piovesse
PARTICIPIO
    Passato: piovuto
GERUNDIO
    Presente: piovendo
Ausiliare: ESSERE o AVERE
    Es. Ha (è) piovuto molto ieri.

PORGERE (estender, dar) - **porto**
INDICATIVO
    Passato Remoto: **porsi**, porgesti, **porse**, porgemmo, porgeste, **porsero**
PARTICIPIO
    Passato: **porto**
Ausiliare: AVERE
    Es. Porgimi il bicchiere, per favore.

PRECLUDERE (impedir, fechar) - come *ACCLUDERE*

PRECORRERE *(preceder, prevenir) - come **CORRERE***

PREDILIGERE *(preferir)* **- prediletto**
INDICATIVO
    Passato Remoto: **predilessi**, prediligesti, **predilesse**, prediligemmo, prediligeste, **predilessero**
PARTICIPIO
    Passato: **prediletto**
Ausiliare: *AVERE*
    Es. Il professore ha prediletto alcuni alunni.

PRELUDERE *(preceder, prenunciar) - come **ALLUDERE***

PRENDERE *(pegar, tomar)* **- preso**
INDICATIVO
    Passato Remoto: **presi**, prendesti, **prese**, prendemmo, prendeste, **presero**
PARTICIPIO
    Passato: **preso**
Ausiliare: *AVERE*
    Es. Sta piovendo, hai preso l'ombrello?

PRESUMERE *(presumir) - come **ASSUMERE***

PRETENDERE *(pretender) - come **TENDERE***

PROMETTERE *(prometer)* **- promesso**
INDICATIVO
    Passato Remoto: **promisi**, promettesti, **promise**, promettemmo, prometteste, **promisero**
PARTICIPIO
    Passato: **promesso**
Ausiliare: *AVERE*
    Es. Il padre ha promesso di portare i figli al circo.

PROMUOVERE *(promover) - come **MUOVERE***

PROT_E_GGERE *(proteger)* - **protetto**
INDICATIVO
   Passato Remoto: **protessi**, proteggesti, **protesse**, proteggemmo,
                  proteggeste, **protessero**
PARTICIPIO
   Passato: **protetto**
Ausiliare: *AVERE*
   Es. La pensilina mi ha protetto dalla pioggia.

P_U_NGERE *(picar, espetar)* - **punto**
INDICATIVO
   Passato Remoto: **punsi**, pungesti, **punse**, pungemmo, pungeste,
                  punsero
PARTICIPIO
   Passato: **punto**
Ausiliare: *AVERE*
   Es. L'ape ha punto il suo piede.
       Lo spino della rosa ha punto il mio dito.

RACC_O_GLIERE *(recolher)* - come **COGLIERE**

R_A_DERE *(barbear)* - **raso**
INDICATIVO
   Passato Remoto: **rasi**, radesti, **rase**, rademmo, radeste, **rasero**
PARTICIPIO
   Passato: **raso**
Ausiliare: *AVERE*
   Es. Maurizio ha raso i baffi.

RAGG_IU_NGERE *(alcançar)* - come **GIUNGERE**
Ausiliare: *AVERE*

REC_I_DERE *(cortar)* - come **DECIDERE**

RECL_U_DERE *(recluir)* - come **ACCLUDERE**

REDIGERE *(redigir)* - **redatto**
INDICATIVO
    Passato Remoto: **redassi**, redigesti, **redasse**, redigemmo, redigeste, **redassero**
PARTICIPIO
    Passato: **redatto**
Ausiliare: *AVERE*
    Es. Gli alunni redigono bene l'articolo.

REDIMERE *(redimir, libertar)* - **redento**
INDICATIVO
    Passato Remoto: **redensi**, redimesti, **redense**, redimemmo, redimeste, **redensero**
PARTICIPIO
    Passato: **redento**
Ausiliare: *AVERE*
    Es. Il padrone lo ha redento dalla schiavitù.

REGGERE *(segurar)* - **retto**
INDICATIVO
    Passato Remoto: **ressi**, reggesti, **resse**, reggemmo, reggeste, **ressero**
PARTICIPIO
    Passato: **retto**
Ausiliare: *AVERE*
    Es. Reggi la scala, per favore.

RENDERE *(devolver)* - **reso**
INDICATIVO
    Passato Remoto: **resi**, rendesti, **rese**, rendemmo, rendeste, **resero**
PARTICIPIO
    Passato: **reso**
Ausiliare: *AVERE*
    Es. Ti ho già reso il libro che mi hai prestato.

REPELLERE *(repelir)* - come **ESPELLERE**

REPRIMERE *(reprimir)* - come **COMPRIMERE**

RESCINDERE *(rescindir) - come* **SCINDERE**

RESISTERE *(resistir) -* **resistito**
PARTICIPIO
   Passato: **resistito**
Ausiliare: *AVERE*
Es. Non ha resistito al dolore.

RESPINGERE *(rechaçar, repelir) - come* **SPINGERE**

RESTRINGERE *(restringir) - come* **STRINGERE**
PARTICIPIO
   Passato: **ristretto**

RETROCEDERE *(retroceder) - come* **CONCEDERE**
Ausiliare: *ESSERE e AVERE*
   Es. Mauro è retrocesso di un passo.
        Abbiamo retrocesso tutte le sedie.

RIASSUMERE *(resumir, reassumir) - come* **ASSUMERE**

RICHIEDERE *(solicitar) - come* **CHIEDERE**

RICONOSCERE *(reconhecer) - come* **CONOSCERE**

RICORRERE *(recorrer) - come* **CORRERE**

RIDERE *(rir) -* **riso**
INDICATIVO
   Passato Remoto: **risi**, ridesti, **rise**, ridemmo, rideste, **risero**
PARTICIPIO
   Passato: **riso**
Ausiliare: *AVERE*
   Es. Abbiamo riso perché il film era comico.

RIFLETTERE *(refletir)* - **riflesso, riflettuto**
INDICATIVO
    Passato Remoto: **riflessi** (riflettei), riflettesti, **riflesse** (rifletté), riflettemmo, rifletteste, **riflessero** (rifletterono)
PARTICIPIO
    Passato: riflettuto, **riflesso**
Ausiliare: *AVERE*
    Es. Hai riflettuto a quello che ti ho detto?
        Lo specchio ha riflesso la tua immagine.

RIFULGERE *(refulgir)* - **rifulso**
INDICATIVO
    Passato Remoto: **rifulsi**, rifulgesti, **rifulse**, rifulgemmo, rifulgeste, **rifulsero**
PARTICIPIO
    Passato: **rifulso**
Ausiliare: *ESSERE e AVERE*
    Es. L'oggetto rifulgeva come oro.

RIMETTERE *(repor)* - come **METTERE**

RIMPIANGERE *(recordar com saudades)* - come **PIANGERE**

RIMUOVERE *(remover)* - come **MUOVERE**

RINCORRERE *(perseguir)* - come **CORRERE**

RINCRESCERE *(desagradar, lastimar)* - come **CRESCERE**

RIPRENDERE *(retomar)* - come **PRENDERE**

RISCUOTERE *(receber)* - come **SCUOTERE**

RISOLVERE *(resolver)* - **risolto**
INDICATIVO
    Passato Remoto: **risolsi** (risolvei-risolvetti), risolvesti, **risolse** (risolvé-risolvette), risolvemmo, risolveste, **risolsero** (risolverono-risolvettero)

PARTICIPIO
　　Passato: **risolto**
Ausiliare: *AVERE*
　　Es. Gli alunni hanno risolto il problema.

RISPONDERE (responder) - ***risposto***
INDICATIVO
　　Passato Remoto: **risposi**, rispondesti, **rispose**, rispondemmo, rispondeste, **risposero**
PARTICIPIO
　　Passato: **risposto**
Ausiliare: *AVERE*
　　Es. Non hai risposto alla mia domanda.

RISTRINGERE (restringir) - come *STRINGERE*

RIVOLGERE (dirigir) - come *VOLGERE*

RODERE (roer) - ***roso***
INDICATIVO
　　Passato Remoto: **rosi**, rodesti, **rose**, rodemmo, rodeste, **rosero**
PARTICIPIO
　　Passato: **roso**
Ausiliare: *AVERE*
　　Es. Il topo ha roso la corda.

ROMPERE (romper, quebrar) - ***rotto***
INDICATIVO
　　Passato Remoto: **ruppi**, rompesti, **ruppe**, rompemmo, rompeste, **ruppero**
PARTICIPIO
　　Passato: **rotto**
Ausiliare: *AVERE*
　　Es. Lucia ha rotto il vaso di porcellana.

SCEGLIERE (escolher) - ***scelto***
INDICATIVO
　　Presente: **scelgo**, **scegli**, sceglie, **scegliamo**, scegliete, **scelgono**

Passato Remoto: **scelsi**, scegliesti, **scelse**, scegliemmo, sceglieste, **scelsero**
IMPERATIVO
scegli, **scelga**, **scegliamo**, scegliete, **scelgano**
CONGIUNTIVO
Presente: **scelga**, **scelga**, **scelga**, **scegliamo**, **scegliate**, **scelgano**
PARTICIPIO
Passato: **scelto**
Ausiliare: *AVERE*
Es. Abbiamo scelto un bel regalo per i fidanzati.

SCENDERE (descer) - *sceso*
INDICATIVO
Passato Remoto: **scesi**, scendesti, **scese**, scendemmo, scendeste, **scesero**
PARTICIPIO
Passato: **sceso**
Ausiliare: *AVERE (quando usato transitivamente)*
ESSERE (quando usato intransitivamente)
Es. Ho sceso le scale in fretta. (Tr.)
Sei sceso a piedi o in ascensore? (Intr.)

SCINDERE (cindir, cortar) - *scisso*
INDICATIVO
Passato Remoto: **scissi**, scindesti, **scisse**, scindemmo, scindeste, **scissero**
PARTICIPIO
Passato: **scisso**
Ausiliare: *AVERE*
Es. Ha scisso la sua fortuna dalla mia.

SCIOGLIERE (derreter) - *sciolto*
INDICATIVO
Presente: **sciolgo**, **sciogli**, scioglie, **sciogliamo**, sciogliete, **sciolgono**
Passato Remoto: **sciolsi**, sciogliesti, **sciolse**, sciogliemmo, scioglieste, **sciolsero**
IMPERATIVO
sciogli, **sciolga**, **sciogliamo**, sciogliete, **sciolgano**

CONGIUNTIVO
   Presente: **sciolga, sciolga, sciolga, sciogliamo, sciogliate, sciolgano**
PARTICIPIO
   Passato: **sciolto**
Ausiliare: *AVERE*
   Es. Il sole ha sciolto la neve.

SCOMMETTERE *(apostar)* - *come* ***METTERE***

SCONCLUDERE *(anular)* - *come* ***ACCLUDERE***

SCONNETTERE *(desconjuntar)* - *come* ***ANNETTERE***

SCONFIGGERE *(derrotar)* - *come* ***FIGGERE***
PARTICIPIO
   Passato: **sconfitto**
Ausiliare: *AVERE*
   Es. I soldati hanno sconfitto il nemico.

SCONVOLGERE *(transtornar)* - *come* ***VOLGERE***

SCORGERE *(avistar)* - *come* ***ACCORGERSI***
   (ma non è riflessivo)

SCORRERE *(escorrer)* - *come* ***CORRERE***

SCRIVERE *(escrever)* - **scritto**
INDICATIVO
   Passato Remoto: **scrissi**, scrivesti, **scrisse**, scrivemmo, scriveste, **scrissero**
PARTICIPIO
   Passato: **scritto**
Ausiliare: *AVERE*
   Es. Ho scritto una lettera allo zio.

SCUOTERE *(sacudir)* - **scosso**
INDICATIVO
　Passato Remoto: **scossi**, **scotesti**, **scosse**, scotemmo, scoteste, **scossero**
PARTICIPIO
　Passato: **scosso**
Ausiliare: AVERE
　Es. L'esplosione ha scosso le case.

SMETTERE *(parar)* - *come* **METTERE**

SMUOVERE *(remover)* - *come* **MUOVERE**

SOCCORRERE *(socorrer)* - *come* **CORRERE**

SOFFRIGGERE *(refogar)* - *come* **FRIGGERE**

SOGGIUNGERE *(acrescentar, dizer)* - *come* **GIUNGERE**
Ausiliare: AVERE

SOMMERGERE *(submergir)* - *come* **EMERGERE**

SOMMUOVERE *(agitar)* - *come* **MUOVERE**

SOPPRIMERE *(suprimir)* - *come* **COMPRIMERE**

SOPRAVVIVERE *(sobreviver)* - *come* **VIVERE**

SORGERE *(surgir)* - **sorto**
INDICATIVO
　Passato Remoto: **sorsi**, sorgesti, **sorse**, sorgemmo, sorgeste, **sorsero**
PARTICIPIO
　Passato: **sorto**
Ausiliare: ESSERE
　Es. Il sole oggi è sorto alle 5.45.

SORPRENDERE *(surpreender)* - come **PRENDERE**

SORRIDERE *(sorrir)* - come **RIDERE**

SOSPENDERE *(suspender)* - come **APPENDERE**

SOSPINGERE *(empurrar, impelir)* - come **SPINGERE**

SPANDERE *(derramar, espalhar)* - **spanto**
INDICATIVO
　Passato Remoto: **spansi** (spandei-spandetti), spandesti, **spanse** (spandé-spandette), spandemmo, spandeste, **spansero** (spanderono-spandettero)
PARTICIPIO
　Passato: **spanto**
Ausiliare: *AVERE*
　Es. La tubazione della cucina ha spanto molta acqua.

SPARGERE *(espalhar)* - **sparso**
INDICATIVO
　Passato Remoto: **sparsi**, spargesti, **sparse**, spargemmo, spargeste, **sparsero**
PARTICIPIO
　Passato: **sparso**
Ausiliare: *AVERE*
　Es. Ha sparso i libri sul tavolo.

SPEGNERE *(apagar)* - **spento**
INDICATIVO
　Presente: **spengo**, spegni, spegne, spegniamo, spegnete, **spengono**
　Passato Remoto: **spensi**, spegnesti, **spense**, spegnemmo, spegneste, **spensero**
IMPERATIVO
　spegni, **spenga**, spegniamo, spegnete, **spengano**
CONGIUNTIVO
　Presente: **spenga, spenga, spenga,** spegniamo, spegniate, **spengano**

PARTICIPIO
　　Passato: **spento**
Ausiliare: *AVERE*
　　Es. Hanno già spento la luce.

SP**E**NDERE *(gastar)* - *speso*
INDICATIVO
　　Passato Remoto: **spesi**, spendesti, **spese**, spendemmo, spendeste,
　　　　　　　　　spesero
PARTICIPIO
　　Passato: **speso**
Ausiliare: *AVERE*
　　Es. Ha speso tutto il denaro in vestiti.

SP**E**NGERE *(apagar)* - *come* **SPEGNERE**

SP**I**NGERE *(empurrar)* - *spinto*
INDICATIVO
　　Passato Remoto: **spinsi**, spingesti, **spinse**, spingemmo, spingeste,
　　　　　　　　　spinsero
PARTICIPIO
　　Passato: **spinto**
Ausiliare: *AVERE*
　　Es. Abbiamo spinto il tavolo verso la finestra.

SP**O**RGERE *(debruçar)* - *come* **PORGERE**

ST**E**NDERE *(estender)* - *steso*
INDICATIVO
　　Passato Remoto: **stesi**, stendesti, **stese**, stendemmo, stendeste, **stesero**
PARTICIPIO
　　Passato: **steso**
Ausiliare: *AVERE*
　　Es. Ho steso il lenzuolo sul letto.

ST**I**NGERE *(desbotar)* - *come* **TINGERE**

STRINGERE *(apertar)* - **stretto**
INDICATIVO
Passato Remoto: **strinsi**, stringesti, **strinse**, stringemmo, stringeste, **strinsero**
PARTICIPIO
Passato: **stretto**
Ausiliare: *AVERE*
Es. La mamma ha stretto il figlio nelle braccia.

STRUGGERE *(derreter)* - **strutto**
INDICATIVO
Passato Remoto: **strussi**, struggesti, **strusse**, struggemmo, struggeste, **strussero**
PARTICIPIO
Passato: **strutto**
Ausiliare: *AVERE*
Es. Ho strutto tutto il grasso.

SUCCEDERE *(acontecer)* - **successo, succeduto***
Verbo impersonale. È usata solo la 3ª persona (singolare e plurale). I pronomi indiretti precedono le forme verbali.
INDICATIVO
Passato Remoto: (mi, ti, gli, le, ci, vi, gli) **successe**, **successero**
PARTICIPIO
Passato: **successo**, succeduto
Ausiliare: *ESSERE*
Es. Mi sono successe cose strane in questa città.

Alle volte SUCCEDERE è usato senza i pronomi indiretti:
Es. Cos'è successo oggi? – Niente di nuovo.

* La forma "successo" è preferita col significato di "accadere" e la forma regolare "succeduto" è usata col significato di "subentrare a qualcuno in una carica".

Es. Cosa sta succedendo?
O que está acontecendo?

Maurizio è succeduto al padre nella direzione della ditta.
Maurizio sucedeu ao pai na direção da firma.

SV**E**LLERE *(arrancar)* - **svelto**
INDICATIVO
  Presente: svello (**svelgo**), svelli, svelle, svelliamo, svellete, svellono (**svelgono**)
  Passato Remoto: **svelsi**, svellesti, **svelse**, svellemmo, svelleste, **svelsero**
IMPERATIVO
  svelli, **svelga**, svelliamo, svellete, **svelgano**
CONGIUNTIVO
  Presente: **svelga**, **svelga**, **svelga**, svelliamo, svelliate, **svelgano**
PARTICIPIO
  Passato: **svelto**
Ausiliare: AVERE
  Es. Loro hanno svelto tutti i fiori del giardino.

SV**O**LGERE *(desenvolver, desenrolar)* - **svolto**
INDICATIVO
  Passato Remoto: **svolsi**, svolgesti, **svolse**, svolgemmo, svolgeste, **svolsero**
PARTICIPIO
  Passato: **svolto**
Ausiliare: AVERE
  Es. Avete svolto il tema.

T**E**NDERE *(tender, esticar)* - **teso**
INDICATIVO
  Passato Remoto: **tesi**, tendesti, **tese**, tendemmo, tendeste, **tesero**
PARTICIPIO
  Passato: **teso**
Ausiliare: AVERE
  Es. Ha teso troppo la corda.

T**E**RGERE *(limpar)* - **terso**
INDICATIVO
  Passato Remoto: **tersi**, tergesti, **terse**, tergemmo, tergeste, **tersero**
PARTICIPIO
  Passato: **terso**
Ausiliare: AVERE
  Es. Abbiamo terso i vetri.

TINGERE (tingir) - **tinto**
INDICATIVO
Passato Remoto: **tinsi**, tingesti, **tinse**, tingemmo, tingeste, **tinsero**
PARTICIPIO
Passato: **tinto**
Ausiliare: *AVERE*
Es. Ha tinto la faccia di bianco.

TOGLIERE (tirar) - **tolto**
INDICATIVO
Presente: **tolgo**, **togli**, toglie, **togliamo**, togliete, **tolgono**
Passato Remoto: **tolsi**, togliesti, **tolse**, togliemmo, toglieste, **tolsero**
IMPERATIVO
togli, **tolga**, **togliamo**, togliete, **tolgano**
CONGIUNTIVO
Presente: **tolga**, **tolga**, **tolga**, **togliamo**, **togliate**, **tolgano**
PARTICIPIO
Passato: **tolto**
Ausiliare: *AVERE*
Es. Hai tolto il burro dal frigorifero?

TORCERE (torcer) - **torto**
INDICATIVO
Passato Remoto: **torsi**, torcesti, **torse**, torcemmo, torceste, **torsero**
PARTICIPIO
Passato: **torto**
Ausiliare: *AVERE*
Es. Ha detto che ti avrebbe torto il collo.

TRAFIGGERE (transpassar) - *come* ***FIGGERE***

TRANSIGERE (transigir) - *come* ***ESIGERE***

TRASCORRERE (transcorrer) - *come* ***CORRERE***

UCC_IDERE_ (matar) - **ucciso**
INDICATIVO
    Passato Remoto: **uccisi**, uccidesti, **uccise**, uccidemmo, uccideste, **uccisero**
PARTICIPIO
    Passato: **ucciso**
Ausiliare: AVERE
    Es. La polizia ha ucciso i ladri.

_U_NGERE (ungir, untar) - **unto**
INDICATIVO
    Passato Remoto: **unsi**, ungesti, **unse**, ungemmo, ungeste, **unsero**
PARTICIPIO
    Passato: **unto**
Ausiliare: AVERE
    Es. Avete unto le ruote con olio.

VILIP_E_NDERE (desprezar) - come **APPENDERE**

V_I_NCERE (vencer) - **vinto**
INDICATIVO
    Passato Remoto: **vinsi**, vincesti, **vinse**, vincemmo, vinceste, **vinsero**
PARTICIPIO
    Passato: **vinto**
Ausiliare: AVERE
    Es. Ha vinto un bel premio alla lotteria.

V_I_VERE (viver) - **vissuto**
INDICATIVO
    Passato Remoto: **vissi**, vivesti, **visse**, vivemmo, viveste, **vissero**
    Futuro Semplice: **vivrò**, **vivrai**, **vivrà**, **vivremo**, **vivrete**, **vivranno**
CONDIZIONALE
    Semplice: **vivrei**, **vivresti**, **vivrebbe**, **vivremmo**, **vivreste**, **vivrebbero**
PARTICIPIO
    Passato: **vissuto**
Ausiliare: ESSERE (se usato intransitivamente)
             AVERE (se usato transitivamente)
    Es. Sono vissuti a Parigi per 3 anni. (Intr.)
        Hanno vissuto giorni allegri a Parigi. (Tr.)

VOLGERE *(virar)* - ***volto***
INDICATIVO
   Passato Remoto: **volsi**, volgesti, **volse**, volgemmo, volgeste, **volsero**
PARTICIPIO
   Passato: **volto**
Ausiliare: *AVERE*
   Es. Ha volto gli occhi in su.

VERBI IN: ARRE - ORRE - URRE */VERBOS EM ARRE - ORRE - URRE*

- Questi verbi possono essere considerati come appartenenti alla 2ª Coniugazione poiché derivano dal latino e conservano le desinenze caratteristiche della Coniugazione nella maggior parte dei tempi (tra**e**vo, pon**e**vo, conduc**e**vo, ecc.).

- Estes verbos podem ser considerados como pertencentes à 2ª Conjugação, pois provêm do latim e conservam as desinências características desta conjugação na maioria dos tempos (tra**e**vo, pon**e**vo, conduc**e**vo, etc.).

1 - TRARRE (dal latino TRAHERE) e i suoi composti

ASTRARRE *(abstrair)* - *come* ***TRARRE***

ATTRARRE *(atrair)* - *come* ***TRARRE***

CONTRARRE *(contrair)* - *come* ***TRARRE***

DETRARRE *(detrair)* - *come* ***TRARRE***

DISTRARRE *(distrair)* - *come* ***TRARRE***

ESTRARRE *(extrair)* - *come* ***TRARRE***

PROTRARRE *(adiar)* - *come* ***TRARRE***

RITRARRE *(retirar, retratar)* - come **TRARRE**

SOTTRARRE *(subtrair)* - come **TRARRE**

TRARRE *(trazer, tirar, extrair)* - **tratto**
INDICATIVO
   Presente: **traggo, trai, trae, traiamo, traete, traggono**
   Imperfetto: **traevo, traevi, traeva, traevamo, traevate, traevano**
   Passato Remoto: **trassi, traesti, trasse, traemmo, traeste, trassero**
   Futuro Semplice: **trarrò, trarrai, trarrà, trarremo, trarrete, trarranno**
CONDIZIONALE
   Semplice: **trarrei, trarresti, trarrebbe, trarremmo, trarreste, trarrebbero**
IMPERATIVO
   trai, tragga, traiamo, traete, traggano
CONGIUNTIVO
   Presente: **tragga, tragga, tragga, traiamo, traiate, traggano**
   Imperfetto: **traessi, traessi, traesse, traessimo, traeste, traessero**
PARTICIPIO
   Presente: **traente**
   Passato: **tratto**
GERUNDIO
   Presente: **traendo**
Ausiliare: AVERE
   Es. Non ne ha tratto nessun vantaggio.

2 - PORRE *(dal latino PONERE)* e i suoi composti

ANTEPORRE *(antepor)* - come **PORRE**

COMPORRE *(compor)* - come **PORRE**

DEPORRE *(depor)* - come **PORRE**

DISPORRE *(dispor)* - come **PORRE**

ESPORRE *(expor) - come **PORRE***

IMPORRE *(impor) - come **PORRE***

INDISPORRE *(indispor) - come **PORRE***

OPPORRE *(opor) - come **PORRE***

PORRE *(pôr)* **- *posto***
INDICATIVO
   Presente: **pongo, poni, pone, poniamo, ponete, pongono**
   Imperfetto: **ponevo, ponevi, poneva, ponevamo, ponevate, ponevano**
   Passato Remoto: **posi, ponesti, pose, ponemmo, poneste, posero**
   Futuro Semplice: **porrò, porrai, porrà, porremo, porrete, porranno**
CONDIZIONALE
   Semplice: **porrei, porresti, porrebbe, porremmo, porreste, porrebbero**
IMPERATIVO
   poni, ponga, poniamo, ponete, pongano
CONGIUNTIVO
   Presente: **ponga, ponga, ponga, poniamo, poniate, pongano**
   Imperfetto: **ponessi, ponessi, ponesse, ponessimo, poneste, ponessero**
PARTICIPIO
   Presente: **ponente**
   Passato: **posto**
GERUNDIO
   Presente: **ponendo**
Ausiliare: *AVERE*
   Es. Lui pose le mani sul petto.

PRESUPPORRE *(pressupor) - come **PORRE***

SUPPORRE *(supor) - come **PORRE***

3 - I composti di DURRE (dal latino DUCERE)

ADDURRE *(aduzir, trazer)* - come **TRADURRE**

CONDURRE *(conduzir)* - come **TRADURRE**

DEDURRE *(deduzir)* - come **TRADURRE**

INDURRE *(induzir)* - come **TRADURRE**

INTRODURRE *(introduzir)* - come **TRADURRE**

PRODURRE *(produzir)* - come **TRADURRE**

RADDURRE *(aduzir, reconduzir)* - come **TRADURRE**

RICONDURRE *(reconduzir)* - come **TRADURRE**

RIDURRE *(reduzir)* - come **TRADURRE**

RIPRODURRE *(reproduzir)* - come **TRADURRE**

SEDURRE *(seduzir)* - come **TRADURRE**

TRADURRE *(traduzir)* - **tradotto**
INDICATIVO
    Presente: **traduco, traduci, traduce, traduciamo, traducete, traducono**
    Imperfetto: **traducevo, traducevi, traduceva, traducevamo, traducevate, traducevano**
    Passato Remoto: **tradussi, traducesti, tradusse, traducemmo, traduceste, tradussero**
    Futuro Semplice: **tradurrò, tradurrai, tradurrà, tradurremo, tradurrete, tradurranno**

CONDIZIONALE
   Semplice: **tradurrei, tradurresti, tradurrebbe, tradurremmo, tradurreste, tradurrebbero**
IMPERATIVO
   traduci, traduca, traduciamo, traducete, traducano
CONGIUNTIVO
   Presente: **traduca, traduca, traduca, traduciamo, traduciate, traducano**
   Imperfetto: **traducessi, traducessi, traducesse, traducessimo, traduceste, traducessero**
PARTICIPIO
   Presente: **traducente**
   Passato: **tradotto**
GERUNDIO
   Presente: **traducendo**
Ausiliare: AVERE
   Es. Hai tradotto tutto il libro?

• • •

Verbo DIRE (dal latino DICERE)

- Anche se la desinenza è *ire*, il verbo *dire*, che deriva dal latino *dicere*, presenta, in alcune forme, le desinenze caratteristiche della 2ª Coniugazione (dic**e**vo, dic**e**ssi, dic**e**nte, dic**e**ndo).

- Embora a desinência seja *ire*, o verbo *dire*, que provém do latim *dicere*, apresenta, em algumas formas, as desinências características da 2ª Conjugação (dic**e**vo, dic**e**ssi, dic**e**nte, dic**e**ndo).

DIRE *(dizer)* - *detto*
INDICATIVO
   Presente: **dico, dici, dice, diciamo, dite, dicono**
   Imperfetto: **dicevo, dicevi, diceva, dicevamo, dicevate, dicevano**
   Passato Remoto: **dissi, dicesti, disse, dicemmo, diceste, dissero**
   Futuro Semplice: **dirò, dirai, dirà, diremo, direte, diranno**
CONDIZIONALE
   Semplice: **direi, diresti, direbbe, diremmo, direste, direbbero**
IMPERATIVO
   di', dica, diciamo, dite, dicano
CONGIUNTIVO
   Presente: **dica, dica, dica, diciamo, diciate, dicano**
   Imperfetto: **dicessi, dicessi, dicesse, dicessimo, diceste, dicessero**

PARTICIPIO
   Presente: **dicente**
   Passato: **detto**
GERUNDIO
   Presente: **dicendo**
Ausiliare: *AVERE*
   Es. Lui ha detto che sarebbe venuto più tardi.

• Come **dire** si coniugano*:* **benedire** *(benzer),* **contraddire** *(contradizer),* **disdire** *(desdizer),* **indire** *(anunciar, convocar),* **interdire** *(proibir, impedir),* **maledire** *(amaldiçoar),* **predire** *(predizer),* **ridire** *(repetir).*

• **Benedire** ha 2 forme per l'Imperfetto dell'Indicativo*:* benedivo (benedicevo), benedivi (benedicevi), benediva (benediceva), benedivamo (benedicevamo), benedivate (benedicevate), benedivano (benedicevano) e 2 per il Passato Remoto*:* benedii (benedissi), benedisti (benedicesti), benedí (benedisse), benedimmo (benedicemmo), benediste (benediceste), benedirono (benedissero).

• **Maledire** si coniuga come **benedire***.*

3ª *Coniugazione: IRE* /3ª *Conjugação: IRE*

APPARIRE *(aparecer)* - **apparso**
INDICATIVO
   Presente: **appaio** (apparisco), appari (apparisci), appare (apparisce), appariamo, apparite, **appaiono** (appariscono)
   Passato Remoto: **apparvi** (apparii), appristi, **apparve** (apparí), apparimmo, appariste, **apparvero** (**apparsero**, apparirono)
IMPERATIVO
   appari, **appaia**, appariamo, apparite, **appaiano**
CONGIUNTIVO
   Presente: **appaia**, **appaia**, **appaia**, appariamo, appariate, **appaiano**
PARTICIPIO
   Passato: **apparso**
Ausiliare: *ESSERE*
   Es. È apparso ad un tratto sulla porta.

APRIRE (abrir) - *aperto*
INDICATIVO
    Passato Remoto: aprii (**apersi**), apristi, aprí (**aperse**), aprimmo, apriste, aprirono (**apersero**)
PARTICIPIO
    Passato: **aperto**
Ausiliare: AVERE
    Es. Ho aperto la porta.

ASSALIRE (assaltar) - *assalito*
INDICATIVO
    Presente: **assalgo** (assalisco), assali (assalisci), assale (assalisce), assaliamo, assalite, **assalgono** (assaliscono)
    Passato Remoto: **assalsi** (assalii), assalisti, **assalse** (assalí), assalimmo, assaliste, **assalsero** (assalirono)
IMPERATIVO
    assali, **assalga**, assaliamo, assalite, **assalgano**
CONGIUNTIVO
    Presente: **assalga** (assalisca), **assalga** (assalisca), **assalga** (assalisca), assaliamo, assaliate, **assalgano** (assaliscano)
Ausiliare: AVERE
    Es. I ladri hanno assalito la banca.

ASSORBIRE (absorver) - *assorto, assorbito*
INDICATIVO
    Presente: assorbisco (assorbo), assorbisci (assorbi), assorbisce (assorbe), assorbiamo, assorbite, assorbiscono (assorbono)
PARTICIPIO
    Passato: assorbito, **assorto**
Ausiliare: AVERE (con assorbito) e ESSERE (con assorto)
    Es. La terra ha assorbito l'acqua.
        Non ti ho sentito, ero assorto nei miei pensieri.

AVVENIRE (acontecer) - come *VENIRE*

COMPARIRE (comparecer) - come *APPARIRE*

COMPIRE (o COMPIERE) *(cumprir)* - **compito, compiuto**
INDICATIVO
Presente: **compio**, compi, **compie**, compiamo, compite (compiete), **compiono**
Imperfetto: compivo (compievo), compivi (compievi), compiva (compieva), compivamo (compievamo), compivate (compievate), compivano (compievano)

IMPERATIVO
compi, **compia**, compiamo, compite, **compiano**

CONGIUNTIVO
Presente: **compia**, **compia**, **compia**, compiamo, compiate, **compiano**
Imperfetto: compissi (compiessi), compissi (compiessi), compisse (compiesse), compissimo (compiessimo), compiste (compieste), compissero (compiessero)

PARTICIPIO
Passato: compito e **compiuto**

GERUNDIO
Presente: **compiendo**

Ausiliare: AVERE
Es. Ognuno ha compiuto il suo dovere.

CONVENIRE *(convir)* - come **VENIRE**

COPRIRE *(cobrir)* - come **APRIRE**

DISPARIRE *(desaparecer)* - come **APPARIRE**
PARTICIPIO
Passato: disparito, **disparso**
Ausiliare: ESSERE
Es. Maurizio è disparso per sempre.

DIVENIRE *(tornar-se)* - come **VENIRE**

EMPIRE (o EMPIERE) *(encher)* - come **COMPIRE**

MORIRE (morrer) - **morto**
INDICATIVO
   Presente: **muoio**, **muori**, **muore**, moriamo, morite, **muoiono**
   Futuro Semplice: **morrò** (morirò), **morrai** (morirai), **morrà** (morirà), **morremo** (moriremo), **morrete** (morirete), **morranno** (moriranno)
CONDIZIONALE
   Semplice: **morrei** (morirei), **morresti** (moriresti), **morrebbe** (morirebbe), **morremmo** (moriremmo), **morreste** (morireste), **morrebbero** (morirebbero)
IMPERATIVO
   muori, **muoia**, moriamo, morite, **muoiano**
CONGIUNTIVO
   Presente: **muoia**, **muoia**, **muoia**, moriamo, moriate, **muoiano**
PARTICIPIO
   Passato: **morto**
Ausiliare: ESSERE
   Es. Lui crede che io muoia dalla paura.

OFFRIRE (oferecer) - **offerto**
INDICATIVO
   Passato Remoto: offrii (**offersi**), offristi, offrí (**offerse**), offrimmo, offriste, offrirono (**offersero**)
PARTICIPIO
   Presente: **offerente**
   Passato: **offerto**
Ausiliare: AVERE
   Es. I Rossi ci hanno offerto una bella cena.

PREVENIRE (prevenir) - come *VENIRE*

PROVENIRE (provir, proceder) - come *VENIRE*

RICOPRIRE (recobrir) - come *APRIRE*

RIEMPIRE (encher) - come *COMPIRE*

RINVENIRE *(voltar a si)* - *come* **VENIRE**
INDICATIVO
   Futuro Semplice: rinvenirò, rinvenirai, rinvenirà, rinveniremo, rinvenirete, rinveniranno
PARTICIPIO
Passato: **rinvenuto**
Ausiliare: ESSERE
   Es. Prima era svenuta, ma adesso è già rinvenuta.

RISALIRE *(remontar)* - *come* **SALIRE**

RISCOPRIRE *(redescobrir)* - *come* **APRIRE**

RIUSCIRE *(conseguir, sair de novo)* - *come* **USCIRE**

SALIRE *(subir)* - *salito*
INDICATIVO
   Presente: **salgo**, sali, sale, saliamo, salite, **salgono**
IMPERATIVO
   sali, **salga**, saliamo, salite, **salgano**
CONGIUNTIVO
   Presente: **salga, salga, salga**, saliamo, saliate, **salgano**
PARTICIPIO
   Presente: salente, **saliente**
Ausiliare: ESSERE *(se usato intransitivamente)*
              AVERE *(se usato transitivamente)*
   Es. Sono salito in ascensore. (Intr.)
       Ho salito le scale a piedi. (Tr.)

SCOMPARIRE *(desaparecer)* - *come* **APPARIRE**

SCOPRIRE *(descobrir)* - *come* **APRIRE**

SVENIRE *(desmaiar)* - *come* **VENIRE**
INDICATIVO
   Futuro Semplice: svenirò, svenirai, svenirà, sveniremo, svenirete, sveniranno

UDIRE (ouvir) - udito
INDICATIVO
   Presente: **odo**, **odi**, **ode**, udiamo, udite, **odono**
IMPERATIVO
   odi, **oda**, udiamo, udite, **odano**
CONGIUNTIVO
   Presente: **oda**, **oda**, **oda**, udiamo, udiate, **odano**
Ausiliare: AVERE
   Es. Non ho udito nessun rumore strano.

USCIRE (sair) - uscito
INDICATIVO
   Presente: **esco**, **esci**, **esce**, usciamo, uscite, **escono**
IMPERATIVO
   esci, **esca**, usciamo, uscite, **escano**
CONGIUNTIVO
   Presente: **esca**, **esca**, **esca**, usciamo, usciate, **escano**
Ausiliare: ESSERE
   Es. A che ora siete usciti?

VENIRE (vir) - venuto
INDICATIVO
   Presente: **vengo**, **vieni**, **viene**, veniamo, venite, **vengono**
   Passato Remoto: **venni**, venisti, **venne**, venimmo, veniste, **vennero**
   Futuro Semplice: **verrò**, **verrai**, **verrà**, **verremo**, **verrete**, **verranno**
CONDIZIONALE
   Semplice: **verrei**, **verresti**, **verrebbe**, **verremmo**, **verreste**, **verrebbero**
IMPERATIVO
   vieni, **venga**, veniamo, venite, **vengano**
CONGIUNTIVO
   Presente: **venga**, **venga**, **venga**, veniamo, veniate, **vengano**
PARTICIPIO
   Presente: **veniente**
   Passato: **venuto**
Ausiliare: ESSERE
   Es. I miei cugini non sono venuti alla festa.

Participi Passati Irregolari
Particípios Passados Irregulares

Accendere *(acender)* - **acceso**
Accludere *(incluir)* - **accluso**
Accogliere *(acolher)* - **accolto**
- Accorgersi *(dar-se conta, perceber)* - **accortosi**
Accorrere *(acorrer)* - **accorso**
Accrescere *(acrescentar)* - **accresciuto**
Addurre *(aduzir, trazer)* - **addotto**
Affiggere *(afixar)* - **affisso, affitto**
Affliggere *(afligir)* - **afflitto**
Aggiungere *(acrescentar)* - **aggiunto**
Alludere *(aludir)* - **alluso**
Ammettere *(admitir)* - **ammesso**
Annettere *(anexar)* - **annesso**
Anteporre *(antepor)* - **anteposto**
Apparire *(aparecer)* - **apparso**
Appendere *(pendurar)* - **appeso**
Apprendere *(aprender)* - **appreso**
Aprire *(abrir)* - **aperto**
Ardere *(queimar, arder)* - **arso**
Aspergere *(aspergir)* - **asperso**
Assistere *(assistir)* - **assistito**
Assolvere *(absolver)* - **assolto**
Assorbire *(absorver)* - assorbito, **assorto**
Assumere *(assumir)* - **assunto**
Astrarre *(abstrair)* - **astratto**
Attendere *(esperar)* - **atteso**
Attingere *(atingir, tirar)* - **attinto**
Attrarre *(atrair)* - **attratto**
Avvenire *(acontecer)* - **avvenuto**
Avvincere *(apertar, amarrar)* - **avvinto**
Avvolgere *(embrulhar, enrolar)* - **avvolto**
Benedire *(benzer)* - **benedetto**
Bere *(beber)* - **bevuto**
Chiedere *(pedir)* - **chiesto**
Chiudere *(fechar)* - **chiuso**
Cingere *(cercar)* - **cinto**
Cogliere *(colher)* - **colto**
Coincidere *(coincidir)* - **coinciso**

Colludere *(conluiar)* - **colluso**
Commettere *(cometer)* - **commesso**
Commuovere *(comover)* - **commosso**
Comparire *(comparecer)* - **comparso**
Compiangere *(compadecer-se)* - **compianto**
Comporre *(compor)* - **composto**
Comprendere *(compreender)* - **compreso**
Comprimere *(comprimir)* - **compresso**
Concedere *(conceder)* - conceduto, **concesso**
Concludere *(concluir)* - **concluso**
Concorrere *(concorrer)* - **concorso**
Condurre *(conduzir)* - **condotto**
Configgere *(cravar)* - **confisso**, **confitto**
Confondere *(confundir)* - **confuso**
Congiungere *(juntar, unir)* - **congiunto**
Connettere *(unir, ligar)* - **connesso**
Conoscere *(conhecer)* - **conosciuto**
Consistere *(consistir)* - **consistito**
Contendere *(disputar)* - **conteso**
Contraddire *(contradizer)* - **contraddetto**
Contrarre *(contrair)* - **contratto**
Contundere *(contundir)* - **contuso**
Convenire *(convir)* - **convenuto**
Convergere *(convergir)* - **converso**
Convincere *(convencer)* - **convinto**
Convivere *(conviver)* - **convissuto**
Coprire *(cobrir)* - **coperto**
Correggere *(corrigir)* - **corretto**
Correre *(correr)* - **corso**
Corrompere *(corromper)* - **corrotto**
Cospergere *(aspergir)* - **cosperso**
Costringere *(constringir)* - **costretto**
Crescere *(crescer)* - **cresciuto**
Crocifiggere *(crucificar)* - **crocifisso**
Cuocere *(cozinhar)* - **cotto**
Decidere *(decidir)* - **deciso**
Decorrere *(decorrer)* - **decorso**
Decrescere *(decrescer)* - **decresciuto**
Dedurre *(deduzir)* - **dedotto**
Deludere *(frustrar, desiludir)* - **deluso**
Deporre *(depor)* - **deposto**

Deprimere *(deprimir)* - **depresso**
Deridere *(troçar)* - **deriso**
Descrivere *(descrever)* - **descritto**
Desistere *(desistir)* - **desistito**
Desumere *(deduzir)* - **desunto**
Detergere *(limpar)* - **deterso**
Detrarre *(detrair)* - **detratto**
Devolvere *(devolver, destinar)* - **devoluto**
Difendere *(defender)* - **difeso**
Diffondere *(difundir)* - **diffuso**
Dipendere *(depender)* - **dipeso**
Dipingere *(pintar)* - **dipinto**
Dire *(dizer)* - **detto**
Dirigere *(dirigir)* - **diretto**
Discendere *(descer, descender)* - **disceso**
Disciogliere *(desatar, dissolver)* - **disciolto**
Disconoscere *(desconhecer)* - **disconosciuto**
Discorrere *(conversar)* - **discorso**
Discutere *(discutir)* - **discusso**
Disdire *(desdizer)* - **disdetto**
Disilludere *(desiludir)* - **disilluso**
Disparire *(desaparecer)* - **disparso**
Disperdere *(dispersar)* - **disperso**
Dispiacere *(lamentar, desagradar)* - **dispiaciuto**
Disporre *(dispor)* - **disposto**
Dissolvere *(dissolver)* - **dissolto, dissoluto**
Distendere *(estender)* - **disteso**
Distinguere *(distinguir)* - **distinto**
Distogliere *(desviar, dissuadir)* - **distolto**
Distrarre *(distrair)* - **distratto**
Distruggere *(destruir)* - **distrutto**
Divenire *(tornar-se)* - **divenuto**
Dividere *(dividir)* - **diviso**
Eccellere *(exceler, superar-se)* - **eccelso**
Eleggere *(eleger)* - **eletto**
Eludere *(evitar)* - **eluso**
Emergere *(emergir)* - **emerso**
Equivalere *(equivaler)* - **equivalso**
Ergere *(erguer)* - **erto**
Erigere *(erigir)* - **eretto**
Escludere *(excluir)* - **escluso**

Esigere *(exigir)* - **esatto**
Esistere *(existir)* - **esistito**
Espandere *(expandir)* - **espanto**
Espellere *(expelir)* - **espulso**
Esplodere *(explodir)* - **esploso**
Esporre *(expor)* - **esposto**
Esprimere *(exprimir)* - **espresso**
Estendere *(estender)* - **esteso**
Estinguere *(extinguir)* - **estinto**
Estrarre *(extrair)* - **estratto**
Evadere *(evadir)* - **evaso**
Fendere *(fender)* - fenduto, **fesso**
Figgere *(fincar, cravar)* - **fisso, fitto**
Fingere *(fingir)* - **finto**
Flettere *(dobrar, curvar)* - **flesso**
Fondere *(fundir)* - **fuso**
Frangere *(quebrar)* - **franto**
Friggere *(fritar)* - **fritto**
Fungere *(funcionar, exercer a função)* - **funto**
Giacere *(jazer)* - **giaciuto**
Giungere *(chegar)* - **giunto**
Illudere *(iludir)* - **illuso**
Immergere *(imergir)* - **immerso**
Impellere *(impelir)* - **impulso**
Imporre *(impor)* - **imposto**
Imprimere *(imprimir)* - **impresso**
Incidere *(incidir, gravar)* - **inciso**
Includere *(incluir)* - **incluso**
Incogliere *(acontecer)* - **incolto**
Incorrere *(incorrer)* - **incorso**
Incutere *(incutir)* - **incusso**
Indire *(anunciar, convocar)* - **indetto**
Indisporre *(indispor)* - **indisposto**
Indulgere *(perdoar)* - **indulto**
Indurre *(induzir)* - **indotto**
Infliggere *(infligir)* - **inflitto**
Infondere *(infundir)* - **infuso**
Infrangere *(infringir)* - **infranto**
Insistere *(insistir)* - **insistito**
Insorgere *(insurgir)* - **insorto**
Intendere *(entender, ter a intenção)* - **inteso**

Intercorrere *(intercorrer)* - **intercorso**
Interdire *(proibir, impedir)* - **interdetto**
Interrompere *(interromper)* - **interrotto**
Intingere *(molhar)* - **intinto**
Intridere *(ensopar)* - **intriso**
Introdurre *(introduzir)* - **introdotto**
Invadere *(invadir)* - **invaso**
Ledere *(ofender)* - **leso**
Leggere *(ler)* - **letto**
Maledire *(amaldiçoar)* - **maledetto**
Mescere *(servir líquidos)* - **mesciuto**
Mettere *(botar)* - **messo**
Mordere *(morder)* - **morso**
Morire *(morrer)* - **morto**
Mungere *(mungir, ordenhar)* - **munto**
Muovere *(mexer)* - **mosso**
Nascere *(nascer)* - **nato**
Nascondere *(esconder)* - **nascosto**
Negligere *(negligenciar)* - **negletto**
Nuocere *(prejudicar)* - **nociuto**
Occludere *(obstruir)* - **occluso**
Occorrere *(ocorrer, precisar)* - **occorso**
Offendere *(ofender)* - **offeso**
Offrire *(oferecer)* - **offerto**
Opporre *(opor)* - **opposto**
Opprimere *(oprimir)* - **oppresso**
Parere *(parecer)* - **parso**
Percorrere *(percorrer)* - **percorso**
Percuotere *(bater, espancar)* - **percosso**
Perdere *(perder)* - perduto, **perso**
Permanere *(permanecer)* - **permaso**
Persuadere *(persuadir)* - **persuaso**
Pervadere *(penetrar, inundar)* - **pervaso**
Piacere *(agradar, gostar)* - **piaciuto**
Piangere *(chorar)* - **pianto**
Porgere *(estender, dar)* - **porto**
Porre *(pôr)* - **posto**
Precludere *(impedir, fechar)* - **precluso**
Prediligere *(preferir)* - **prediletto**
Predire *(predizer)* - **predetto**
Preludere *(preceder, prenunciar)* - **preluso**

Prendere *(pegar, tomar)* - **preso**
Presumere *(presumir)* - **presunto**
Presupporre *(pressupor)* - **presupposto**
Pretendere *(pretender)* - **preteso**
Prevalere *(prevalecer)* - **prevalso**
Prevenire *(prevenir)* - **prevenuto**
Produrre *(produzir)* - **prodotto**
Promettere *(prometer)* - **promesso**
Promuovere *(promover)* - **promosso**
Proteggere *(proteger)* - **protetto**
Protrarre *(adiar)* - **protratto**
Provenire *(provir, proceder)* - **provenuto**
Pungere *(picar, espetar)* - **punto**
Raccogliere *(recolher)* - **raccolto**
Raddurre *(aduzir, reconduzir)* - **raddotto**
Radere *(barbear)* - **raso**
Raggiungere *(alcançar)* - **raggiunto**
Recidere *(cortar)* - **reciso**
Recludere *(recluir)* - **recluso**
Redigere *(redigir)* - **redatto**
Redimere *(redimir, libertar)* - **redento**
Reggere *(segurar)* - **retto**
Rendere *(devolver)* - **reso**
Repellere *(repelir)* - **repulso**
Reprimere *(reprimir)* - **represso**
Rescindere *(rescindir)* - **rescisso**
Resistere *(resistir)* - **resistito**
Respingere *(rechaçar, repelir)* - **respinto**
Restringere *(restringir, apertar)* - **ristretto**
Retrocedere *(retroceder)* - **retrocesso**
Riassumere *(resumir, reassumir)* - **riassunto**
Richiedere *(solicitar)* - **richiesto**
Ricondurre *(reconduzir)* - **ricondotto**
Riconoscere *(reconhecer)* - **riconosciuto**
Ricoprire *(recobrir)* - **ricoperto**
Ricorrere *(recorrer)* - **ricorso**
Ridere *(rir)* - **riso**
Ridire *(repetir)* - **ridetto**
Ridurre *(reduzir)* - **ridotto**
Riflettere *(refletir)* - riflettuto, **riflesso**
Rifulgere *(refulgir)* - **rifulso**

Rimanere *(ficar)* - **rimasto**
Rimettere *(repor)* - **rimesso**
Rimpiangere *(recordar com saudade)* - **rimpianto**
Rimuovere *(remover)* - **rimosso**
Rincorrere *(perseguir)* - **rincorso**
Rincrescere *(desagradar, lastimar)* - **rincresciuto**
Rinvenire *(voltar a si)* - **rinvenuto**
Riprendere *(retomar)* - **ripreso**
Riprodurre *(reproduzir)* - **riprodotto**
Riscoprire *(redescobrir)* - **riscoperto**
Riscuotere *(receber)* - **riscosso**
Risolvere *(resolver)* - **risolto**
Rispondere *(responder)* - **risposto**
Ristringere *(restringir)* - **ristretto**
Ritrarre *(retirar, retratar)* - **ritratto**
Rivolgere *(dirigir)* - **rivolto**
Rodere *(roer)* - **roso**
Rompere *(romper, quebrar)* - **rotto**
Scegliere *(escolher)* - **scelto**
Scendere *(descer)* - **sceso**
Scindere *(cindir, cortar)* - **scisso**
Sciogliere *(derreter)* - **sciolto**
Scommettere *(apostar)* - **scommesso**
Scomparire *(desaparecer)* - **scomparso**
Sconcludere *(anular)* - **sconcluso**
Sconfiggere *(derrotar)* - **sconfitto**
Sconnettere *(desconjuntar)* - **sconnesso**
Sconvolgere *(transtornar)* - **sconvolto**
Scoprire *(descobrir)* - **scoperto**
Scorgere *(avistar)* - **scorto**
Scorrere *(escorrer)* - **scorso**
Scrivere *(escrever)* - **scritto**
Scuotere *(sacudir)* - **scosso**
Sedurre *(seduzir)* - **sedotto**
Smettere *(parar)* - **smesso**
Smuovere *(remover)* - **smosso**
Soccorrere *(socorrer)* - **soccorso**
Soffriggere *(refogar)* - **soffritto**
Soggiungere *(acrescentar, dizer)* - **soggiunto**
Sommergere *(submergir)* - **sommerso**
Sommuovere *(agitar)* - **sommosso**

Sopprimere *(suprimir)* - **soppresso**
Sopravvivere *(sobreviver)* - **sopravvissuto**
Sorgere *(surgir)* - **sorto**
Sorprendere *(surpreender)* - **sorpreso**
Sorridere *(sorrir)* - **sorriso**
Sospendere *(suspender)* - **sospeso**
Sospingere *(empurrar, impelir)* - **sospinto**
Sottrarre *(subtrair)* - **sottratto**
Spandere *(derramar, espalhar)* - **spanto**
Spargere *(espalhar)* - **sparso**
Spegnere *(apagar)* - **spento**
Spendere *(gastar)* - **speso**
Spingere *(empurrar)* - **spinto**
Sporgere *(debruçar)* - **sporto**
Stendere *(estender)* - **steso**
Stingere *(desbotar)* - **stinto**
Stringere *(apertar)* - **stretto**
Struggere *(derreter)* - **strutto**
Succedere *(acontecer)* - **successo**
Supporre *(supor)* - **supposto**
Svellere *(arrancar)* - **svelto**
Svenire *(desmaiar)* - **svenuto**
Svolgere *(desenvolver, desenrolar)* - **svolto**
Tacere *(calar)* - **taciuto**
Tendere *(tender, esticar)* - **teso**
Tergere *(limpar)* - **terso**
Tingere *(tingir)* - **tinto**
Togliere *(tirar)* - **tolto**
Torcere *(torcer)* - **torto**
Tradurre *(traduzir)* - **tradotto**
Trafiggere *(transpassar)* - **trafitto**
Transigere *(transigir)* - **transatto**
Trarre *(trazer, tirar, extrair)* - **tratto**
Trascorrere *(transcorrer)* - **trascorso**
Uccidere *(matar)* - **ucciso**
Ungere *(ungir, untar)* - **unto**
Valere *(valer)* - **valso**
Vedere *(ver)* - **veduto, visto**
Venire *(vir)* - **venuto**
Vincere *(vencer)* - **vinto**
Vivere *(viver)* - **vissuto**
Volgere *(virar)* - **volto**

Terza Parte
Terceira Parte

ESSERE

INDICATIVO

Presente

Io **sono**
Tu **sei**
Lui-lei **è**
Noi **siamo**
Voi **siete**
Loro **sono**

Passato Prossimo

Io sono stato-a
Tu sei stato-a
Lui-lei è stato-a
Noi siamo stati-e
Voi siete stati-e
Loro sono stati-e

Imperfetto

Io **ero**
Tu **eri**
Lui-lei **era**
Noi **eravamo**
Voi **eravate**
Loro **erano**

Trapassato Prossimo

Io ero stato-a
Tu eri stato-a
Lui-lei era stato-a
Noi eravamo stati-e
Voi eravate stati-e
Loro erano stati-e

Passato Remoto

Io **fui**
Tu **fosti**
Lui-lei **fu**
Noi **fummo**
Voi **foste**
Loro **furono**

Trapassato Remoto

Io fui stato-a
Tu fosti stato-a
Lui-lei fu stato-a
Noi fummo stati-e
Voi foste stati-e
Loro furono stati-e

Futuro Semplice

Io **sarò**
Tu **sarai**
Lui-lei **sarà**
Noi **saremo**
Voi **sarete**
Loro **saranno**

Futuro Anteriore

Io sarò stato-a
Tu sarai stato-a
Lui-lei sarà stato-a
Noi saremo stati-e
Voi sarete stati-e
Loro saranno stati-e

CONDIZIONALE

Semplice

Io **sarei**
Tu **saresti**
Lui-lei **sarebbe**
Noi **saremmo**
Voi **sareste**
Loro **sarebbero**

Composto

Io sarei stato-a
Tu saresti stato-a
Lui-lei sarebbe stato-a
Noi saremmo stati-e
Voi sareste stati-e
Loro sarebbero stati-e

CONGIUNTIVO

Presente

Che io **sia**
Che tu **sia**
Che lui-lei **sia**
Che noi **siamo**
Che voi **siate**
Che loro **siano**

Passato

Che io sia stato-a
Che tu sia stato-a
Che lui-lei sia stato-a
Che noi siamo stati-e
Che voi siate stati-e
Che loro siano stati-e

Imperfetto

Che io **fossi**
Che tu **fossi**
Che lui-lei **fosse**
Che noi **fossimo**
Che voi **foste**
Che loro **fossero**

Trapassato

Che io fossi stato-a
Che tu fossi stato-a
Che lui-lei fosse stato-a
Che noi fossimo stati-e
Che voi foste stati-e
Che loro fossero stati-e

IMPERATIVO

Sii (tu)
Sia (Lei)
Siamo (noi)
Siate (voi)
Siano (Loro)

INFINITO

Presente	*Passato*
Essere	Essere stato-a

PARTICIPIO

Presente	*Passato*
Essente (raro)	**Stato-a**

GERUNDIO

Presente	*Passato*
Essendo	Essendo stato-a

AVERE

INDICATIVO

Presente

Io **ho**
Tu **hai**
Lui-lei **ha**
Noi **abbiamo**
Voi **avete**
Loro **hanno**

Passato Prossimo

Io ho avuto
Tu hai avuto
Lui-ha avuto
Noi abbiamo avuto
Voi avete avuto
Loro hanno avuto

Imperfetto

Io **avevo**
Tu **avevi**
Lui-lei **aveva**
Noi **avevamo**
Voi **avevate**
Loro **avevano**

Trapassato Prossimo

Io avevo avuto
Tu avevi avuto
Lui-lei aveva avuto
Noi avevamo avuto
Voi avevate avuto
Loro avevano avuto

Passato Remoto

Io **ebbi**
Tu **avesti**
Lui-lei **ebbe**
Noi **avemmo**
Voi **aveste**
Loro **ebbero**

Trapassato Remoto

Io ebbi avuto
Tu avesti avuto
Lui-lei ebbe avuto
Noi avemmo avuto
Voi aveste avuto
Loro ebbero avuto

Futuro Semplice

Io **avrò**
Tu **avrai**
Lui-lei **avrà**
Noi **avremo**
Voi **avrete**
Loro **avranno**

Futuro Anteriore

Io avrò avuto
Tu avrai avuto
Lui-lei avrà avuto
Noi avremo avuto
Voi avrete avuto
Loro avranno avuto

CONDIZIONALE

Semplice

Io **avrei**
Tu **avresti**
Lui-lei **avrebbe**
Noi **avremmo**
Voi **avreste**
Loro **avrebbero**

Composto

Io avrei avuto
Tu avresti avuto
Lui-lei avrebbe avuto
Noi avremmo avuto
Voi avreste avuto
Loro avrebbero avuto

CONGIUNTIVO

Presente

Che io **abbia**
Che tu **abbia**
Che lui-lei **abbia**
Che noi **abbiamo**
Che voi **abbiate**
Che loro **abbiano**

Passato

Che io abbia avuto
Che tu abbia avuto
Che lui-lei abbia avuto
Che noi abbiamo avuto
Che voi abbiate avuto
Che loro abbiano avuto

Imperfetto

Che io **avessi**
Che tu **avessi**
Che lui-lei **avesse**
Che noi **avessimo**
Che voi **aveste**
Che loro **avessero**

Trapassato

Che io avessi avuto
Che tu avessi avuto
Che lui-lei avesse avuto
Che noi avessimo avuto
Che voi aveste avuto
Che loro avessero avuto

IMPERATIVO

Abbi (tu)
Abbia (Lei)
Abbiamo (noi)
Abbiate (voi)
Abbiano (Loro)

INFINITO

Presente	*Passato*
Avere	Avere avuto

PARTICIPIO

Presente	*Passato*
Avente	**Avuto**

GERUNDIO

Presente	*Passato*
Avendo	Avendo avuto

1ᵃ CONIUGAZIONE: AMARE - (amato)

INDICATIVO

Presente

Io am-**o**
Tu am-**i**
Lui-lei am-**a**
Noi am-**iamo**
Voi am-**ate**
Loro am-**ano**

Passato Prossimo

Io ho amato
Tu hai amato
Lui-lei ha amato
Noi abbiamo amato
Voi avete amato
Loro hanno amato

Imperfetto

Io am-**avo**
Tu am-**avi**
Lui-lei am-**ava**
Noi am-**avamo**
Voi am-**avate**
Loro am-**avano**

Trapassato Prossimo

Io avevo amato
Tu avevi amato
Lui-lei aveva amato
Noi avevamo amato
Voi avevate amato
Loro avevano amato

Passato Remoto

Io am-**ai**
Tu am-**asti**
Lui-lei am-**ò**
Noi am-**ammo**
Voi am-**aste**
Loro am-**arono**

Trapassato Remoto

Io ebbi amato
Tu avesti amato
Lui-lei ebbe amato
Noi avemmo amato
Voi aveste amato
Loro ebbero amato

Futuro Semplice

Io am-**erò**
Tu am-**erai**
Lui-lei am-**erà**
Noi am-**eremo**
Voi am-**erete**
Loro am-**eranno**

Futuro Anteriore

Io avrò amato
Tu avrai amato
Lui-lei avrà amato
Noi avremo amato
Voi avrete amato
Loro avranno amato

CONDIZIONALE

Semplice

Io am-**erei**
Tu am-**eresti**
Lui-lei am-**erebbe**
Noi am-**eremmo**
Voi am-**ereste**
Loro am-**erebberio**

Composto

Io avrei amato
Tu avresti amato
Lui-lei avrebbe amato
Noi avremmo amato
Voi avreste amato
Loro avrebbero amato

CONGIUNTIVO

Presente

Che io am-**i**
Che tu am-**i**
Che lui-lei am-**i**
Che noi am-**iamo**
Che voi am-**iate**
Che loro am-**ino**

Passato

Che io abbia amato
Che tu abbia amato
Che lui-lei abbia amato
Che noi abbiamo amato
Che voi abbiate amato
Che loro abbiano amato

Imperfetto

Che io am-**assi**
Che tu am-**assi**
Che lui-lei am-**asse**
Che noi am-**assimo**
Che voi am-**aste**
Che loro am-**assero**

Trapassato

Che io avessi amato
Che tu avessi amato
Che lui-lei avesse amato
Che noi avessimo amato
Che voi aveste amato
Che loro avessero amato

IMPERATIVO

Am-**a** (tu)
Am-**i** (Lei)
Am-**iamo** (noi)
Am-**ate** (voi)
Am-**ino** (Loro)

INFINITO

Presente
Am-**are**

Passato
Avere amato

PARTICIPIO

Presente
Am-**ante**

Passato
Am-**ato**

GERUNDIO

Presente
Am-**ando**

Passato
Avendo amato

2ª CONIUGAZIONE: TEMERE - (temuto)

INDICATIVO

Presente

Io tem-**o**
Tu tem-**i**
Lui-lei tem-**e**
Noi tem-**iamo**
Voi tem-**ete**
Loro tem-**ono**

Passato Prossimo

Io ho temuto
Tu hai temuto
Lui-lei ha temuto
Noi abbiamo temuto
Voi avete temuto
Loro hanno temuto

Imperfetto

Io tem-**evo**
Tu tem-**evi**
Lui-lei tem-**eva**
Noi tem-**evamo**
Voi tem-**evate**
Loro tem-**evano**

Trapassato Prossimo

Io avevo temuto
Tu avevi temuto
Lui-lei aveva temuto
Noi avevamo temuto
Voi avevate temuto
Loro avevano temuto

Passato Remoto

Io tem-**ei** (o tem-**etti**)
Tu tem-**esti**
Lui-lei tem-**é** (o tem-**ette**)
Noi tem-**emmo**
Voi tem-**este**
Loro tem-**erono** (o tem-**ettero**)

Trapassato Remoto

Io ebbi temuto
Tu avesti temuto
Lui-lei ebbe temuto
Noi avemmo temuto
Voi aveste temuto
Loro ebbero temuto

Futuro Semplice

Io tem-**erò**
Tu tem-**erai**
Lui-lei tem-**erà**
Noi tem-**eremo**
Voi tem-**erete**
Loro tem-**eranno**

Futuro Anteriore

Io avrò temuto
Tu avrai temuto
Lui-lei avrà temuto
Noi avremo temuto
Voi avrete temuto
Loro avranno temuto

CONDIZIONALE

Semplice

Io tem-**erei**
Tu tem-**eresti**
Lui-lei tem-**erebbe**
Noi tem-**eremmo**
Voi tem-**ereste**
Loro tem-**erebbero**

Composto

Io avrei temuto
Tu avresti temuto
Lui-lei avrebbe temuto
Noi avremmo temuto
Voi avreste temuto
Loro avrebbero temuto

CONGIUNTIVO

Presente

Che io tem-**a**
Che tu tem-**a**
Che lui-lei tem-**a**
Che noi tem-**iamo**
Che voi tem-**iate**
Che loro tem-**ano**

Passato

Che io abbia temuto
Che tu abbia temuto
Che lui-lei abbia temuto
Che noi abbiamo temuto
Che voi abbiate temuto
Che loro abbiano temuto

Imperfetto

Che io tem-**essi**
Che tu tem-**essi**
Che lui-lei tem-**esse**
Che noi tem-**essimo**
Che voi tem-**este**
Che loro tem-**essero**

Trapassato

Che io avessi temuto
Che tu avessi temuto
Che lui-lei avesse temuto
Che noi avessimo temuto
Che voi aveste temuto
Che loro avessero temuto

IMPERATIVO

Tem-**i** (tu)
Tem-**a** (Lei)
Tem-**iamo** (noi)
Tem-**ete** (voi)
Tem-**ano** (Loro)

INFINITO

Presente	*Passato*
Tem-**ere**	Avere temuto

PARTICIPIO

Presente	*Passato*
Tem-**ente**	Tem-**uto**

GERUNDIO

Presente	*Passato*
Tem-**endo**	Avendo temuto

3ª CONIUGAZIONE: SENTIRE - (sentito)
1º gruppo

INDICATIVO

Presente

Io sent-**o**
Tu sent-**i**
Lui-lei sent-**e**
Noi sent-**iamo**
Voi sent-**ite**
Loro sent-**ono**

Passato Prossimo

Io ho sentito
Tu hai sentito
Lui-lei ha sentito
Noi abbiamo sentito
Voi avete sentito
Loro hanno sentito

Imperfetto

Io sent-**ivo**
Tu sent-**ivi**
Lui-lei sent-**iva**
Noi sent-**ivamo**
Voi sent-**ivate**
Loro sent-**ivano**

Trapassato Prossimo

Io avevo sentito
Tu avevi sentito
Lui-lei aveva sentito
Noi avevamo sentito
Voi avevate sentito
Loro avevano sentito

Passato Remoto

Io sent-**ii**
Tu sent-**isti**
Lui-lei sent-**ì**
Noi sent-**immo**
Voi sent-**iste**
Loro sent-**irono**

Trapassato Remoto

Io ebbi sentito
Tu avesti sentito
Lui-lei ebbe sentito
Noi avemmo sentito
Voi aveste sentito
Loro ebbero sentito

Futuro Semplice

Io sent-**irò**
Tu sent-**irai**
Lui-lei sent-**irà**
Noi sent-**iremo**
Voi sent-**irete**
Loro sent-**iranno**

Futuro Anteriore

Io avrò sentito
Tu avrai sentito
Lui-lei avrà sentito
Noi avremo sentito
Voi avrete sentito
Loro avranno sentito

CONDIZIONALE

Semplice

Io sent-**irei**
Tu sent-**iresti**
Lui-lei sent-**irebbe**
Noi sent-**iremmo**
Voi sent-**ireste**
Loro sent-**irebbero**

Composto

Io avrei sentito
Tu avresti sentito
Lui-lei avrebbe sentito
Noi avremmo sentito
Voi avreste sentito
Loro avrebbero sentito

CONGIUNTIVO

Presente

Che io sent-**a**
Che tu sent-**a**
Che lui-lei sent-**a**
Che noi sent-**iamo**
Che voi sent-**iate**
Che loro sent-**ano**

Passato

Che io abbia sentito
Che tu abbia sentito
Che lui-lei abbia sentito
Che noi abbiamo sentito
Che voi abbiate sentito
Che loro abbiano sentito

Imperfetto

Che io sent-**issi**
Che tu sent-**issi**
Che lui-lei sent-**isse**
Che noi sent-**issimo**
Che voi sent-**iste**
Che loro sent-**issero**

Trapassato

Che io avessi sentito
Che tu avessi sentito
Che lui-lei avesse sentito
Che noi avessimo sentito
Che voi aveste sentito
Che loro avessero sentito

IMPERATIVO

Sent-**i** (tu)
Sent-**a** (Lei)
Sent-**iamo** (noi)
Sent-**ite** (voi)
Sent-**ano** (Loro)

INFINITO

Presente　**Passato**
Sent-**ire**　Avere sentito

PARTICIPIO

Presente　**Passato**
Sent-**ente**　Sent-**ito**

GERUNDIO

Presente　**Passato**
Sent-**endo**　Avendo sentito

3ª CONIUGAZIONE: PUNIRE - (punito)
2º gruppo

INDICATIVO

Presente

Io pun-isc-**o**
Tu pun-isc-**i**
Lui-lei pun-isc-**e**
Noi pun-**iamo**
Voi pun-**ite**
Loro pun-isc-**ono**

CONGIUNTIVO

Presente

Che io pun-isc-**a**
Che tu pun-isc-**a**
Che lui-lei pun-isc-**a**
Che noi pun-**iamo**
Che voi pun-**iate**
Che loro pun-isc-**ano**

IMPERATIVO

Pun-isc-**i** (tu)
Pun-isc-**a** (Lei)
Pun-**iamo** (noi)
Pun-**ite** (voi)
Pun-isc-**ano** (Loro)

GIOCARE

INDICATIVO
Presente

Tu gioc-h-**i**
Noi gioc-h-**iamo**

Futuro Semplice

Io gioc-h-**erò**
Tu gioc-h-**erai**
Lui-lei gioc-h-**erà**
Noi gioc-h-**eremo**
Voi gioc-h-**erete**
Loro gioc-h-**eranno**

CONDIZIONALE
Semplice

Io gioc-h-**erei**
Tu gioc-h-**eresti**
Lui-lei gioc-h-**erebbe**
Noi gioc-h-**eremmo**
Voi gioc-h-**ereste**
Loro gioc-h-**erebbero**

CONGIUNTIVO
Presente

Che io gioc-h-**i**
Che tu gioc-h-**i**
Che lui-lei gioc-h-**i**
Che noi gioc-h-**iamo**
Che voi gioc-h-**iate**
Che loro gioc-h-**ino**

IMPERATIVO

Gioc-h-**i** (Lei)
Gioc-h-**iamo** (noi)
Gioc-h-**ino** (Loro)

PAGARE

Presente

Tu pag-h-**i**
Noi pag-h-**iamo**

Futuro Semplice

Io pag-h-**erò**
Tu pag-h-**erai**
Lui-lei pag-h-**erà**
Noi pag-h-**eremo**
Voi pag-h-**erete**
Loro pag-h-**eranno**

Composto

Io pag-h-**erei**
Tu pag-h-**eresti**
Lui-lei pag-h-**erebbe**
Noi pag-h-**eremmo**
Voi pag-h-**ereste**
Loro pag-h-**erebbero**

Presente

Che io pag-h-**i**
Che tu pag-h-**i**
Che lui-lei pag-h-**i**
Che noi pag-h-**iamo**
Che voi pag-h-**iate**
Che loro pag-h-**ino**

Pag-h-**i** (Lei)
Pag-h-**iamo** (noi)
Pag-h-**ino** (Loro)

COMINCIARE

INDICATIVO

Presente

Io cominci-**o**
Tu cominc-**i**
Lui-lei cominci-**a**
Noi cominc-**iamo**
Voi cominci-**ate**
Loro cominci-**ano**

Futuro Semplice

Io cominc-**erò**
Tu cominc-**erai**
Lui-lei cominc-**erà**
Noi cominc-**eremo**
Voi cominc-**erete**
Loro cominc-**eranno**

CONDIZIONALE

Semplice

Io cominc-**erei**
Tu cominc-**eresti**
Lui-lei cominc-**erebbe**
Noi cominc-**eremmo**
Voi cominc-**ereste**
Loro cominc-**erebbero**

CONGIUNTIVO

Presente

Che io cominc-**i**
Che tu cominc-**i**
Che lui-lei cominc-**i**
Che noi cominc-**iamo**
Che voi cominc-**iate**
Che loro cominc-**ino**

IMPERATIVO

Cominci-**a** (tu)
Cominc-**i** (Lei)
Cominc-**iamo** (noi)
Cominci-**ate** (voi)
Cominc-**ino** (Loro)

MANGIARE

INDICATIVO

Presente

Io mangi-**o**
Tu mang-**i**
Lui-lei mangi-**a**
Noi mang-**iamo**
Voi mangi-**ate**
Loro mangi-**ano**

Futuro Semplice

Io mang-**erò**
Tu mang-**erai**
Lui-lei mang-**erà**
Noi mang-**eremo**
Voi mang-**erete**
Loro mang-**eranno**

CONDIZIONALE

Semplice

Io mang-**erei**
Tu mang-**eresti**
Lui-lei mang-**erebbe**
Noi mang-**eremmo**
Voi mang-**ereste**
Loro mang-**erebbero**

CONGIUNTIVO

Presente

Che io mang-**i**
Che tu mang-**i**
Che lui-lei mang-**i**
Che noi mang-**iamo**
Che voi mang-**iate**
Che loro mang-**ino**

IMPERATIVO

Mangi-**a** (tu)
Mang-**i** (Lei)
Mang-**iamo** (noi)
Mangi-**ate** (voi)
Mang-**ino** (Loro)

LASCIARE

INDICATIVO

Presente

Io lasci-**o**
Tu lasc-**i**
Lui-lei lasci-**a**
Noi lasc-**iamo**
Voi lasci-**ate**
Loro lasci-**ano**

Futuro Semplice

Io lasc-**erò**
Tu lasc-**erai**
Lui-lei lasc-**erà**
Noi lasc-**eremo**
Voi lasc-**erete**
Loro lasc-**eranno**

CONDIZIONALE

Semplice

Io lasc-**erei**
Tu lasc-**eresti**
Lui-lei lasc-**erebbe**
Noi lasc-**eremmo**
Voi lasc-**ereste**
Loro lasc-**erebbero**

CONGIUNTIVO

Presente

Che io lasc-**i**
Che tu lasc-**i**
Che lui-lei lasc-**i**
Che noi lasc-**iamo**
Che voi lasc-**iate**
Che loro lasc-**ino**

IMPERATIVO

Lasci-**a** (tu)
Lasc-**i** (Lei)
Lasc-**iamo** (noi)
Lasci-**ate** (voi)
Lasc-**ino** (Loro)

INVIARE

INDICATIVO
Presente

Io invi-**o**
Tu invi-**i**
Lui-lei invi-**a**
Noi inv-**iamo**
Voi invi-**ate**
Loro invi-**ano**

CONGIUNTIVO
Presente

Che io invi-**i**
Che tu invi-**i**
Che lui-lei invi-**i**
Che noi inv-**iamo**
Che voi inv-**iate**
Che loro invi-**ino**

IMPERATIVO

Invi-**a** (tu)
Invi-**i** (Lei)
Inv-**iamo** (noi)
Invi-**ate** (voi)
Invi-**ino** (Loro)

STUDIARE

Presente

Io studi-**o**
Tu stud-**i**
Lui-lei studi-**a**
Noi stud-**iamo**
Voi studi-**ate**
Loro studi-**ano**

Presente

Che io stud-**i**
Che tu stud-**i**
Che lui-lei stud-**i**
Che noi stud-**iamo**
Che voi stud-**iate**
Che loro stud-**ino**

Studi-**a** (tu)
Stud-**i** (Lei)
Stud-**iamo** (noi)
Studi-**ate** (voi)
Stud-**ino** (Loro)

FORMA PASSIVA DI: AMARE

- (Nelle 3 Coniugazioni la Forma Passiva è uguale, basta, perciò, dare un solo esempio.)
- (Nas 3 Conjugações a Forma Passiva é igual, basta, portanto, dar um só exemplo.)

INDICATIVO

Presente

Io sono amato-a
Tu sei amato-a
Lui-lei è amato-a
Noi siamo amati-e
Voi siete amati-e
Loro sono amati-e

Passato Prossimo

Io sono stato-a amato-a
Tu sei stato-a amato-a
Lui-lei è stato-a amato-a
Noi siamo stati-e amati-e
Voi siete stati-e amati-e
Loro sono stati-e amati-e

Imperfetto

Io ero amato-a
Tu eri amato-a
Lui-lei era amato-a
Noi eravamo amati-e
Voi eravate amati-e
Loro erano amati-e

Trapassato Prossimo

Io ero stato-a amato-a
Tu eri stato-a amato-a
Lui-lei era stato-a amato-a
Noi eravamo stati-e amati-e
Voi eravate stati-e amati-e
Loro erano stati-e amati-e

Passato Remoto

Io fui amato-a
Tu fosti amato-a
Lui-lei fu amato-a
Noi fummo amati-e
Voi foste amati-e
Loro furono amati-e

Trapassato Remoto

Io fui stato-a amato-a
Tu fosti stato-a amato-a
Lui-lei fu stato-a amato-a
Noi fummo stati-e amati-e
Voi foste stati-e amati-e
Loro furono stati-e amati-e

Futuro Semplice

Io sarò amato-a
Tu sarai amato-a
Lui-lei sarà amato-a
Noi saremo amati-e
Voi sarete amati-e
Loro saranno amati-e

Futuro Anteriore

Io sarò stato-a amato-a
Tu sarai stato-a amato-a
Lui-lei sarà stato-a amato-a
Noi saremo stati-e amati-e
Voi sarete stati-e amati-e
Loro saranno stati-e amati-e

CONDIZIONALE

Semplice

Io sarei amato-a
Tu saresti amato-a
Lui-lei sarebbe amato-a
Noi saremmo amati-e
Voi sareste amati-e
Loro sarebbero amati-e

Composto

Io sarei stato-a amato-a
Tu saresti stato-a amato-a
Lui-lei sarebbe stato-a amato-a
Noi saremmo stati-e amati-e
Voi sareste stati-e amati-e
Loro sarebbero stati-e amati-e

CONGIUNTIVO

Presente

Che io sia amato-a
Che tu sia amato-a
Che lui-lei sia amato-a
Che noi siamo amati-e
Che voi siate amati-e
Che loro siano amati-e

Passato

Che io sia stato-a amato-a
Che tu sia stato-a amato-a
Che lui-lei sia stato-a amato-a
Che noi siamo stati-e amati-e
Che voi siate stati-e amati-e
Che loro siano stati-e amati-e

Imperfetto

Che io fossi amato-a
Che tu fossi amato-a
Che lui-lei fosse amato-a
Che noi fossimo amati-e
Che voi foste amati-e
Che loro fossero amati-e

Trapassato

Che io fossi stato-a amato-a
Che tu fossi stato-a amato-a
Che lui-lei fosse stato-a amato-a
Che noi fossimo stati-e amati-e
Che voi foste stati-e amati-e
Che loro fossero stati-e amati-e

IMPERATIVO

Sii amato-a
Sia amato-a
Siamo amati-e
Siate amati-e
Siano amati-e

INFINITO

Presente
Essere amato-a

Passato
Essere stato-a amato-a

PARTICIPIO

Passato
(Stato-a amato-a)

GERUNDIO

Presente
Essendo amato-a

Passato
Essendo stato-a amato-a

FORMA RIFLESSIVA: LAVARSI

INDICATIVO

Presente

Io **mi** lavo
Tu **ti** lavi
Lui-lei **si** lava
Noi **ci** laviamo
Voi **vi** lavate
Loro **si** lavano

Passato Prossimo

Io **mi** sono lavato-a
Tu **ti** sei lavato-a
Lui-lei **si** è lavato-a
Noi **ci** siamo lavati-e
Voi **vi** siete lavati-e
Loro **si** sono lavati-e

Imperfetto

Io **mi** lavavo
Tu **ti** lavavi
Lui-lei **si** lavava
Noi **ci** lavavamo
Voi **vi** lavavate
Loro **si** lavavano

Trapassato Prossimo

Io **mi** ero lavato-a
Tu **ti** eri lavato-a
Lui-lei **si** era lavato-a
Noi **ci** eravamo lavati-e
Voi **vi** eravate lavati-e
Loro **si** erano lavati-e

Passato Remoto

Io **mi** lavai
Tu **ti** lavasti
Lui-lei **si** lavò
Noi **ci** lavammo
Voi **vi** lavaste
Loro **si** lavarono

Trapassato Remoto

Io **mi** fui lavato-a
Tu **ti** fosti lavato-a
Lui-lei **si** fu lavato-a
Noi **ci** fummo lavati-e
Voi **vi** foste lavati-e
Loro **si** furono lavati-e

Futuro Semplice

Io **mi** laverò
Tu **ti** laverai
Lui-lei **si** laverà
Noi **ci** laveremo
Voi **vi** laverete
Loro **si** laveranno

Futuro Anteriore

Io **mi** sarò lavato-a
Tu **ti** sarai lavato-a
Lui-lei **si** sarà lavato-a
Noi **ci** saremo lavati-e
Voi **vi** sarete lavati-e
Loro **si** saranno lavati-e

CONDIZIONALE

Semplice

Io **mi** laverei
Tu **ti** laveresti
Lui-lei **si** laverebbe
Noi **ci** laveremmo
Voi **vi** lavereste
Loro **si** laverebbero

Composto

Io **mi** sarei lavato-a
Tu **ti** saresti lavato-a
Lui-lei **si** sarebbe lavato-a
Noi **ci** saremmo lavati-e
Voi **vi** sareste lavati-e
Loro **si** sarebbero lavati-e

CONGIUNTIVO

Presente

Che io **mi** lavi
Che tu **ti** lavi
Che lui-lei **si** lavi
Che noi **ci** laviamo
Che voi **vi** laviate
Che loro **si** lavino

Passato

Che io **mi** sia lavato-a
Che tu **ti** sia lavato-a
Che lui-lei **si** sia lavato-a
Che noi **ci** siamo lavati-e
Che voi **vi** siate lavati-e
Che loro **si** siano lavati-e

Imperfetto

Che io **mi** lavassi
Che tu **ti** lavassi
Che lui-lei **si** lavasse
Che noi **ci** lavassimo
Che voi **vi** lavaste
Che loro **si** lavassero

Trapassato

Che io **mi** fossi lavato-a
Che tu **ti** fossi lavato-a
Che lui-lei **si** fosse lavato-a
Che noi **ci** fossimo lavati-e
Che voi **vi** foste lavati-e
Che loro **si** fossero lavati-e

IMPERATIVO

Lava**ti** (tu)
Si lavi (Lei)
Laviamo**ci** (noi)
Lavate**vi** (voi)
Si lavino (Loro)

INFINITO

Presente
Lavar**si**

(lavar**mi**, lavar**ti**, lavar**si**
lavar**ci**, lavar**vi**, lavar**si**)

Passato
Esser**si** lavato-a

(esser**mi** lavato-a, esser**ti** lavato-a, esser**si** lavato-a, esser**ci** lavati-e, esser**vi** lavati-e, esser**si** lavati-e)

PARTICIPIO

Presente
Lavante**si**

Passato
Lavato**si**, Lavata**si**
(lavato**mi**, lavato**ti**, lavati**ci**,
lavati**vi**, lavati**si**.
Lavata**mi**, lavata**ti**, lavate**ci**,
lavate**vi**, lavate**si**)

GERUNDIO

Presente
Lavando**si**

(lavando**mi**, lavando**ti**,
lavando**ci**, lavando**vi**,
lavando**si**)

Passato
Essendo**si** lavato-a

(essendo**mi** lavato-a, essendo**ti** lavato-a, essendo**ci** lavati-e, essendo**vi** lavati-e, essendo**si** lavati-e)

SCHEMA RIASSUNTIVO DELLE DESINENZE DELLE 3 CONIUGAZIONI

1ª *amare*	2ª *temere*	3ª *sentire* (1º gruppo)	*punire* (2º gruppo)

INDICATIVO

Presente

Am-**o**	Tem-**o**	Sent-**o**	Pun-isc-**o**
-**i**	-**i**	-**i**	-isc-**i**
-**a**	-**e**	-**e**	-isc-**e**
-**iamo**	-**iamo**	-**iamo**	-**iamo**
-**ate**	-**ete**	-**ite**	-**ite**
-**ano**	-**ono**	-**ono**	-isc-**ono**

Imperfetto

Am-**avo**	Tem-**evo**	Sent-**ivo**	Pun-**ivo**
-**avi**	-**evi**	-**ivi**	-**ivi**
-**ava**	-**eva**	-**iva**	-**iva**
-**avamo**	-**evamo**	-**ivamo**	-**ivamo**
-**avate**	-**evate**	-**ivate**	-**ivate**
-**avano**	-**evano**	-**ivano**	-**ivano**

Futuro Semplice

Am-**erò**	Tem-**erò**	Sent-**irò**	Pun-**irò**
-**erai**	-**erai**	-**irai**	-**irai**
-**erà**	-**erà**	-**irà**	-**irà**
-**eremo**	-**eremo**	-**iremo**	-**iremo**
-**erete**	-**erete**	-**irete**	-**irete**
-**eranno**	-**eranno**	-**iranno**	-**iranno**

Passato Remoto

Am-**ai**	Tem-**ei** (-**etti**)	Sent-**ii**	Pun-**ii**
-**asti**	-**esti**	-**isti**	-**isti**
-**ò**	-**é** (-**ette**)	-**ì**	-**ì**
-**ammo**	-**emmo**	-**immo**	-**immo**
-**aste**	-**este**	-**isti**	-**iste**
-**arono**	-**ereno** (-**ettero**)	-**irono**	-**irono**

CONDIZIONALE

Semplice

Am-**erei**	Tem-**erei**	Sent-**irei**	Pun-**irei**
-**eresti**	-**eresti**	-**iresti**	-**iresti**
-**erebbe**	-**erebbe**	-**irebbe**	-**irebbe**
-**eremmo**	-**eremmo**	-**iremmo**	-**iremmo**
-**ereste**	-**ereste**	-**ireste**	-**ireste**
-**erebbero**	-**erebbero**	-**irebbero**	-**irebbero**

CONGIUNTIVO

Presente

Am-**i**	Tem-**a**	Sent-**a**	Pun-isc-**a**
-**i**	-**a**	-**a**	-isc-**a**
-**i**	-**a**	-**a**	-isc-**a**
-**iamo**	-**iamo**	-**iamo**	-**iamo**
-**iate**	-**iate**	-**iate**	-**iate**
-**ino**	-**ano**	-**ano**	-isc-**ano**

CONGIUNTIVO

Imperfetto

Am-**assi**	Tem-**essi**	Sent-**issi**	Pun-**issi**
-**assi**	-**essi**	-**issi**	-**issi**
-**asse**	-**esse**	-**isse**	-**isse**
-**assimo**	-**essimo**	-**issimo**	-**issimo**
-**aste**	-**este**	-**iste**	-**iste**
-**assero**	-**essero**	-**issero**	-**issero**

IMPERATIVO

—	—	—	—
Am-**a**	Tem-**i**	Sent-**i**	Pun-isc-**i**
-**i**	-**a**	-**a**	-isc-**a**
-**iamo**	-**iamo**	-**iamo**	-**iamo**
-**ate**	-**ete**	-**ite**	-**ite**
-**ino**	-**ano**	-**ano**	-isc-**ano**

PARTICIPIO

Presente
Am-**ante/i**	Tem-**ente/i**	Sent-**ente/i**	Pun-**ente/i**

Passato
Am-**ato/i**	Tem-**uto/i**	Sent-**ito/i**	Pun-**ito/i**
-**ata/e**	-**uta/e**	-**ita/e**	-**ita/e**

GERUNDIO

Presente
Am-**ando**	Tem-**endo**	Sent-**endo**	Pun-**endo**

QUADRO GENERALE DEI MODI E DEI TEMPI

Modi Finiti

MODO	TEMPO		
	Presente	*Passato*	*Futuro*
INDICATIVO	Presente	Imperfetto P. Prossimo P. Remoto Trap. Prossimo Trap. Remoto	Fut. Semplice Fut. Anteriore
CONDIZIONALE	Semplice	Composto	
CONGIUNTIVO	Presente	Passato Imperfetto Trapassato	
IMPERATIVO	Presente		

Modi Indefiniti

MODO	TEMPO		
	Presente	*Passato*	*Futuro*
INFINITO	Presente	Passato	
PARTICIPIO	Presente	Passato	
GERUNDIO	Presente	Passato	

ELENCO GENERALE DEI VERBI
ELENCO GERAL DOS VERBOS

A

ABBELLIRE come *PUNIRE* **240**
ABBONIRE come *PUNIRE* **240**
ABBRUSTOLIRE come *PUNIRE* **240**
ABBRUTIRE come *PUNIRE* **240**
ABOLIRE come *PUNIRE* **240**
ACCADERE **154**
ACCENDERE **169**
ACCLUDERE **170**
ACCOGLIERE come *COGLIERE* **174**
ACCONSENTIRE come *SENTIRE* **238**
ACCORGERSI **170**
ACCORRERE come *CORRERE* **177**
ACCRESCERE come *CRESCERE* **178**
ACCUDIRE come *PUNIRE* **240**
ADDURRE come *TRADURRE* **212**
ADERIRE come *PUNIRE* **240**
ADIBIRE come *PUNIRE* **240**
ADIRE come *PUNIRE* **240**
AFFIGGERE come *FIGGERE* **185**
AFFLIGGERE come *FIGGERE* **185**
AFFLUIRE come *PUNIRE* **240**
AGGIUNGERE come *GIUNGERE* **186**
AGGREDIRE come *PUNIRE* **240**
AGIRE come *PUNIRE* **240**
ALLEGGERIRE come *PUNIRE* **240**
ALLUDERE **171**
AMARE **234**
AMARE (F. Passiva) **246**
AMMETTERE come *METTERE* **189**
AMMONIRE come *PUNIRE* **240**
AMMORBIDIRE come *PUNIRE* **240**
ANDARE **150**
ANNETTERE **171**
ANTEPORRE come *PORRE* **211**

APPARIRE   *214*
APPARTENERE   *155*
APPASSIRE come PUNIRE   *240*
APPENDERE   *171*
APPESANTIRE come PUNIRE   *240*
APPRENDERE come PRENDERE   *194*
APRIRE   *215*
ARDERE   *171*
ARDIRE come PUNIRE   *240*
ARRICCHIRE come PUNIRE   *240*
ARROSSIRE come PUNIRE   *240*
ARROSTIRE come PUNIRE   *240*
ARRUGGINIRE come PUNIRE   *240*
ASPERGERE   *172*
ASSALIRE   *215*
ASSENTIRE come SENTIRE   *238*
ASSERIRE come PUNIRE   *240*
ASSISTERE   *172*
ASSOLVERE   *172*
ASSOPIRE come PUNIRE   *240*
ASSORBIRE   *215*
ASSUEFARE come FARE   *153*
ASSUMERE   *172*
ASTRARRE come TRARRE   *210*
ATTENDERE   *172*
ATTERRIRE come PUNIRE   *240*
ATTINGERE   *173*
ATTRARRE come TRARRE   *210*
ATTRIBUIRE come PUNIRE   *240*
ATTUTIRE come PUNIRE   *240*
AVERE   *232*
AVVENIRE come VENIRE   *219*
AVVERTIRE come SENTIRE   *238*
AVVINCERE come VINCERE   *208*
AVVIZZIRE come PUNIRE   *240*
AVVOLGERE come VOLGERE   *209*

B

BANDIRE come PUNIRE   *240*
BENEDIRE   *214*
BERE   *156*
BOLLIRE come SENTIRE   *238*

C

CADERE **156**
CAPIRE come *PUNIRE* **240**
CHIARIRE come *PUNIRE* **240**
CHIEDERE **173**
CHIUDERE **173**
CINGERE **174**
COGLIERE **174**
COINCIDERE **174**
COLLUDERE come *ALLUDERE* **171**
COLPIRE come *PUNIRE* **240**
COMINCIARE **242**
COMMETTERE come *METTERE* **189**
COMMUOVERE come *MUOVERE* **190**
COMPARIRE come *APPARIRE* **214**
COMPATIRE come *PUNIRE* **240**
COMPIACERE come *PIACERE* **162**
COMPIANGERE come *PIANGERE* **193**
COMPIERE come *COMPIRE* **216**
COMPIRE (o *COMPIERE*) **216**
COMPORRE come *PORRE* **211**
COMPRENDERE come *PRENDERE* **194**
COMPRIMERE **175**
CONCEDERE **175**
CONCEPIRE come *PUNIRE* **240**
CONCLUDERE come *ACCLUDERE* **170**
CONCORRERE come *CORRERE* **177**
CONDIRE come *PUNIRE* **240**
CONDOLERSI come *DOLERSI* **158**
CONDURRE come *TRADURRE* **212**
CONFERIRE come *PUNIRE* **240**
CONFIGGERE come *FIGGERE* **185**
CONFONDERE come *FONDERE* **185**
CONGIUNGERE come *GIUNGERE* **186**
CONNETTERE come *ANNETTERE* **171**
CONOSCERE **176**
CONSEGUIRE come *SENTIRE* **238**
CONSENTIRE come *SENTIRE* **238**
CONSISTERE **176**
CONTENDERE come *TENDERE* **206**

CONTRADDIRE come *DIRE* **213**
CONTRAFFARE come *FARE* **153**
CONTRARRE come *TRARRE* **210**
CONTRIBUIRE come *PUNIRE* **240**
CONTUNDERE **176**
CONVENIRE come *VENIRE* **219**
CONVERGERE **176**
CONVERTIRE come *SENTIRE* **238**
CONVINCERE come *VINCERE* **208**
CONVIVERE come *VIVERE* **208**
COPRIRE come *APRIRE* **215**
CORREGGERE **177**
CORRERE **177**
CORROMPERE come *ROMPERE* **199**
COSPERGERE come *ASPERGERE* **172**
COSTITUIRE come *PUNIRE* **240**
COSTRINGERE **177**
COSTRUIRE come *PUNIRE* **240**
CRESCERE **178**
CROCIFIGGERE come *FIGGERE* **185**
CUOCERE **178**
CUSTODIRE come *PUNIRE* **240**

D

DARE **151**
DECADERE come *CADERE* **156**
DECIDERE **179**
DECORRERE come *CORRERE* **177**
DECRESCERE come *CRESCERE* **178**
DEDURRE come *TRADURRE* **212**
DEFERIRE come *PUNIRE* **240**
DEFINIRE come *PUNIRE* **240**
DEGLUTIRE come *PUNIRE* **240**
DELUDERE come *ALLUDERE* **171**
DEMOLIRE come *PUNIRE* **240**
DEPERIRE come *PUNIRE* **240**
DEPORRE come *PORRE* **211**
DEPRIMERE come *COMPRIMERE* **175**
DERIDERE come *RIDERE* **197**

DESCRIVERE come *SCRIVERE*   **201**
DESISTERE come *ESISTERE*   **183**
DESUMERE come *ASSUMERE*   **172**
DETERGERE come *TERGERE*   **206**
DETRARRE come *TRARRE*   **210**
DEVOLVERE   **179**
DIFENDERE   **180**
DIFFERIRE come *PUNIRE*   **240**
DIFFONDERE come *FONDERE*   **185**
DIGERIRE come *PUNIRE*   **240**
DILUIRE come *PUNIRE*   **240**
DIMAGRIRE come *PUNIRE*   **240**
DIMINUIRE come *PUNIRE*   **240**
DIPENDERE come *APPENDERE*   **171**
DIPINGERE   **180**
DIRE   **213**
DIRIGERE   **180**
DISCENDERE come *SCENDERE*   **200**
DISCIOGLIERE come *SCIOGLIERE*   **200**
DISCONOSCERE come *CONOSCERE*   **176**
DISCORRERE come *CORRERE*   **177**
DISCUTERE   **181**
DISDIRE come *DIRE*   **213**
DISFARE come *FARE*   **153**
DISILLUDERE come *ALLUDERE*   **171**
DISOBBEDIRE come *PUNIRE*   **240**
DISPARIRE come *APPARIRE*   **214**
DISPERDERE come *PERDERE*   **192**
DISPIACERE   **157**
DISPORRE come *PORRE*   **211**
DISSENTIRE come *SENTIRE*   **238**
DISSOLVERE   **181**
DISSUADERE come *PERSUADERE*   **161**
DISTENDERE come *TENDERE*   **206**
DISTINGUERE   **181**
DISTOGLIERE come *TOGLIERE*   **207**
DISTRARRE come *TRARRE*   **210**
DISTRIBUIRE come *PUNIRE*   **240**
DISTRUGGERE come *STRUGGERE*   **205**
DISUBBIDIRE come *PUNIRE*   **240**
DIVENIRE come *VENIRE*   **219**

DIVERGERE come *CONVERGERE*   **176**
DIVERTIRE come *SENTIRE*   **238**
DIVIDERE   **182**
DOLERSI   **158**
DORMIRE come *SENTIRE*   **238**
DOVERE   **158**

E

ECCELLERE   **182**
ELEGGERE come *LEGGERE*   **189**
ELUDERE come *ALLUDERE*   **171**
EMERGERE   **182**
EMPIRE (o EMPIERE) come *COMPIRE*   **216**
EQUIVALERE come *VALERE*   **167**
ERGERE   **183**
ERIGERE   **183**
ERUDIRE come *PUNIRE*   **240**
ESAUDIRE come *PUNIRE*   **240**
ESAURIRE come *PUNIRE*   **240**
ESCLUDERE come *ACCLUDERE*   **170**
ESIBIRE come *PUNIRE*   **240**
ESIGERE   **183**
ESISTERE   **183**
ESORDIRE come *PUNIRE*   **240**
ESPANDERE come *SPANDERE*   **203**
ESPELLERE   **183**
ESPLODERE   **184**
ESPORRE come *PORRE*   **211**
ESPRIMERE come *COMPRIMERE*   **175**
ESSERE   **230**
ESTENDERE come *TENDERE*   **206**
ESTINGUERE come *DISTINGUERE*   **181**
ESTRARRE come *TRARRE*   **210**
EVADERE   **184**

F

FALLIRE come *PUNIRE*   **240**
FARCIRE come *PUNIRE*   **240**
FARE   **153**
FAVORIRE come *PUNIRE*   **240**

FENDERE   *184*
FERIRE come PUNIRE   *240*
FIGGERE   *185*
FINGERE   *185*
FINIRE come PUNIRE   *240*
FIORIRE come PUNIRE   *240*
FLETTERE   *185*
FLUIRE come PUNIRE   *240*
FONDERE   *185*
FORNIRE come PUNIRE   *240*
FRANGERE   *185*
FRIGGERE   *186*
FUNGERE   *186*

G

GARANTIRE come PUNIRE   *240*
GIACERE   *159*
GIOCARE   *241*
GIOIRE come PUNIRE   *240*
GIUNGERE   *186*
GODERE   *160*
GRADIRE come PUNIRE   *240*
GRUGNIRE come PUNIRE   *240*
GUARIRE come PUNIRE   *240*
GUARNIRE come PUNIRE   *240*

I

ILLUDERE come ALLUDERE   *171*
IMBASTIRE come PUNIRE   *240*
IMBELLIRE come PUNIRE   *240*
IMBEVERE come BERE   *156*
IMBOTTIRE come PUNIRE   *240*
IMBRUTIRE come PUNIRE   *240*
IMBRUTTIRE come PUNIRE   *240*
IMMERGERE come EMERGERE   *182*
IMPALLIDIRE come PUNIRE   *240*
IMPAURIRE come PUNIRE   *240*
IMPAZZIRE come PUNIRE   *240*
IMPEDIRE come PUNIRE   *240*

IMPELLERE come *ESPELLERE* **183**
IMPIETOSIRE come *PUNIRE* **240**
IMPORRE come *PORRE* **211**
IMPOVERIRE come *PUNIRE* **240**
IMPRIMERE come *COMPRIMERE* **175**
INCIDERE come *DECIDERE* **179**
INCLUDERE come *ACCLUDERE* **170**
INCOGLIERE come *COGLIERE* **174**
INCORRERE come *CORRERE* **177**
INCURIOSIRE come *PUNIRE* **240**
INCUTERE **187**
INDIRE come *DIRE* **213**
INDISPORRE come *PORRE* **211**
INDULGERE **187**
INDURIRE come *PUNIRE* **240**
INDURRE come *TRADURRE* **212**
INFASTIDIRE come *PUNIRE* **240**
INFIERIRE come *PUNIRE* **240**
INFLIGGERE come *FIGGERE* **185**
INFLUIRE come *PUNIRE* **240**
INFONDERE come *FONDERE* **185**
INFRANGERE come *FRANGERE* **185**
INGERIRE come *PUNIRE* **240**
INGRANDIRE come *PUNIRE* **240**
INIBIRE come *PUNIRE* **240**
INORRIDIRE come *PUNIRE* **240**
INSEGUIRE come *SENTIRE* **238**
INSERIRE come *PUNIRE* **240**
INSISTERE **188**
INSORDIRE come *PUNIRE* **240**
INSORGERE come *SORGERE* **202**
INTENDERE come *TENDERE* **206**
INTERCORRERE come *CORRERE* **177**
INTERDIRE come *DIRE* **213**
INTERFERIRE come *PUNIRE* **240**
INTERROMPERE come *ROMPERE* **199**
INTIMIDIRE come *PUNIRE* **240**
INTINGERE come *TINGERE* **207**
INTRIDERE **187**
INTRODURRE come *TRADURRE* **212**
INTUIRE come *PUNIRE* **240**

INUMIDIRE come *PUNIRE* **240**
INVADERE **188**
INVEIRE come *PUNIRE* **240**
INVERTIRE come *SENTIRE* **238**
INVESTIRE come *SENTIRE* **238**
INVIARE **245**
IRRIGIDIRE come *PUNIRE* **240**
ISTITUIRE come *PUNIRE* **240**
ISTRUIRE come *PUNIRE* **240**
ISTUPIDIRE come *PUNIRE* **240**

L

LAMBIRE come *PUNIRE* **240**
LASCIARE **244**
LAVARSI (F. Riflessiva) **249**
LEDERE **188**
LEGGERE **189**
LIQUEFARE come *FARE* **153**

M

MALEDIRE come *BENEDIRE* **214**
MANGIARE **243**
MANSUEFARE come *FARE* **153**
MANTENERE come *TENERE* **167**
MARCIRE come *PUNIRE* **240**
MESCERE **189**
METTERE **189**
MORDERE **189**
MORIRE **217**
MUFFIRE come *PUNIRE* **240**
MUNGERE **189**
MUNIRE come *PUNIRE* **240**
MUOVERE **190**

N

NASCERE **190**
NASCONDERE **190**
NEGLIGERE come *DIRIGERE* **180**

NITRIRE come *PUNIRE*   **240**
NUOCERE   **190**

O

OBBEDIRE come *PUNIRE*   **240**
OCCLUDERE come *ACCLUDERE*   **170**
OCCORRERE   **191**
OFFENDERE come *DIFENDERE*   **180**
OFFRIRE   **217**
OPPORRE come *PORRE*   **211**
OPPRIMERE come *COMPRIMERE*   **175**
OTTENERE come *TENERE*   **167**

P

PAGARE   **241**
PARERE   **160** *e* **161**
PARTIRE come *SENTIRE*   **238**
PATIRE come *PUNIRE*   **240**
PENTIRSI come *SENTIRE*   **238**
PERCEPIRE come *PUNIRE*   **240**
PERCORRERE come *CORRERE*   **177**
PERCUOTERE   **192**
PERDERE   **192**
PERIRE come *PUNIRE*   **240**
PERMANERE come *RIMANERE*   **164**
PERSEGUIRE come *SENTIRE*   **238**
PERSUADERE   **161**
PERVADERE come *EVADERE*   **184**
PIACERE   **162**
PIANGERE   **193**
PIOVERE   **193**
PORGERE   **193**
POSSEDERE come *SEDERE*   **165**
POTERE   **163**
PRECLUDERE come *ACCLUDERE*   **170**
PRECORRERE come *CORRERE*   **177**
PREDILIGERE   **194**
PREDIRE come *DIRE*   **213**
PREFERIRE come *PUNIRE*   **240**

PRELUDERE come *ALLUDERE* **171**
PREMUNIRE come *PUNIRE* **240**
PRENDERE **194**
PRESENTIRE come *SENTIRE* **238**
PRESTABILIRE come *PUNIRE* **240**
PRESUMERE come *ASSUMERE* **172**
PRESUPPORRE come *PORRE* **211**
PRETENDERE come *TENDERE* **206**
PRETERIRE come *PUNIRE* **240**
PREVALERE come *VALERE* **167**
PREVEDERE come *VEDERE* **168**
PREVENIRE come *VENIRE* **219**
PRODURRE come *TRADURRE* **212**
PROFERIRE come *PUNIRE* **240**
PROGREDIRE come *PUNIRE* **240**
PROIBIRE come *PUNIRE* **240**
PROMETTERE **194**
PROMUOVERE come *MUOVERE* **190**
PROSEGUIRE come *SENTIRE* **238**
PROTEGGERE **195**
PROTRARRE come *TRARRE* **210**
PROVENIRE come *VENIRE* **219**
PROVVEDERE come *VEDERE* **168**
PULIRE come *PUNIRE* **240**
PUNGERE **195**
PUNIRE **240**
PUTREFARE come *FARE* **153**

R

RABBRIVIDIRE come *PUNIRE* **240**
RACCOGLIERE come *COGLIERE* **174**
RADDURRE come *TRADURRE* **212**
RADERE **195**
RAGGIUNGERE come *GIUNGERE* **186**
RAMMOLLIRE come *PUNIRE* **240**
RAPIRE come *PUNIRE* **240**
RAREFARE come *FARE* **153**
RATTRAPPIRE come *PUNIRE* **240**
REAGIRE come *PUNIRE* **240**
RECIDERE come *DECIDERE* **179**

RECLUDERE come *ACCLUDERE* **170**
REDIGERE **196**
REDIMERE **196**
REGGERE **196**
REGREDIRE come *PUNIRE* **240**
RENDERE **196**
REPELLERE come *ESPELLERE* **183**
REPRIMERE come *COMPRIMERE* **175**
RESCINDERE come *SCINDERE* **200**
RESISTERE **197**
RESPINGERE come *SPINGERE* **204**
RESTRINGERE come *STRINGERE* **205**
RETRIBUIRE come *PUNIRE* **240**
RETROCEDERE come *CONCEDERE* **175**
RIASSUMERE come *ASSUMERE* **172**
RIBADIRE come *PUNIRE* **240**
RICADERE come *CADERE* **156**
RICHIEDERE come *CHIEDERE* **173**
RICONDURRE come *TRADURRE* **212**
RICONOSCERE come *CONOSCERE* **176**
RICOPRIRE come *APRIRE* **215**
RICORRERE come *CORRERE* **177**
RICOSTRUIRE come *PUNIRE* **240**
RIDARE come *DARE* **151**
RIDERE **197**
RIDIRE come *DIRE* **213**
RIDURRE come *TRADURRE* **212**
RIEMPIRE come *COMPIRE* **216**
RIFARE come *FARE* **153**
RIFERIRE come *PUNIRE* **240**
RIFINIRE come *PUNIRE* **240**
RIFIORIRE come *PUNIRE* **240**
RIFLETTERE **198**
RIFORNIRE come *PUNIRE* **240**
RIFULGERE **198**
RIMANERE **164**
RIMETTERE come *METTERE* **189**
RIMPIANGERE come *PIANGERE* **193**
RIMUOVERE come *MUOVERE* **190**
RINCORRERE come *CORRERE* **177**
RINCRESCERE come *CRESCERE* **178**

RINGIOVANIRE come PUNIRE 240
RINVENIRE come VENIRE 219
RINVERDIRE come PUNIRE 240
RINVERTIRE come SENTIRE 238
RINVESTIRE come SENTIRE 238
RINVIGORIRE come PUNIRE 240
RIPARTIRE (FRAZIONARE) come PUNIRE 240
RIPARTIRE (PARTIRE DI NUOVO) come SENTIRE 238
RIPRENDERE come PRENDERE 194
RIPRODURRE come TRADURRE 212
RISALIRE come SALIRE 218
RISCOPRIRE come APRIRE 215
RISCUOTERE come SCUOTERE 202
RISENTIRE come SENTIRE 238
RISOLVERE 198
RISPONDERE 199
RISTARE come STARE 152
RISTRINGERE come STRINGERE 205
RITENERE come TENERE 167
RITRARRE come TRARRE 210
RIUSCIRE come USCIRE 219
RIVESTIRE come SENTIRE 238
RIVOLGERE come VOLGERE 209
RODERE 199
ROMPERE 199

S

SALIRE 218
SAPERE 165
SCADERE come CADERE 156
SCEGLIERE 199
SCENDERE 200
SCINDERE 200
SCIOGLIERE 200
SCOMMETTERE come METTERE 189
SCOMPARIRE come APPARIRE 214
SCONCLUDERE come ACCLUDERE 170
SCONFIGGERE come FIGGERE 185
SCONNETTERE come ANNETTERE 171
SCONVOLGERE come VOLGERE 209

SCOPRIRE come *APRIRE* **215**
SCORGERE come *ACCORGERSI (ma non è riflessivo)* **170**
SCORRERE come *CORRERE* **177**
SCRIVERE **201**
SCUOTERE **202**
SEDERE **165**
SEDERSI **166**
SEDURRE come *TRADURRE* **212**
SEGUIRE come *SENTIRE* **238**
SENTIRE **238**
SERVIRE come *SENTIRE* **238**
SFUGGIRE come *SENTIRE* **238**
SMETTERE come *METTERE* **189**
SMUOVERE come *MUOVERE* **190**
SOCCORRERE come *CORRERE* **177**
SODDISFARE come *FARE* **153**
SOFFRIGGERE come *FRIGGERE* **186**
SOFFRIRE come *SENTIRE* **238**
SOGGIUNGERE come *GIUNGERE* **186**
SOMMERGERE come *EMERGERE* **182**
SOMMUOVERE come *MUOVERE* **190**
SOPPRIMERE come *COMPRIMERE* **175**
SOPRAFFARE come *FARE* **153**
SOPRASTARE come *STARE* **152**
SOPRAVVIVERE come *VIVERE* **208**
SORGERE **202**
SORPRENDERE come *PRENDERE* **194**
SORRIDERE come *RIDERE* **197**
SORTIRE (STABILIRE COL SORTEGGIO) come *PUNIRE* **240**
SORTIRE (USCIRE) come *SENTIRE* **238**
SOSPENDERE come *APPENDERE* **171**
SOSPINGERE come *SPINGERE* **204**
SOSTENERE come *TENERE* **167**
SOSTITUIRE come *PUNIRE* **240**
SOTTOSTARE come *STARE* **152**
SOTTRARRE come *TRARRE* **210**
SOVVERTIRE come *SENTIRE* **238**
SPANDERE **203**
SPARGERE **203**
SPARIRE come *PUNIRE* **240**
SPARTIRE come *PUNIRE* **240**

SPEDIRE come *PUNIRE* *240*
SPEGNERE *203*
SPENDERE *204*
SPENGERE come *SPEGNERE* *203*
SPIACERE come *PIACERE* *162*
SPINGERE *204*
SPORGERE come *PORGERE* *193*
STABILIRE come *PUNIRE* *240*
STARE *152*
STARNUTIRE come *PUNIRE* *240*
STENDERE *204*
STINGERE come *TINGERE* *207*
STORDIRE come *PUNIRE* *240*
STRINGERE *205*
STRUGGERE *205*
STUDIARE *245*
STUPEFARE come *FARE* *153*
STUPIRE come *PUNIRE* *240*
SUBIRE come *PUNIRE* *240*
SUCCEDERE *205*
SUGGERIRE come *PUNIRE* *240*
SUPPLIRE come *PUNIRE* *240*
SUPPORRE come *PORRE* *211*
SUSSEGUIRE come *SENTIRE* *238*
SVANIRE come *PUNIRE* *240*
SVELLERE *206*
SVENIRE come *VENIRE* *219*
SVESTIRE come *SENTIRE* *238*
SVOLGERE *206*

T

TACERE *166*
TEMERE *236*
TENDERE *206*
TENERE *167*
TERGERE *206*
TINGERE *207*
TOGLIERE *207*
TORCERE *207*
TORNIRE come *PUNIRE* *240*

TRADIRE come *PUNIRE* **240**
TRADURRE **212**
TRAFIGGERE come *FIGGERE* **185**
TRANSIGERE come *ESIGERE* **183**
TRARRE **210**
TRASCORRERE come *CORRERE* **177**
TRASFERIRE come *PUNIRE* **240**
TRASGREDIRE come *PUNIRE* **240**
TRATTENERE come *TENERE* **167**
TRAVESTIRE come *SENTIRE* **238**
TUMEFARE come *FARE* **153**

U

UBBIDIRE come *PUNIRE* **240**
UCCIDERE **208**
UDIRE **219**
UNGERE **208**
UNIRE come *PUNIRE* **240**
USCIRE **219**

V

VAGIRE come *PUNIRE* **240**
VALERE **167**
VEDERE **168**
VENIRE **219**
VESTIRE come *SENTIRE* **238**
VILIPENDERE come *APPENDERE* **171***
VINCERE **208**
VIVERE **208**
VOLERE **168**
VOLGERE **209**

Z

ZITTIRE come *PUNIRE* **240**

FORME IRREGOLARI DEI VERBI
FORMAS IRREGULARES DOS VERBOS

A		**accrebbe**	V. Accrescere
		accrebbero	V. Accrescere
		accrebbi	V. Accrescere
accadde	V. Accadere	**accresciuto**	V. Accrescere
accaddero	V. Accadere	**affisse**	V. Affiggere
accadrà	V. Accadere	**affissero**	V. Affiggere
accadranno	V. Accadere	**affissi**	V. Affiggere
accadrebbe	V. Accadere	**affisso**	V. Affiggere
accadrebbero	V. Accadere	**afflisse**	V. Affliggere
accaduto	V. Accadere	**afflissero**	V. Affliggere
accese	V. Accendere	**afflissi**	V. Affliggere
accesero	V. Accendere	**afflitto**	V. Affliggere
accesi	V. Accendere	**aggiunse**	V. Aggiungere
acceso	V. Accendere	**aggiunsero**	V. Aggiungere
accluse	V. Accludere	**aggiunsi**	V. Aggiungere
acclusero	V. Accludere	**aggiunto**	V. Aggiungere
acclusi	V. Accludere	**alluse**	V. Alludere
accluso	V. Accludere	**allusero**	V. Alludere
accogli	V. Accogliere	**allusi**	V. Alludere
accogliamo	V. Accogliere	**alluso**	V. Alludere
accolga	V. Accogliere	**ammesso**	V. Ammettere
accolgano	V. Accogliere	**ammise**	V. Ammettere
accolgo	V. Accogliere	**ammisero**	V. Ammettere
accolgono	V. Accogliere	**ammisi**	V. Ammettere
accolse	V. Accogliere	**andrà**	V. Andare
accolsero	V. Accogliere	**andrai**	V. Andare
accolsi	V. Accogliere	**andranno**	V. Andare
accolto	V. Accogliere	**andrebbe**	V. Andare
accorse	V. Accorgersi	**andrebbero**	V. Andare
	V. Accorrere	**andrei**	V. Andare
accorsero	V. Accorgersi	**andremmo**	V. Andare
	V. Accorrere	**andremo**	V. Andare
accorsi	V. Accorgersi	**andreste**	V. Andare
	V. Accorrere	**andresti**	V. Andare
accorso	V. Accorrere	**andrete**	V. Andare
accortosi	V. Accorgersi	**andrò**	V. Andare

annesse	V. Annettere	**appeso**	V. Appendere
annessero	V. Annettere	**apprese**	V. Apprendere
annessi	V. Annettere	**appresero**	V. Apprendere
annesso	V. Annettere	**appresi**	V. Apprendere
aperse	V. Aprire	**appreso**	V. Apprendere
apersero	V. Aprire	**arse**	V. Ardere
apersi	V. Aprire	**arsero**	V. Ardere
aperto	V. Aprire	**arsi**	V. Ardere
appaia	V. Apparire	**arso**	V. Ardere
appaiano	V. Apparire	**asperse**	V. Aspergere
appaio	V. Apparire	**aspersero**	V. Aspergere
appaiono	V. Apparire	**aspersi**	V. Aspergere
apparsero	V. Apparire	**asperso**	V. Aspergere
apparso	V. Apparire	**assalga**	V. Assalire
appartenga	V. Appartenere	**assalgano**	V. Assalire
appartengano	V. Appartenere	**assalgo**	V. Assalire
appartengo	V. Appartenere	**assalgono**	V. Assalire
appartengono	V. Appartenere	**assalse**	V. Assalire
appartenne	V. Appartenere	**assalsero**	V. Assalire
appartennero	V. Appartenere	**assalsi**	V. Assalire
appartenni	V. Appartenere	**assistito**	V. Assistere
apparterrà	V. Appartenere	**assolse**	V. Assolvere
apparterrai	V. Appartenere	**assolsero**	V. Assolvere
apparterranno	V. Appartenere	**assolsi**	V. Assolvere
apparterrebbe	V. Appartenere	**assolto**	V. Assolvere
apparterrebbero	V. Appartenere	**assorto**	V. Assorbire
apparterrei	V. Appartenere	**assunse**	V. Assumere
apparterremmo	V. Appartenere	**assunsero**	V. Assumere
apparterremo	V. Appartenere	**assunsi**	V. Assumere
apparterreste	V. Appartenere	**assunto**	V. Assumere
apparterresti	V. Appartenere	**attese**	V. Attendere
apparterrete	V. Appartenere	**attesero**	V. Attendere
apparterrò	V. Appartenere	**attesi**	V. Attendere
appartiene	V. Appartenere	**atteso**	V. Attendere
appartieni	V. Appartenere	**attinse**	V. Attingere
apparve	V. Apparire	**attinsero**	V. Attingere
apparvero	V. Apparire	**attinsi**	V. Attingere
apparvi	V. Apparire	**attinto**	V. Attingere
appese	V. Appendere	**avvinse**	V. Avvincere
appesero	V. Appendere	**avvinsero**	V. Avvincere
appesi	V. Appendere	**avvinsi**	V. Avvincere

avvinto	V. Avvincere	**beviate**	V. Bere
avvolse	V. Avvolgere	**bevo**	V. Bere
avvolsero	V. Avvolgere	**bevono**	V. Bere
avvolsi	V. Avvolgere	**bevuto**	V. Bere
avvolto	V. Avvolgere	**bevve**	V. Bere
		bevvero	V. Bere
		bevvi	V. Bere

B

C

berrà	V. Bere		
berrai	V. Bere		
berranno	V. Bere	**cadde**	V. Cadere
berrebbe	V. Bere	**caddero**	V. Cadere
berrebbero	V. Bere	**caddi**	V. Cadere
berrei	V. Bere	**cadrà**	V. Cadere
berremmo	V. Bere	**cadrai**	V. Cadere
berremo	V. Bere	**cadranno**	V. Cadere
berreste	V. Bere	**cadrebbe**	V. Cadere
berresti	V. Bere	**cadrebbero**	V. Cadere
berrete	V. Bere	**cadrei**	V. Cadere
berrò	V. Bere	**cadremmo**	V. Cadere
beva	V. Bere	**cadremo**	V. Cadere
bevano	V. Bere	**cadreste**	V. Cadere
beve	V. Bere	**cadresti**	V. Cadere
bevemmo	V. Bere	**cadrete**	V. Cadere
bevendo	V. Bere	**cadrò**	V. Cadere
bevente	V. Bere	**chiese**	V. Chiedere
bevesse	V. Bere	**chiesero**	V. Chiedere
bevessero	V. Bere	**chiesi**	V. Chiedere
bevessi	V. Bere	**chiesto**	V. Chiedere
bevessimo	V. Bere	**chiuse**	V. Chiudere
beveste	V. Bere	**chiusero**	V. Chiudere
bevesti	V. Bere	**chiusi**	V. Chiudere
bevete	V. Bere	**chiuso**	V. Chiudere
beveva	V. Bere	**cinse**	V. Cingere
bevevamo	V. Bere	**cinsero**	V. Cingere
bevevano	V. Bere	**cinsi**	V. Cingere
bevevate	V. Bere	**cinto**	V. Cingere
bevevi	V. Bere	**cocemmo**	V. Cuocere
bevevo	V. Bere	**cocendo**	V. Cuocere
bevi	V. Bere	**cocente**	V. Cuocere
beviamo	V. Bere	**cocerà**	V. Cuocere

cocerai	V. Cuocere	**colse**	V. Cogliere
coceranno	V. Cuocere	**colsero**	V. Cogliere
cocerebbe	V. Cuocere	**colsi**	V. Cogliere
cocerebbero	V. Cuocere	**colto**	V. Cogliere
cocerei	V. Cuocere	**commesso**	V. Commettere
coceremmo	V. Cuocere	**commise**	V. Commettere
coceremo	V. Cuocere	**commisero**	V. Commettere
cocereste	V. Cuocere	**commisi**	V. Commettere
coceresti	V. Cuocere	**commosse**	V. Commuovere
cocerete	V. Cuocere	**commossero**	V. Commuovere
cocerò	V. Cuocere	**commossi**	V. Commuovere
cocesse	V. Cuocere	**commosso**	V. Commuovere
cocessero	V. Cuocere	**commovemmo**	V. Commuovere
cocessi	V. Cuocere	**commoveste**	V. Commuovere
cocessimo	V. Cuocere	**commovesti**	V. Commuovere
coceste	V. Cuocere	**compaia**	V. Comparire
cocesti	V. Cuocere	**compaiano**	V. Comparire
cocete	V. Cuocere	**compaio**	V. Comparire
coceva	V. Cuocere	**compaiono**	V. Comparire
cocevamo	V. Cuocere	**comparsero**	V. Comparire
cocevano	V. Cuocere	**comparso**	V. Comparire
cocevate	V. Cuocere	**comparve**	V. Comparire
cocevi	V. Cuocere	**comparvero**	V. Comparire
cocevo	V. Cuocere	**comparvi**	V. Comparire
cociamo	V. Cuocere	**compia**	V. Compi(e)re
cociate	V. Cuocere	**compiamo**	V. Compi(e)re
cogli	V. Cogliere	**compiano**	V. Compi(e)re
cogliamo	V. Cogliere	**compianse**	V. Compiangere
cogliate	V. Cogliere	**compiansero**	V. Compiangere
coincise	V. Coincidere	**compiansi**	V. Compiangere
coincisero	V. Coincidere	**compianto**	V. Compiangere
coincisi	V. Coincidere	**compie**	V. Compi(e)re
coinciso	V. Coincidere	**compiendo**	V. Compi(e)re
colga	V. Cogliere	**compio**	V. Compi(e)re
colgano	V. Cogliere	**compiono**	V. Compi(e)re
colgo	V. Cogliere	**compiuto**	V. Compi(e)re
colgono	V. Cogliere	**comprese**	V. Comprendere
colluse	V. Colludere	**compresero**	V. Comprendere
collusero	V. Colludere	**compresi**	V. Comprendere
collusi	V. Colludere	**compreso**	V. Comprendere
colluso	V. Colludere	**compresse**	V. Comprimere

compressero	V. Comprimere	confuse	V. Confondere
compressi	V. Comprimere	confusero	V. Confondere
compresso	V. Comprimere	confusi	V. Confondere
concesse	V. Concedere	confuso	V. Confondere
concessero	V. Concedere	congiunse	V. Congiungere
concessi	V. Concedere	congiunsero	V. Congiungere
concesso	V. Concedere	congiunsi	V. Congiungere
concluse	V. Concludere	congiunto	V. Congiungere
conclusero	V. Concludere	connesse	V. Connettere
conclusi	V. Concludere	connessero	V. Connettere
concluso	V. Concludere	connessi	V. Connettere
concorse	V. Concorrere	connesso	V. Connettere
concorsero	V. Concorrere	conobbe	V. Conoscere
concorsi	V. Concorrere	conobbero	V. Conoscere
concorso	V. Concorrere	conobbi	V. Conoscere
condogliamo	V. Condolersi	conosciuto	V. Conoscere
condogliamoci	V. Condolersi	contese	V. Contendere
condogliate	V. Condolersi	contesero	V. Contendere
condolga	V. Condolersi	contesi	V. Contendere
condolgano	V. Condolersi	conteso	V. Contendere
condolgo	V. Condolersi	contuse	V. Contundere
condolgono	V. Condolersi	contusero	V. Contundere
condolse	V. Condolersi	contusi	V. Contundere
condolsero	V. Condolersi	contuso	V. Contundere
condolsi	V. Condolersi	convenga	V. Convenire
condorrà	V. Condolersi	convengano	V. Convenire
condorrai	V. Condolersi	convengo	V. Convenire
condorranno	V. Condolersi	convengono	V. Convenire
condorrebbe	V. Condolersi	convenne	V. Convenire
condorrebbero	V. Condolersi	convennero	V. Convenire
condorrei	V. Condolersi	convenni	V. Convenire
condorremmo	V. Condolersi	convenuto	V. Convenire
condorremo	V. Condolersi	converrà	V. Convenire
condorreste	V. Condolersi	converrai	V. Convenire
condorresti	V. Condolersi	converranno	V. Convenire
condorrete	V. Condolersi	converrebbe	V. Convenire
condorrò	V. Condolersi	converrebbero	V. Convenire
conduole	V. Condolersi	converrei	V. Convenire
conduoli	V. Condolersi	converremmo	V. Convenire
conduoliti	V. Condolersi	converremo	V. Convenire
confitto	V. Configgere	converreste	V. Convenire

converresti	V. Convenire	**crebbi**	V. Crescere
converrete	V. Convenire	**cresciuto**	V. Crescere
converrò	V. Convenire	**crocifisse**	V. Crocifiggere
converse	V. Convergere	**crocifissero**	V. Crocifiggere
conversero	V. Convergere	**crocifissi**	V. Crocifiggere
conversi	V. Convergere	**crocifisso**	V. Crocifiggere
converso	V. Convergere	**cuocia**	V. Cuocere
convinse	V. Convincere	**cuociano**	V. Cuocere
convinsero	V. Convincere	**cuocio**	V. Cuocere
convinsi	V. Convincere	**cuociono**	V. Cuocere
convinto	V. Convincere		
convisse	V. Convivere	**D**	
convissero	V. Convivere		
convissi	V. Convivere	**dà**	V. Dare
convissuto	V. Convivere	**dai**	V. Dare
coperse	V. Coprire	**danno**	V. Dare
copersero	V. Coprire	**darà**	V. Dare
copersi	V. Coprire	**darai**	V. Dare
coperto	V. Coprire	**daranno**	V. Dare
corresse	V. Correggere	**darebbe**	V. Dare
corressero	V. Correggere	**darebbero**	V. Dare
corressi	V. Correggere	**darei**	V. Dare
corretto	V. Correggere	**daremmo**	V. Dare
corrotto	V. Corrompere	**daremo**	V. Dare
corruppe	V. Corrompere	**dareste**	V. Dare
corruppero	V. Corrompere	**daresti**	V. Dare
corruppi	V. Corrompere	**darete**	V. Dare
corse	V. Correre	**darò**	V. Dare
corsero	V. Correre	**debba**	V. Dovere
corsi	V. Correre	**debbano**	V. Dovere
corso	V. Correre	**decise**	V. Decidere
cosse	V. Cuocere	**decisero**	V. Decidere
cossero	V. Cuocere	**decisi**	V. Decidere
cossi	V. Cuocere	**deciso**	V. Decidere
costretto	V. Costringere	**decrebbe**	V. Decrescere
costrinse	V. Costringere	**decrebbero**	V. Decrescere
costrinsero	V. Costringere	**decrebbi**	V. Decrescere
costrinsi	V. Costringere	**decresciuto**	V. Decrescere
cotto	V. Cuocere	**deluse**	V. Deludere
crebbe	V. Crescere	**delusero**	V. Deludere
crebbero	V. Crescere	**delusi**	V. Deludere

deluso	V. Deludere	**devono**	V. Dovere
demmo	V. Dare	**di'**	V. Dire
depresse	V. Deprimere	**dia**	V. Dare
depressero	V. Deprimere	**diano**	V. Dare
depressi	V. Deprimere	**dica**	V. Dire
depresso	V. Deprimere	**dicano**	V. Dire
derise	V. Deridere	**dice**	V. Dire
derisero	V. Deridere	**dicemmo**	V. Dire
derisi	V. Deridere	**dicendo**	V. Dire
deriso	V. Deridere	**dicente**	V. Dire
descrisse	V. Descrivere	**dicesse**	V. Dire
descrissero	V. Descrivere	**dicessero**	V. Dire
descrissi	V. Descrivere	**dicessi**	V. Dire
descritto	V. Descrivere	**dicessimo**	V. Dire
desse	V. Dare	**diceste**	V. Dire
dessero	V. Dare	**dicesti**	V. Dire
dessi	V. Dare	**diceva**	V. Dire
dessimo	V. Dare	**dicevamo**	V. Dire
deste	V. Dare	**dicevano**	V. Dire
desti	V. Dare	**dicevate**	V. Dire
desunse	V. Desumere	**dicevi**	V. Dire
desunsero	V. Desumere	**dicevo**	V. Dire
desunsi	V. Desumere	**dici**	V. Dire
desunto	V. Desumere	**diciamo**	V. Dire
deterse	V. Detergere	**diciate**	V. Dire
detersero	V. Detergere	**dico**	V. Dire
detersi	V. Detergere	**dicono**	V. Dire
deterso	V. Detergere	**diede**	V. Dare
dette	V. Dare	**diedero**	V. Dare
dettero	V. Dare	**diedi**	V. Dare
detti	V. Dare	**difese**	V. Difendere
detto	V. Dire	**difesero**	V. Difendere
deva	V. Dovere	**difesi**	V. Difendere
devano	V. Dovere	**difeso**	V. Difendere
deve	V. Dovere	**diffuse**	V. Diffondere
devi	V. Dovere	**diffusero**	V. Diffondere
devo	V. Dovere	**diffusi**	V. Diffondere
devolse	V. Devolvere	**diffuso**	V. Diffondere
devolsero	V. Devolvere	**dipese**	V. Dipendere
devolsi	V. Devolvere	**dipesero**	V. Dipendere
devoluto	V. Devolvere	**dipesi**	V. Dipendere

dipeso	V. Dipendere	**disilluse**	V. Dissilludere
dipinse	V. Dipingere	**disillusero**	V. Dissilludere
dipinsero	V. Dipingere	**disillusi**	V. Dissilludere
dipinsi	V. Dipingere	**disilluso**	V. Dissilludere
dipinto	V. Dipingere	**dispaia**	V. Disparire
dirà	V. Dire	**dispaiano**	V. Disparire
dirai	V. Dire	**dispaio**	V. Disparire
diranno	V. Dire	**dispaiono**	V. Disparire
direbbe	V. Dire	**dispaio**	V. Disparire
direbbero	V. Dire	**disparso**	V. Disparire
direi	V. Dire	**disparve**	V. Disparire
diremmo	V. Dire	**disparvero**	V. Disparire
diremo	V. Dire	**disparvi**	V. Disparire
diresse	V. Dirigere	**disperse**	V. Disperdere
diressero	V. Dirigere	**dispersero**	V. Disperdere
diressi	V. Dirigere	**dispersi**	V. Disperdere
direste	V. Dire	**disperso**	V. Disperdere
diresti	V. Dire	**dispiaccia**	V. Dispiacere
direte	V. Dire	**dispiacciano**	V. Dispiacere
diretto	V. Dirigere	**dispiacciono**	V. Dispiacere
dirò	V. Dire	**dispiacque**	V. Dispiacere
discese	V. Discendere	**dispiacquero**	V. Dispiacere
discesero	V. Discendere	**disse**	V. Dire
discesi	V. Discendere	**dissero**	V. Dire
disceso	V. Discendere	**dissi**	V. Dire
disciolga	V. Disciogliere	**dissolse**	V. Dissolvere
disciolgano	V. Disciogliere	**dissolsero**	V. Dissolvere
disciolgo	V. Disciogliere	**dissolsi**	V. Dissolvere
disciolgono	V. Disciogliere	**dissolto**	V. Dissolvere
disciolse	V. Disciogliere	**dissoluto**	V. Dissolvere
disciolsero	V. Disciogliere	**distese**	V. Distendere
disciolsi	V. Disciogliere	**distesero**	V. Distendere
disciolto	V. Disciogliere	**distesi**	V. Distendere
discorse	V. Discorrere	**disteso**	V. Distendere
discorsero	V. Discorrere	**distinse**	V. Distinguere
discorsi	V. Discorrere	**distinsero**	V. Distinguere
discorso	V. Discorrere	**distinsi**	V. Distinguere
discusse	V. Discutere	**distinto**	V. Distinguere
discussero	V. Discutere	**distolga**	V. Distogliere
discussi	V. Discutere	**distolgano**	V. Distogliere
discusso	V. Discutere	**distolgo**	V. Distogliere

distolgono	V. Distogliere	dolgano	V. Dolersi
distolse	V. Distogliere	dolgo	V. Dolersi
distolsero	V. Distogliere	dolgono	V. Dolersi
distolsi	V. Distogliere	doliamoci	V. Dolersi
distolto	V. Distogliere	dolse	V. Dolersi
distrusse	V. Distruggere	dolsero	V. Dolersi
distrussero	V. Distruggere	dolsi	V. Dolersi
distrussi	V. Distruggere	dorrà	V. Dolersi
distrutto	V. Distruggere	dorrai	V. Dolersi
dite	V. Dire	dorranno	V. Dolersi
divenga	V. Divenire	dorrebbe	V. Dolersi
divengano	V. Divenire	dorrebbero	V. Dolersi
divengo	V. Divenire	dorrei	V. Dolersi
divengono	V. Divenire	dorremmo	V. Dolersi
divenne	V. Divenire	dorremo	V. Dolersi
divennero	V. Divenire	dorreste	V. Dolersi
divenni	V. Divenire	dorresti	V. Dolersi
divenuto	V. Divenire	dorrete	V. Dolersi
diverrà	V. Divenire	dorrò	V. Dolersi
diverrai	V. Divenire	dovrà	V. Dovere
diverranno	V. Divenire	dovrai	V. Dovere
diverrebbe	V. Divenire	dovranno	V. Dovere
diverrebbero	V. Divenire	dovrebbe	V. Dovere
diverrei	V. Divenire	dovrebbero	V. Dovere
diverremmo	V. Divenire	dovrei	V. Dovere
diverremo	V. Divenire	dovremmo	V. Dovere
diverreste	V. Divenire	dovremo	V. Dovere
diverresti	V. Divenire	dovreste	V. Dovere
diverrete	V. Divenire	dovresti	V. Dovere
diverrò	V. Divenire	dovrete	V. Dovere
diviene	V. Divenire	dovrò	V. Dovere
divieni	V. Divenire	duole	V. Dolersi
divise	V. Dividere	duoli	V. Dolersi
divisero	V. Dividere	duoliti	V. Dolersi
divisi	V. Dividere		
diviso	V. Dividere	*E*	
dobbiamo	V. Dovere		
dobbiate	V. Dovere	eccelse	V. Eccellere
dogliamo	V. Dolersi	eccelsero	V. Eccellere
dogliamoci	V. Dolersi	eccelsi	V. Eccellere
doletevi	V. Dolersi	eccelso	V. Eccellere
dolga	V. Dolersi	elesse	V. Eleggere

elessero	V. Eleggere	ersero	V. Ergere
elessi	V. Eleggere	ersi	V. Ergere
eletto	V. Eleggere	erto	V. Ergere
eluse	V. Eludere	esatto	V. Esigere
elusero	V. Eludere	esca	V. Uscire
elusi	V. Eludere	escano	V. Uscire
eluso	V. Eludere	esce	V. Uscire
emerse	V. Emergere	esci	V. Uscire
emersero	V. Emergere	escluse	V. Escludere
emersi	V. Emergere	esclusero	V. Escludere
emerso	V. Emergere	esclusi	V. Escludere
empia	V. Empi(e)re	escluso	V. Escludere
empiamo	V. Empi(e)re	esco	V. Uscire
empiano	V. Empi(e)re	escono	V. Uscire
empie	V. Empi(e)re	espanse	V. Espandere
empio	V. Empi(e)re	espansero	V. Espandere
empiono	V. Empi(e)re	espansi	V. Espandere
equivalga	V. Equivalere	espanto	V. Espandere
equivalgano	V. Equivalere	esplose	V. Esplodere
equivalgo	V. Equivalere	esplosero	V. Esplodere
equivalgono	V. Equivalere	esplosi	V. Esplodere
equivalse	V. Equivalere	esploso	V. Esplodere
equivalsero	V. Equivalere	espresse	V. Esprimere
equivalsi	V. Equivalere	espressero	V. Esprimere
equivalso	V. Equivalere	espressi	V. Esprimere
equivarrà	V. Equivalere	espresso	V. Esprimere
equivarrai	V. Equivalere	espulse	V. Espellere
equivarranno	V. Equivalere	espulsero	V. Espellere
equivarrebbe	V. Equivalere	espulsi	V. Espellere
equivarrebbero	V. Equivalere	espulso	V. Espellere
equivarrei	V. Equivalere	estese	V. Estendere
equivarremmo	V. Equivalere	estesero	V. Estendere
equivarremo	V. Equivalere	estesi	V. Estendere
equivarreste	V. Equivalere	esteso	V. Estendere
equivarresti	V. Equivalere	estinse	V. Estinguere
equivarrete	V. Equivalere	estinsero	V. Estinguere
equivarrò	V. Equivalere	estinsi	V. Estinguere
eresse	V. Erigere	estinto	V. Estinguere
eressero	V. Erigere	evase	V. Evadere
eressi	V. Erigere	evasero	V. Evadere
eretto	V. Erigere	evasi	V. Evadere
erse	V. Ergere	evaso	V. Evadere

F

fa	V. Fare
faccia	V. Fare
facciamo	V. Fare
facciano	V. Fare
facciate	V. Fare
faccio	V. Fare
facemmo	V. Fare
facendo	V. Fare
facente	V. Fare
facesse	V. Fare
facessero	V. Fare
facessi	V. Fare
facessimo	V. Fare
faceste	V. Fare
facesti	V. Fare
faceva	V. Fare
facevamo	V. Fare
facevano	V. Fare
facevate	V. Fare
facevi	V. Fare
facevo	V. Fare
fai	V. Fare
fanno	V. Fare
farà	V. Fare
farai	V. Fare
faranno	V. Fare
farebbe	V. Fare
farebbero	V. Fare
farei	V. Fare
faremmo	V. Fare
faremo	V. Fare
fareste	V. Fare
faresti	V. Fare
farete	V. Fare
farò	V. Fare
fate	V. Fare
fatto	V. Fare
fece	V. Fare
fecero	V. Fare
feci	V. Fare
fesso	V. Fendere
finse	V. Fingere
finsero	V. Fingere
finsi	V. Fingere
finto	V. Fingere
fisse	V. Figgere
fissero	V. Figgere
fissi	V. Figgere
fisso	V. Figgere
fitto	V. Figgere
flesse	V. Flettere
flessero	V. Flettere
flessi	V. Flettere
flesso	V. Flettere
franse	V. Frangere
fransero	V. Frangere
fransi	V. Frangere
franto	V. Frangere
frisse	V. Friggere
frissero	V. Friggere
frissi	V. Friggere
fritto	V. Friggere
funse	V. Fungere
funsero	V. Fungere
funsi	V. Fungere
funto	V. Fungere
fuse	V. Fondere
fusero	V. Fondere
fusi	V. Fondere
fuso	V. Fondere

G

giaccia	V. Giacere
giacciamo	V. Giacere
giacciano	V. Giacere
giacciate	V. Giacere
giaccio	V. Giacere
giaciuto	V. Giacere
giacque	V. Giacere
giacquero	V. Giacere
giacqui	V. Giacere
giunse	V. Giungere
giunsero	V. Giungere

giunsi	V. Giungere	**impressero**	V. Imprimere
giunto	V. Giungere	**impressi**	V. Imprimere
godrà	V. Godere	**impresso**	V. Imprimere
godrai	V. Godere	**impulse**	V. Impellere
godranno	V. Godere	**impulsero**	V. Impellere
godrebbe	V. Godere	**impulsi**	V. Impellere
godrebbero	V. Godere	**impulso**	V. Impellere
godrei	V. Godere	**incise**	V. Incidere
godremmo	V. Godere	**incisero**	V. Incidere
godremo	V. Godere	**incisi**	V. Incidere
godreste	V. Godere	**inciso**	V. Incidere
godresti	V. Godere	**incluse**	V. Includere
godrete	V. Godere	**inclusero**	V. Includere
godrò	V. Godere	**inclusi**	V. Includere
		incluso	V. Includere

I

		incorse	V. Incorrere
		incorsero	V. Incorrere
illuse	V. Illudere	**incorsi**	V. Incorrere
illusero	V. Illudere	**incorso**	V. Incorrere
illusi	V. Illudere	**incusse**	V. Incutere
illuso	V. Illudere	**incussero**	V. Incutere
imberrà	V. Imbevere	**incussi**	V. Incutere
imberrai	V. Imbevere	**incusso**	V. Incutere
imberranno	V. Imbevere	**indulse**	V. Indulgere
imberrebbe	V. Imbevere	**indulsero**	V. Indulgere
imberrebbero	V. Imbevere	**indulsi**	V. Indulgere
imberrei	V. Imbevere	**indulto**	V. Indulgere
imberremmo	V. Imbevere	**inflisse**	V. Infliggere
imberremo	V. Imbevere	**inflissero**	V. Infliggere
imberreste	V. Imbevere	**inflissi**	V. Infliggere
imberresti	V. Imbevere	**inflitto**	V. Infliggere
imberrete	V. Imbevere	**infranse**	V. Infrangere
imberrò	V. Imbevere	**infransero**	V. Infrangere
imbevve	V. Imbevere	**infransi**	V. Infrangere
imbevvero	V. Imbevere	**infranto**	V. Infrangere
imbevvi	V. Imbevere	**infuse**	V. Infondere
immerse	V. Immergere	**infusero**	V. Infondere
immersero	V. Immergere	**infusi**	V. Infondere
immersi	V. Immergere	**infuso**	V. Infondere
immerso	V. Immergere	**insorse**	V. Insorgere
impresse	V. Imprimere	**insorsero**	V. Insorgere

insorsi	V. Insorgere	mantennero	V. Mantenere
insorto	V. Insorgere	mantenni	V. Mantenere
interrotto	V. Interrompere	manterrà	V. Mantenere
interruppe	V. Interrompere	manterrai	V. Mantenere
interruppero	V. Interrompere	manterranno	V. Mantenere
interruppi	V. Interrompere	manterrebbe	V. Mantenere
intese	V. Intendere	manterrebbero	V. Mantenere
intesero	V. Intendere	manterrei	V. Mantenere
intesi	V. Intendere	manterremmo	V. Mantenere
inteso	V. Intendere	manterremo	V. Mantenere
intinse	V. Intingere	manterreste	V. Mantenere
intinsero	V. Intingere	manterresti	V. Mantenere
intinsi	V. Intingere	manterrete	V. Mantenere
intinto	V. Intingere	manterrò	V. Mantenere
intrise	V. Intridere	mantiene	V. Mantenere
intrisero	V. Intridere	mantieni	V. Mantenere
intrisi	V. Intridere	mesciuto	V. Mescere
intriso	V. Intridere	messo	V. Mettere
invase	V. Invadere	mise	V. Mettere
invasero	V. Invadere	misero	V. Mettere
invasi	V. Invadere	misi	V. Mettere
invaso	V. Invadere	morrà	V. Morire
		morrai	V. Morire
L		morranno	V. Morire
		morrebbe	V. Morire
lese	V. Ledere	morrebbero	V. Morire
lesero	V. Ledere	morrei	V. Morire
lesi	V. Ledere	morremmo	V. Morire
leso	V. Ledere	morremo	V. Morire
lesse	V. Leggere	morreste	V. Morire
lessero	V. Leggere	morresti	V. Morire
lessi	V. Leggere	morrete	V. Morire
letto	V. Leggere	morrò	V. Morire
		morse	V. Mordere
M		morsero	V. Mordere
		morsi	V. Mordere
mantenga	V. Mantenere	morso	V. Mordere
mantengano	V. Mantenere	morto	V. Morire
mantengo	V. Mantenere	mosse	V. Muovere
mantengono	V. Mantenere	mossero	V. Muovere
mantenne	V. Mantenere	mossi	V. Muovere

mosso	V. Muovere	nocerei	V. Nuocere
movemmo	V. Muovere	noceremmo	V. Nuocere
moveste	V. Muovere	noceremo	V. Nuocere
movesti	V. Muovere	nocereste	V. Nuocere
munse	V. Mungere	noceresti	V. Nuocere
munsero	V. Mungere	nocerete	V. Nuocere
munsi	V. Mungere	nocerò	V. Nuocere
munto	V. Mungere	nocesse	V. Nuocere
muoia	V. Morire	nocessero	V. Nuocere
muoiano	V. Morire	nocessi	V. Nuocere
muoio	V. Morire	nocessimo	V. Nuocere
muoiono	V. Morire	noceste	V. Nuocere
muore	V. Morire	nocesti	V. Nuocere
muori	V. Morire	nocete	V. Nuocere
		noceva	V. Nuocere
N		nocevamo	V. Nuocere
		nocevano	V. Nuocere
nacque	V. Nascere	nocevate	V. Nuocere
nacquero	V. Nascere	nocevi	V. Nuocere
nacqui	V. Nascere	nocevo	V. Nuocere
nascose	V. Nascondere	nociamo	V. Nuocere
nascosero	V. Nascondere	nociate	V. Nuocere
nascosi	V. Nascondere	nociuto	V. Nuocere
nascosto	V. Nascondere	nocque	V. Nuocere
nato	V. Nascere	nocquero	V. Nuocere
neglesse	V. Negligere	nocqui	V. Nuocere
neglessero	V. Negligere		
neglessi	V. Negligere	**O**	
negletto	V. Negligere		
noccia	V. Nuocere	occluse	V. Occludere
nocciano	V. Nuocere	occlusero	V. Occludere
noccio	V. Nuocere	occlusi	V. Occludere
nocciono	V. Nuocere	occluso	V. Occludere
nocemmo	V. Nuocere	occorse	V. Occorrere
nocendo	V. Nuocere	occorsero	V. Occorrere
nocente	V. Nuocere	occorso	V. Occorrere
nocerà	V. Nuocere	oda	V. Udire
nocerai	V. Nuocere	odano	V. Udire
noceranno	V. Nuocere	ode	V. Udire
nocerebbe	V. Nuocere	odi	V. Udire
nocerebbero	V. Nuocere	odo	V. Udire

odono	V. Udire	**paio**	V. Parere
offerse	V. Offrire	**paiono**	V. Parere
offersero	V. Offrire	**parrà**	V. Parere
offersi	V. Offrire	**parrai**	V. Parere
offerto	V. Offrire	**parranno**	V. Parere
offese	V. Offendere	**parrebbe**	V. Parere
offesero	V. Offendere	**parrebbero**	V. Parere
offesi	V. Offendere	**parrei**	V. Parere
offeso	V. Offendere	**parremmo**	V. Parere
oppresse	V. Opprimere	**parremo**	V. Parere
oppressero	V. Opprimere	**parreste**	V. Parere
oppressi	V. Opprimere	**parresti**	V. Parere
oppresso	V. Opprimere	**parrete**	V. Parere
ottenga	V. Ottenere	**parrò**	V. Parere
ottengano	V. Ottenere	**parso**	V. Parere
ottengo	V. Ottenere	**parve**	V. Parere
ottengono	V. Ottenere	**parvente**	V. Parere
ottenne	V. Ottenere	**parvero**	V. Parere
ottennero	V. Ottenere	**parvi**	V. Parere
ottenni	V. Ottenere	**percorse**	V. Percorrere
otterrà	V. Ottenere	**percorsero**	V. Percorrere
otterrai	V. Ottenere	**percorsi**	V. Percorrere
otterranno	V. Ottenere	**percorso**	V. Percorrere
otterrebbe	V. Ottenere	**percosse**	V. Percuotere
otterrebbero	V. Ottenere	**percossero**	V. Percuotere
otterrei	V. Ottenere	**percossi**	V. Percuotere
otterremmo	V. Ottenere	**percosso**	V. Percuotere
otterremo	V. Ottenere	**percotemmo**	V. Percuotere
ottereste	V. Ottenere	**percoteste**	V. Percuotere
otterresti	V. Ottenere	**percotesti**	V. Percuotere
otterrete	V. Ottenere	**permanga**	V. Permanere
otterrò	V. Ottenere	**permangano**	V. Permanere
ottiene	V. Ottenere	**permango**	V. Permanere
ottieni	V. Ottenere	**permangono**	V. Permanere
		permarrà	V. Permanere
P		**permarrai**	V. Permanere
		permarranno	V. Permanere
paia	V. Parere	**permarrebbe**	V. Permanere
paiamo	V. Parere	**permarrebbero**	V. Permanere
paiano	V. Parere	**permarrei**	V. Permanere
paiate	V. Parere	**permarremmo**	V. Permanere

permarremo	V. Permanere	ponessero	V. Porre
permarreste	V. Permanere	ponessi	V. Porre
permarresti	V. Permanere	ponessimo	V. Porre
permarrete	V. Permanere	poneste	V. Porre
permarrò	V. Permanere	ponesti	V. Porre
permase	V. Permanere	ponete	V. Porre
permasero	V. Permanere	poneva	V. Porre
permasi	V. Permanere	ponevamo	V. Porre
permaso	V. Permanere	ponevano	V. Porre
perse	V. Perdere	ponevate	V. Porre
persero	V. Perdere	ponevi	V. Porre
persi	V. Perdere	ponevo	V. Porre
perso	V. Perdere	ponga	V. Porre
persuase	V. Persuadere	pongano	V. Porre
persuasero	V. Persuadere	pongo	V. Porre
persuasi	V. Persuadere	pongono	V. Porre
persuaso	V. Persuadere	poni	V. Porre
pervase	V. Pervadere	poniamo	V. Porre
pervasero	V. Pervadere	poniate	V. Porre
pervasi	V. Pervadere	porrà	V. Porre
pervaso	V. Pervadere	porrai	V. Porre
piaccia	V. Piacere	porranno	V. Porre
piacciamo	V. Piacere	porrebbe	V. Porre
piacciano	V. Piacere	porrebbero	V. Porre
piacciate	V. Piacere	porrei	V. Porre
piaccio	V. Piacere	porremmo	V. Porre
piacciono	V. Piacere	porremo	V. Porre
piaciuto	V. Piacere	porreste	V. Porre
piacque	V. Piacere	porresti	V. Porre
piacquero	V. Piacere	porrete	V. Porre
piacqui	V. Piacere	porrò	V. Porre
pianse	V. Piangere	porse	V. Porgere
piansero	V. Piangere	porsero	V. Porgere
piansi	V. Piangere	porsi	V. Porgere
pianto	V. Piangere	porto	V. Porgere
piovve	V. Piovere	pose	V. Porre
pone	V. Porre	posero	V. Porre
ponemmo	V. Porre	posi	V. Porre
ponendo	V. Porre	possa	V. Potere
ponente	V. Porre	possano	V. Potere
ponesse	V. Porre	possegga	V. Possedere

posseggano	V. Possedere	**preteso**	V. Pretendere
posseggo	V. Possedere	**prevalga**	V. Prevalere
posseggono	V. Possedere	**prevalgano**	V. Prevalere
possiamo	V. Potere	**prevalgo**	V. Prevalere
possiate	V. Potere	**prevalgono**	V. Prevalere
possieda	V. Possedere	**prevalse**	V. Prevalere
possiedano	V. Possedere	**prevalsero**	V. Prevalere
possiede	V. Possedere	**prevalsi**	V. Prevalere
possiedi	V. Possedere	**prevalso**	V. Prevalere
possiedo	V. Possedere	**prevarrà**	V. Prevalere
possiedono	V. Possedere	**prevarrai**	V. Prevalere
posso	V. Potere	**prevarranno**	V. Prevalere
possono	V. Potere	**prevarrebbe**	V. Prevalere
posto	V. Porre	**prevarrebbero**	V. Prevalere
potrà	V. Potere	**prevarrei**	V. Prevalere
potrai	V. Potere	**prevarremmo**	V. Prevalere
potranno	V. Potere	**prevarremo**	V. Prevalere
potrebbe	V. Potere	**prevarreste**	V. Prevalere
potrebbero	V. Potere	**prevarresti**	V. Prevalere
potrei	V. Potere	**prevarrete**	V. Prevalere
potremmo	V. Potere	**prevarrò**	V. Prevalere
potremo	V. Potere	**prevedrà**	V. Prevedere
potreste	V. Potere	**prevedrai**	V. Prevedere
potresti	V. Potere	**prevedranno**	V. Prevedere
potrete	V. Potere	**prevedrebbe**	V. Prevedere
potrò	V. Potere	**prevedrebbero**	V. Prevedere
predilesse	V. Prediligere	**prevedrei**	V. Prevedere
predilessero	V. Prediligere	**prevedremmo**	V. Prevedere
predilessi	V. Prediligere	**prevedremo**	V. Prevedere
prediletto	V. Prediligere	**prevedreste**	V. Prevedere
prese	V. Prendere	**prevedresti**	V. Prevedere
presero	V. Prendere	**prevedrete**	V. Prevedere
presi	V. Prendere	**prevedrò**	V. Prevedere
preso	V. Prendere	**prevenga**	V. Prevenire
presunse	V. Presumere	**prevengano**	V. Prevenire
presunsere	V. Presumere	**prevengo**	V. Prevenire
presunsi	V. Presumere	**prevengono**	V. Prevenire
presunto	V. Presumere	**prevenne**	V. Prevenire
pretese	V. Pretendere	**prevennero**	V. Prevenire
pretesero	V. Pretendere	**prevenni**	V. Prevenire
pretesi	V. Pretendere	**prevenuto**	V. Prevenire

preverrà	V. Prevenire	**provenuto**	V. Provenire
preverrai	V. Prevenire	**proverrà**	V. Provenire
preverranno	V. Prevenire	**proverrai**	V. Provenire
preverrebbe	V. Prevenire	**proverranno**	V. Provenire
preverrebbero	V. Prevenire	**proverrebbe**	V. Provenire
preverrei	V. Prevenire	**proverrebero**	V. Provenire
preverremmo	V. Prevenire	**proverrei**	V. Provenire
preverremo	V. Prevenire	**proverremmo**	V. Provenire
preverreste	V. Prevenire	**proverremo**	V. Provenire
preverresti	V. Prevenire	**proverreste**	V. Provenire
preverrete	V. Prevenire	**proverresti**	V. Provenire
preverrò	V. Prevenire	**proverrete**	V. Provenire
previde	V. Prevedere	**proverrò**	V. Provenire
previdero	V. Prevedere	**proviene**	V. Provenire
previdi	V. Prevedere	**provieni**	V. Provenire
previene	V. Prevenire	**provvide**	V. Provvedere
previeni	V. Prevenire	**provvidero**	V. Provvedere
previsto	V. Prevedere	**provvidi**	V. Provvedere
promesso	V. Promettere	**provvisto**	V. Provvedere
promise	V. Promettere	**punse**	V. Pungere
promisero	V. Promettere	**punsero**	V. Pungere
promisi	V. Promettere	**punsi**	V. Pungere
promosse	V. Promuovere	**punto**	V. Pungere
promossero	V. Promuovere	**può**	V. Potere
promossi	V. Promuovere	**puoi**	V. Potere
promosso	V. Promuovere		
promovemmo	V. Promuovere	## R	
promoveste	V. Promuovere		
promovesti	V. Promuovere	**raccolga**	V. Raccogliere
protesse	V. Proteggere	**raccolgano**	V. Raccogliere
protessero	V. Proteggere	**raccolgo**	V. Raccogliere
protessi	V. Proteggere	**raccolgono**	V. Raccogliere
protetto	V. Proteggere	**raccolse**	V. Raccogliere
provenga	V. Provenire	**raccolsero**	V. Raccogliere
provengano	V. Provenire	**raccolsi**	V. Raccogliere
provengo	V. Provenire	**raccolto**	V. Raccogliere
provengono	V. Provenire	**raggiunse**	V. Raggiungere
provenne	V. Provenire	**raggiunsero**	V. Raggiungere
provennero	V. Provenire	**raggiunsi**	V. Raggiungere
provenni	V. Provenire	**raggiunto**	V. Raggiungere

rase	V. Radere	**ressero**	V. Reggere
rasero	V. Radere	**ressi**	V. Reggere
rasi	V. Radere	**restrinse**	V. Restringere
raso	V. Radere	**restrinsero**	V. Restringere
recise	V. Recidere	**restrinsi**	V. Restringere
recisero	V. Recidere	**retrocesse**	V. Retrocedere
recisi	V. Recidere	**retrocessero**	V. Retrocedere
reciso	V. Recidere	**retrocessi**	V. Retrocedere
recluse	V. Recludere	**retrocesso**	V. Retrocedere
reclusero	V. Recludere	**retto**	V. Reggere
reclusi	V. Recludere	**riassunse**	V. Riassumere
recluso	V. Recludere	**riassunsero**	V. Riassumere
redasse	V. Redigere	**riassunsi**	V. Riassumere
redassero	V. Redigere	**riassunto**	V. Riassumere
redassi	V. Redigere	**richiese**	V. Richiedere
redatto	V. Redigere	**richiesero**	V. Richiedere
redense	V. Redimere	**richiesi**	V. Richiedere
redensero	V. Redimere	**richiesto**	V. Richiedere
redensi	V. Redimere	**riconobbe**	V. Riconoscere
redento	V. Redimere	**riconobbero**	V. Riconoscere
represse	V. Reprimere	**riconobbi**	V. Riconoscere
repressero	V. Reprimere	**riconosciuto**	V. Riconoscere
repressi	V. Reprimere	**ricoperse**	V. Ricoprire
represso	V. Reprimere	**ricopersero**	V. Ricoprire
repulse	V. Repellere	**ricopersi**	V. Ricoprire
repulsero	V. Repellere	**ricoperto**	V. Ricoprire
repulsi	V. Repellere	**ricorse**	V. Ricorrere
repulso	V. Repellere	**ricorsero**	V. Ricorrere
rescisse	V. Rescindere	**ricorsi**	V. Ricorrere
rescissero	V. Rescindere	**ricorso**	V. Ricorrere
rescissi	V. Rescindere	**riempia**	V. Riempire
rescisso	V. Rescindere	**riempiamo**	V. Riempire
rese	V. Rendere	**riempiano**	V. Riempire
resero	V. Rendere	**riempie**	V. Riempire
resi	V. Rendere	**riempio**	V. Riempire
reso	V. Rendere	**riempiono**	V. Riempire
respinse	V. Respingere	**riesca**	V. Riuscire
respinsero	V. Respingere	**riescano**	V. Riuscire
respinsi	V. Respingere	**riesce**	V. Riuscire
respinto	V. Respingere	**riesci**	V. Riuscire
resse	V. Reggere	**riesco**	V. Riuscire

riescono	V. Riuscire	rimpiansero	V. Rimpiangere
riflesse	V. Riflettere	rimpiansi	V. Rimpiangere
riflessero	V. Riflettere	rimpianto	V. Rimpiangere
riflessi	V. Riflettere	rincorse	V. Rincorrere
riflesso	V. Riflettere	rincorsero	V. Rincorrere
rifulse	V. Rifulgere	rincorsi	V. Rincorrere
rifulsero	V. Rifulgere	rincorso	V. Rincorrere
rifulsi	V. Rifulgere	rinvenga	V. Rinvenire
rifulso	V. Rifulgere	rinvengano	V. Rinvenire
rimanga	V. Rimanere	rinvengo	V. Rinvenire
rimangano	V. Rimanere	rinvengono	V. Rinvenire
rimango	V. Rimanere	rinvenne	V. Rinvenire
rimangono	V. Rimanere	rinvennero	V. Rinvenire
rimarrà	V. Rimanere	rinvenni	V. Rinvenire
rimarrai	V. Rimanere	rinviene	V. Rinvenire
rimarranno	V. Rimanere	rinvieni	V. Rinvenire
rimarrebbe	V. Rimanere	riprese	V. Riprendere
rimarrebbero	V. Rimanere	ripresero	V. Riprendere
rimarrei	V. Rimanere	ripresi	V. Riprendere
rimarremmo	V. Rimanere	ripreso	V. Riprendere
rimarremo	V. Rimanere	risalga	V. Risalire
rimarreste	V. Rimanere	risalgano	V. Risalire
rimarresti	V. Rimanere	risalgo	V. Risalire
rimarrete	V. Rimanere	risalgono	V. Risalire
rimarrò	V. Rimanere	riscoperse	V. Riscoprire
rimase	V. Rimanere	riscopersero	V. Riscoprire
rimasero	V. Rimanere	riscopersi	V. Riscoprire
rimasi	V. Rimanere	riscoperto	V. Riscoprire
rimasto	V. Rimanere	riscosse	V. Riscuotere
rimesso	V. Rimettere	riscossero	V. Riscuotere
rimise	V. Rimettere	riscossi	V. Riscuotere
rimisero	V. Rimettere	riscosso	V. Riscuotere
rimisi	V. Rimettere	riscotemmo	V. Riscuotere
rimosse	V. Rimuovere	riscoteste	V. Riscuotere
rimossero	V. Rimuovere	riscotesti	V. Riscuotere
rimossi	V. Rimuovere	rise	V. Ridere
rimosso	V. Rimuovere	risero	V. Ridere
rimovemmo	V. Rimuovere	risi	V. Ridere
rimoveste	V. Rimuovere	riso	V. Ridere
rimovesti	V. Rimuovere	risolse	V. Risolvere
rimpianse	V. Rimpiangere	risolsero	V. Risolvere

risolsi	V. Risolvere	**S**	
risolto	V. Risolvere		
rispose	V. Rispondere	sa	V. Sapere
risposero	V. Rispondere	sai	V. Sapere
risposi	V. Rispondere	salga	V. Salire
risposto	V. Rispondere	salgano	V. Salire
ristretto	V. Restringere	salgo	V. Salire
ritenga	V. Ritenere	salgono	V. Salire
ritengano	V. Ritenere	sanno	V. Sapere
ritengo	V. Ritenere	sappi	V. Sapere
ritengono	V. Ritenere	sappia	V. Sapere
ritenne	V. Ritenere	sappiamo	V. Sapere
ritennero	V. Ritenere	sappiano	V. Sapere
ritenni	V. Ritenere	sappiate	V. Sapere
riterrà	V. Ritenere	saprà	V. Sapere
riterrai	V. Ritenere	saprai	V. Sapere
riterranno	V. Ritenere	sapranno	V. Sapere
riterrebbe	V. Ritenere	saprebbe	V. Sapere
riterrebbero	V. Ritenere	saprebbero	V. Sapere
riterrei	V. Ritenere	saprei	V. Sapere
riterremmo	V. Ritenere	sapremmo	V. Sapere
riterremo	V. Ritenere	sapremo	V. Sapere
tirerreste	V. Ritenere	sapreste	V. Sapere
riterresti	V. Ritenere	sapresti	V. Sapere
riterrete	V. Ritenere	saprete	V. Sapere
riterrò	V. Ritenere	saprò	V. Sapere
ritiene	V. Ritenere	scegli	V. Scegliere
ritieni	V. Ritenere	scegliamo	V. Scegliere
rivolse	V. Rivolgere	scegliate	V. Scegliere
rivolsero	V. Rivolgere	scelga	V. Scegliere
rivolsi	V. Rivolgere	scelgano	V. Scegliere
rivolto	V. Rivolgere	scelgo	V. Scegliere
rose	V. Rodere	scelgono	V. Scegliere
rosero	V. Rodere	scelse	V. Scegliere
rosi	V. Rodere	scelsero	V. Scegliere
roso	V. Rodere	scelsi	V. Scegliere
rotto	V. Rompere	scelto	V. Scegliere
ruppe	V. Rompere	scese	V. Scendere
ruppero	V. Rompere	scesero	V. Scendere
ruppi	V. Rompere	scesi	V. Scendere

sceso	V. Scendere	**scorse**	V. Scorgere
sciogli	V. Sciogliere		V. Scorrere
sciogliamo	V. Sciogliere	**scorsero**	V. Scorgere
sciogliate	V. Sciogliere		V. Scorrere
sciolga	V. Sciogliere	**scorsi**	V. Scorgere
sciolgano	V. Sciogliere		V. Scorrere
sciolgo	V. Sciogliere	**scorso**	V. Scorrere
sciolgono	V. Sciogliere	**scorto**	V. Scorgere
sciolse	V. Sciogliere	**scosse**	V. Scuotere
sciolsero	V. Sciogliere	**scossero**	V. Scuotere
sciolsi	V. Sciogliere	**scossi**	V. Scuotere
sciolto	V. Sciogliere	**scosso**	V. Scuotere
scisse	V. Scindere	**scotemmo**	V. Scuotere
scissero	V. Scindere	**scoteste**	V. Scuotere
scissi	V. Scindere	**scotesti**	V. Scuotere
scisso	V. Scindere	**scrisse**	V. Scrivere
scommesso	V. Scommettere	**scrissero**	V. Scrivere
scommise	V. Scommettere	**scrissi**	V. Scrivere
scommisero	V. Scommettere	**scritto**	V. Scrivere
scommisi	V. Scommettere	**segga**	V. Sedere
scompaia	V. Scomparire	**seggano**	V. Sedere
scompaiano	V. Scomparire	**seggo**	V. Sedere
scompaio	V. Scomparire	**seggono**	V. Sedere
scompaiono	V. Scomparire	**seppe**	V. Sapere
scomparsero	V. Scomparire	**seppero**	V. Sapere
scomparso	V. Scomparire	**seppi**	V. Sapere
scomparve	V. Scomparire	**sieda**	V. Sedere
scomparvero	V. Scomparire	**siedano**	V. Sedere
scomparvi	V. Scomparire	**siede**	V. Sedere
sconfisse	V. Sconfiggere	**siedi**	V. Sedere
sconfissero	V. Sconfiggere	**siedo**	V. Sedere
sconfissi	V. Sconfiggere	**siedono**	V. Sedere
sconfitto	V. Sconfiggere	**smesso**	V. Smettere
sconvolse	V. Sconvolgere	**smise**	V. Smettere
sconvolsero	V. Sconvolgere	**smisero**	V. Smettere
sconvolsi	V. Sconvolgere	**smisi**	V. Smettere
sconvolto	V. Sconvolgere	**smosse**	V. Smuovere
scoperse	V. Scoprire	**smossero**	V. Smuovere
scopersero	V. Scoprire	**smossi**	V. Smuovere
scopersi	V. Scoprire	**smosso**	V. Smuovere
scoperto	V. Scoprire	**so**	V. Sapere

soccorse	V. Soccorrere	**sospese**	V. Sospendere
soccorsero	V. Soccorrere	**sospesero**	V. Sospendere
soccorsi	V. Soccorrere	**sospesi**	V. Sospendere
soccorso	V. Soccorrere	**sospeso**	V. Sospendere
soffrisse	V. Soffriggere	**sospinse**	V. Sospingere
soffrissero	V. Soffriggere	**sospinsero**	V. Sospingere
soffrissi	V. Soffriggere	**sospinsi**	V. Sospingere
soffritto	V. Soffriggere	**sospinto**	V. Sospingere
soggiunse	V. Soggiungere	**sostenga**	V. Sostenere
soggiunsero	V. Soggiungere	**sostengano**	V. Sostenere
soggiunsi	V. Soggiungere	**sostengo**	V. Sostenere
soggiunto	V. Soggiungere	**sostengono**	V. Sostenere
sommerse	V. Sommergere	**sostenne**	V. Sostenere
sommersero	V. Sommergere	**sostennero**	V. Sostenere
sommersi	V. Sommergere	**sostenni**	V. Sostenere
sommerso	V. Sommergere	**sosterrà**	V. Sostenere
sommosse	V. Sommuovere	**sosterrai**	V. Sostenere
sommossero	V. Sommuovere	**sosterranno**	V. Sostenere
sommossi	V. Sommuovere	**sosterrebbe**	V. Sostenere
sommosso	V. Sommuovere	**sosterrebbero**	V. Sostenere
soppresse	V. Sopprimere	**sosterrei**	V. Sostenere
soppressero	V. Sopprimere	**sosterremmo**	V. Sostenere
soppressi	V. Sopprimere	**sosterremo**	V. Sostenere
soppresso	V. Sopprimere	**sosterreste**	V. Sostenere
sopravvisse	V. Sopravvivere	**sosterresti**	V. Sostenere
sopravvissero	V. Sopravvivere	**sosterrete**	V. Sostenere
sopravvissi	V. Sopravvivere	**sosterrò**	V. Sostenere
sopravvissuto	V. Sopravvivere	**sostiene**	V. Sostenere
sorprese	V. Sorprendere	**sostieni**	V. Sostenere
sorpresero	V. Sorprendere	**spanse**	V. Spandere
sorpresi	V. Sorprendere	**spansero**	V. Spandere
sorpreso	V. Sorprendere	**spansi**	V. Spandere
sorrise	V. Sorridere	**spanto**	V. Spandere
sorrisero	V. Sorridere	**sparse**	V. Spargere
sorrisi	V. Sorridere	**sparsero**	V. Spargere
sorriso	V. Sorridere	**sparsi**	V. Spargere
sorse	V. Sorgere	**sparso**	V. Spargere
sorsero	V. Sorgere	**spenga**	V. Spegnere
sorsi	V. Sorgere	**spengano**	V. Spegnere
sorto	V. Sorgere	**spengo**	V. Spegnere

spengono	V. Spegnere	**stetti**	V. Stare
spense	V. Spegnere	**stia**	V. Stare
spensero	V. Spegnere	**stiano**	V. Stare
spensi	V. Spegnere	**stinse**	V. Stingere
spento	V. Spegnere	**stinsero**	V. Stingere
spese	V. Spendere	**stinsi**	V. Stingere
spesero	V. Spendere	**stinto**	V. Stingere
spesi	V. Spendere	**stretto**	V. Stringere
speso	V. Spendere	**strinse**	V. Stringere
spinse	V. Spingere	**strinsero**	V. Stringere
spinsero	V. Spingere	**strinsi**	V. Stringere
spinsi	V. Spingere	**strusse**	V. Struggere
spinto	V. Spingere	**strussero**	V. Struggere
stai	V. Stare	**strussi**	V. Struggere
stanno	V. Stare	**strutto**	V. Struggere
starà	V. Stare	**successe**	V. Succedere
starai	V. Stare	**successero**	V. Succedere
staranno	V. Stare	**successo**	V. Succedere
starebbe	V. Stare	**svelga**	V. Svellere
starebbero	V. Stare	**svelgano**	V. Svellere
starei	V. Stare	**svelgo**	V. Svellere
staremmo	V. Stare	**svelgono**	V. Svellere
staremo	V. Stare	**svelse**	V. Svellere
stareste	V. Stare	**svelsero**	V. Svellere
staresti	V. Stare	**svelsi**	V. Svellere
starete	V. Stare	**svelto**	V. Svellere
starò	V. Stare	**svenga**	V. Svenire
stemmo	V. Stare	**svengano**	V. Svenire
stese	V. Stendere	**svengo**	V. Svenire
stesero	V. Stendere	**svengono**	V. Svenire
stesi	V. Stendere	**svenne**	V. Svenire
steso	V. Stendere	**svennero**	V. Svenire
stesse	V. Stare	**svenni**	V. Svenire
stessero	V. Stare	**svenuto**	V. Svenire
stessi	V. Stare	**sviene**	V. Svenire
stessimo	V. Stare	**svieni**	V. Svenire
steste	V. Stare	**svolse**	V. Svolgere
stesti	V. Stare	**svolsero**	V. Svolgere
stette	V. Stare	**svolsi**	V. Svolgere
stettero	V. Stare	**svolto**	V. Svolgere

T

taccia	V. Tacere	tieni	V. Tenere
tacciamo	V. Tacere	tinse	V. Tingere
tacciano	V. Tacere	tinsero	V. Tingere
tacciate	V. Tacere	tinsi	V. Tingere
taccio	V. Tacere	tinto	V. Tingere
tacciono	V. Tacere	togli	V. Togliere
taciuto	V. Tacere	togliamo	V. Togliere
tacque	V. Tacere	tolga	V. Togliere
tacquero	V. Tacere	tolgano	V. Togliere
tacqui	V. Tacere	tolgo	V. Togliere
tenga	V. Tenere	tolgono	V. Togliere
tengano	V. Tenere	tolse	V. Togliere
tengo	V. Tenere	tolsero	V. Togliere
tengono	V. Tenere	tolsi	V. Togliere
tenne	V. Tenere	tolto	V. Togliere
tennero	V. Tenere	torse	V. Torcere
tenni	V. Tenere	torsero	V. Torcere
terrà	V. Tenere	torsi	V. Torcere
terrai	V. Tenere	torto	V. Torcere
terranno	V. Tenere	tradotto	V. Tradurre
terrebbe	V. Tenere	traduca	V. Tradurre
terrebbero	V. Tenere	traducano	V. Tradurre
terrei	V. Tenere	traduce	V. Tradurre
terremmo	V. Tenere	traducemmo	V. Tradurre
terremo	V. Tenere	traducendo	V. Tradurre
terreste	V. Tenere	traducente	V. Tradurre
terresti	V. Tenere	traducesse	V. Tradurre
terrete	V. Tenere	traducessero	V. Tradurre
terrò	V. Tenere	traducessi	V. Tradurre
terse	V. Tergere	traducessimo	V. Tradurre
tersero	V. Tergere	traduceste	V. Tradurre
tersi	V. Tergere	traducesti	V. Tradurre
terso	V. Tergere	traducete	V. Tradurre
tese	V. Tendere	traduceva	V. Tradurre
tesero	V. Tendere	traducevamo	V. Tradurre
tesi	V. Tendere	traducevano	V. Tradurre
teso	V. Tendere	traducevate	V. Tradurre
tiene	V. Tenere	traducevi	V. Tradurre
		traducevo	V. Tradurre
		traduci	V. Tradurre

traduciamo	V. Tradurre	tragga	V. Trarre
traduciate	V. Tradurre	traggano	V. Trarre
traduco	V. Tradurre	traggo	V. Trarre
traducono	V. Tradurre	traggono	V. Trarre
tradurrà	V. Tradurre	trai	V. Trarre
tradurrai	V. Tradurre	traiamo	V. Trarre
tradurranno	V. Tradurre	traiate	V. Trarre
tradurrebbe	V. Tradurre	transatto	V. Transigere
tradurrebbero	V. Tradurre	trarrà	V. Trarre
tradurrei	V. Tradurre	trarrai	V. Trarre
tradurremmo	V. Tradurre	trarranno	V. Trarre
tradurremo	V. Tradurre	trarrebbe	V. Trarre
tradurreste	V. Tradurre	trarrebbero	V. Trarre
tradurresti	V. Tradurre	trarrei	V. Trarre
tradurrete	V. Tradurre	trarremmo	V. Trarre
tradurrò	V. Tradurre	trarremo	V. Trarre
tradusse	V. Tradurre	trarreste	V. Trarre
tradussero	V. Tradurre	trarresti	V. Trarre
tradussi	V. Tradurre	trarrete	V. Trarre
trae	V. Trarre	trarrò	V. Trarre
traemmo	V. Trarre	trascorse	V. Trascorrere
traendo	V. Trarre	trascorsero	V. Trascorrere
traente	V. Trarre	trascorsi	V. Trascorrere
traesse	V. Trarre	trascorso	V. Trascorrere
traessero	V. Trarre	trasse	V. Trarre
traessi	V. Trarre	trassero	V. Trarre
traessimo	V. Trarre	trassi	V. Trarre
traeste	V. Trarre	trattenga	V. Trattenere
traesti	V. Trarre	trattengano	V. Trattenere
traete	V. Trarre	trattengo	V. Trattenere
traeva	V. Trarre	trattengono	V. Trattenere
traevamo	V. Trarre	trattenne	V. Trattenere
traevano	V. Trarre	trattennero	V. Trattenere
traevate	V. Trarre	trattenni	V. Trattenere
traevi	V. Trarre	tratterrà	V. Trattenere
traevo	V. Trarre	tratterrai	V. Trattenere
trafisse	V. Trafiggere	tratterranno	V. Trattenere
trafissero	V. Trafiggere	tratterrebbe	V. Trattenere
trafissi	V. Trafiggere	tratterrebbero	V. Trattenere
trafitto	V. Trafiggere	tratterrei	V. Trattenere

tratterremmo	V. Trattenere	varrebbe	V. Valere
tratterremo	V. Trattenere	varrebbero	V. Valere
tratterreste	V. Trattenere	varrei	V. Valere
tratterresti	V. Trattenere	varremmo	V. Valere
tratterrete	V. Trattenere	varremo	V. Valere
tratterrò	V. Trattenere	varreste	V. Valere
trattiene	V. Trattenere	varresti	V. Valere
trattieni	V. Trattenere	varrete	V. Valere
tratto	V. Trarre	varrò	V. Valere
		vedrà	V. Vedere
U		vedrai	V. Vedere
		vedranno	V. Vedere
uccise	V. Uccidere	vedrebbe	V. Vedere
uccisero	V. Uccidere	vedrebbero	V. Vedere
uccisi	V. Uccidere	vedrei	V. Vedere
ucciso	V. Uccidere	vedremmo	V. Vedere
unse	V. Ungere	vedremo	V. Vedere
unsero	V. Ungere	vedreste	V. Vedere
unsi	V. Ungere	vedresti	V. Vedere
unto	V. Ungere	vedrete	V. Vedere
		vedrò	V. Vedere
V		venga	V. Venire
		vengano	V. Venire
va	V. Andare	vengo	V. Venire
vada	V. Andare	vengono	V. Venire
vadano	V. Andare	veniente	V. Venire
vado	V. Andare	venne	V. Venire
vai	V. Andare	vennero	V. Venire
valga	V. Valere	venni	V. Venire
valgano	V. Valere	venuto	V. Venire
valgo	V. Valere	verrà	V. Venire
valgono	V. Valere	verrai	V. Venire
valse	V. Valere	verranno	V. Venire
valsero	V. Valere	verrebbe	V. Venire
valsi	V. Valere	verrebbero	V. Venire
valso	V. Valere	verrei	V. Venire
vanno	V. Andare	verremmo	V. Venire
varrà	V. Valere	verremo	V. Venire
varrai	V. Valere	verreste	V. Venire
varranno	V. Valere	verresti	V. Venire

verrete	V. Venire	**vorrai**	V. Volere
verrò	V. Venire	**vorranno**	V. Volere
vide	V. Vedere	**vorrebbe**	V. Volere
videro	V. Vedere	**vorrebbero**	V. Volere
vidi	V. Vedere	**vorrei**	V. Volere
viene	V. Venire	**vorremmo**	V. Volere
vieni	V. Venire	**vorremo**	V. Volere
vinse	V. Vincere	**vorreste**	V. Volere
vinsero	V. Vincere	**vorresti**	V. Volere
vinsi	V. Vincere	**vorrete**	V. Volere
vinto	V. Vincere	**vorrò**	V. Volere
visse	V. Vivere	**vuoi**	V. Volere
vissero	V. Vivere	**vuole**	V. Volere
vissi	V. Vivere		
vissuto	V. Vivere		
visto	V. Vedere		
vivrà	V. Vivere		
vivrai	V. Vivere		
vivranno	V. Vivere		
vivrebbe	V. Vivere		
vivrebbero	V. Vivere		
vivrei	V. Vivere		
vivremmo	V. Vivere		
vivremo	V. Vivere		
vivreste	V. Vivere		
vivresti	V. Vivere		
vivrete	V. Vivere		
vivrò	V. Vivere		
vogli	V. Volere		
voglia	V. Volere		
vogliamo	V. Volere		
vogliano	V. Volere		
volle	V. Volere		
vollero	V. Volere		
volli	V. Volere		
volse	V. Volgere		
volsero	V. Volgere		
volsi	V. Volgere		
volto	V. Volgere		
vorrà	V. Volere		

CHIAVI DEGLI ESERCIZI / CHAVES DOS EXERCÍCIOS

VERBO ESSERE

I.
1) è 2) sei 3) sono 4) è 5) siamo 6) sono 7) siete 8) siamo 9) sei 10) sono

II.
1) è - sono 2) sono - siamo 3) sei - siete 4) sono - siamo 5) sei - siete 6) è - sono 7) è - sono 8) sei - siete 9) sono - siamo 10) è - sono

VERBO AVERE

I.
1) ho - abbiamo 2) ha - hanno 3) hai - avete 4) ha - hanno 5) hai - avete 6) ho - abbiamo 7) ha - hanno 8) ha - hanno 9) hai - avete 10) ho - abbiamo

II.
1) ha 2) abbiamo 3) hai 4) ho 5) avete 6) hanno 7) ha 8) hanno 9) ho 10) avete

VERBI REGOLARI

I.
1) canta 2) vedete 3) parte 4) studiamo 5) credono 6) capisci 7) preferisco 8) credi 9) teme 10) dormiamo

II.
1) ascolto-guarda 2) mangiano 3) prendiamo 4) compri 5) accetta 6) partono 7) finisci 8) balliamo 9) aspetta 10) vendono

VERBI DELLA 3ª CONIUGAZIONE - IRE

I.
1) apriamo 2) copre 3) costruisce 4) divertono 5) preferisci 6) pulite 7) dormo 8) soffrono 9) restituisco 10) stabiliscono

VERBI IN CARE - GARE

I.
1) paghiamo 2) spiego 3) provoca 4) dimentichi 5) comunichiamo 6) giocano 7) neghi 8) indica 9) leghiamo 10) toccate

VERBI IN CIARE - GIARE - SCIARE

I.
1) lasci 2) mangio 3) cominciano 4) pronunciano 5) denuncio 6) strusciate 7) bacia 8) viaggiamo 9) rinunci 10) lanciate

VERBI SERVILI (O MODALI)

I.
1) posso 2) devono (o debbono) 3) volete 4) puoi 5) vuole 6) può 7) devo (o debbo) 8) vuoi 9) dovete 10) possiamo 11) devi 12) vogliono 13) potete 14) deve 15) voglio 16) possono - vogliono 17) dobbiamo 18) vogliamo 19) può 20) vuoi

VERBI IRREGOLARI

I.
1) dice 2) fai 3) danno 4) beviamo 5) sale 6) vanno 7) venite 8) sta 9) so 10) escono 11) salgono 12) bevono 13) diamo 14) fate 15) dite 16) esce 17) sappiamo 18) stanno 19) vengo 20) vado

II.
1) esco 2) andiamo 3) faccio 4) beviamo 5) vengo 6) sappiamo 7) saliamo 8) sto 9) do 10) facciamo (o fate)

INDICATIVO PRESENTE

La donna italiana

1º **Paragrafo:** sono - è - avviene - sono - sono
2º **Paragrafo:** è - dà - si mostrano - sono - fioriscono - sono - uniscono - sono - Amano - appaiono - sembrano - si fanno
3º **Paragrafo:** guardano - Disprezzano - ama - considerano - considerano - ride - rimproverano - è - eccede - mancano - Sono - accompagnano - siamo - cerca

PASSATO PROSSIMO

I.
1) comprato 2) rimasta 3) andati 4) inventato 5) lavorato - riuscito 6) successe 7) successo 8) piaciute 9) visto 10) piaciuti

II.
1) visto 2) chiesto 3) spento 4) speso 5) vinto 6) corretto 7) cotto 8) colto 9) preso 10) risposto

III.
1) venuti 2) nato 3) scesi 4) uscite 5) sorto 6) svenuta 7) entrati 8) partite 9) morti 10) salita

IV.
1) ho appeso 2) avete aperto 3) abbiamo chiuso 4) hanno chiesto 5) ha scelto 6) hai fritto 7) ha dipinto 8) hanno fatto 9) avete deciso 10) ha distrutto

V.
1) è costato 2) è guarito 3) sono scappati 4) siete diventate 5) sei cresciuto 6) sono riuscito-a 7) siamo nati-e 8) è tramontato 9) sono sparite 10) è rientrata

VI.
1) abbiamo 2) sono 3) è 4) sono 5) è 6) hai 7) hanno 8) è 9) sono 10) avete 11) ho 12) sono 13) ha 14) ha 15) è 16) siamo 17) hanno 18) è 19) hanno 20) ha

VII.
1) incontrato - salutate 2) comprato - mangiati 3) visto - comprato 4) inventato - raccontata 5) noleggiato - guidata 6) sentito - comprati 7) scritto - spedita 8) scoperto - otturata 9) ricevuto - mangiato 10) ricevuto - lette

VIII.
1) ha comprato 2) ha letto 3) sono uscito-a 4) sei partito-a 5) ha fatto 6) ha detto 7) sei andato-a 8) sono riuscito-a 9) ha smesso 10) è arrivato

IX.
1) hanno comprato 2) hanno letto 3) siamo usciti-e 4) siete partiti-e 5) hanno fatto 6) hanno detto 7) siete andati-e 8) siamo riusciti-e 9) hanno smesso 10) sono arrivati

FUTURO

I.
1) canteranno 2) lavorerai 3) amerò 4) lascerete 5) cercheremo 6) affitterete 7) prenderà 8) partirà 9) pagheremo 10) leggerò

II.
1) sarai 2) avrete 3) andrà 4) berremo 5) tradurrà 6) verrò - potrò 7) rimarranno 8) terrà 9) saprò - verrà 10) vorranno

III.
1) avrò finito - uscirò 2) avremo ricevuto - pagheremo 3) sarà arrivato - andremo 4) leggerà - avrà fatto 5) telefonerò - avrò saputo 6) compreranno - sarà riuscito 7) pagheremo - saremo ritornati-e 8) capirai - avrò fatto 9) prenoteremo - avrai detto 10) sarete scesi-e - getterò

VERBI RIFLESSIVI

I.
1) mi lavo 2) si dimentica 3) ti ricordi 4) si mette 5) si veste 6) ti spazzoli 7) mi sveglio 8) si diverte 9) si iscrive 10) ti riposi

II.
1) ci laviamo 2) si dimenticano 3) vi ricordate 4) si mettono 5) si vestono 6) vi spazzolate 7) ci svegliamo 8) si divertono 9) si iscrivono 10) vi riposate

III.
1) mi sono lavato-a 2) si è dimenticato 3) ti sei ricordato-a 4) si è messa 5) si è vestito 6) ti sei spazzolato-a 7) mi sono svegliato-a 8) si è divertita 9) si è iscritto 10) ti sei riposato-a

IV.
1) ci siamo lavati-e 2) si sono dimenticati 3) vi siete ricordati-e 4) si sono messi-e 5) si sono vestiti 6) vi siete spazzolati-e 7) ci siamo svegliati-e 8) si sono divertite 9) si sono iscritti 10) vi siete riposati-e

V.
1) Devono iscriversi 2) Vogliamo vestirci 3) Potete organizzarvi 4) Voglio divertirmi 5) Devi sbrigarti 6) voglio pettinarmi 7) Vogliamo scusarci 8) deve laurearsi 9) Possono sedersi 10) può sistemarsi

VI.
1) Hai potuto presentarti all'esame? 2) Lui ha voluto mettersi la cravatta 3) Voi avete dovuto svegliarvi ad un tratto 4) Io ho potuto interessarmi del fatto 5) Loro hanno voluto sposarsi subito

IMPERFETTO E TRAPASSATO PROSSIMO DELL'INDICATIVO

I.
1) ero - giocavo 2) avevano - abitava 3) cantavi - vedevamo 4) c'era - aveva 5) si asciugava - mi vestivo

II.
1) facevamo 2) bevevano 3) dicevate - parlavamo 4) salivamo 5) uscivano

III.
1) avevi parlato 2) avevano giocato 3) aveva mangiato 4) avevo detto 5) era morto 6) ero riuscito-a 7) erano stati 8) aveva avvisato 9) era nata 10) eravate usciti-e

CONDIZIONALE

I.
1) accetterei 2) prenderebbe 3) faresti 4) usciremmo 5) gradirei 6) direste 7) preferirebbero 8) capirebbe 9) mangerebbero 10) inviteresti

II.
1) a) verrei - b) verremmo 2) a) tradurresti - b) tradurreste 3) a) potrebbe - b) potrebbero 4) a) berrebbe - b) berrebbero 5) a) vorresti - b) vorreste

III.
1) sarei andato-a 2) avremmo comprato 3) si sarebbero seduti-e 4) avresti dormito 5) avrebbe ballato 6) sareste venuti-e 7) avrebbero viaggiato 8) mi sarei dimenticato-a 9) sarebbe piaciuto 10) saresti riuscito-a

IMPERATIVO

I.
1) ascolta 2) metti 3) finite 4) pulisca 5) obbedisci 6) aprite 7) scriva 8) offrano 9) parli 10) ballate

II.
1) Mangi 2) Dorma 3) Parta 4) Legga 5) Cammini 6) Accenda 7) Chiuda 8) Guardi 9) Senta 10) Agisca

III.
1) mettiti 2) ricordiamoci 3) si accomodino 4) si sieda 5) vestitevi 6) lavati 7) si alzino 8) svegliatevi 9) si asciughi 10) pulisciti

IV.
1) non cercare 2) non spegnere 3) non andate 4) non compriamo 5) non agisca 6) non mangiare 7) non fumare 8) non accendano 9) non prendete 10) non apra

V.
1) Andate 2) vengano 3) dia 4) faccia 5) sta (sta' - stai) 6) abbiate 7) sii 8) di' 9) state 10) dite

VI.
1) compralo - lo compri 2) speditele - le spediscano 3) bevilo - lo beva 4) prendetelo - lo prendano 5) mangiali - li mangi

VII.
1) dilla 2) falle 3) vacci 4) stacci 5) dammi

VIII.
1) digliela 2) comprategliela 3) scrivigliele 4) mandatemeli 5) ragalaglieli 6) inviateglieli 7) consegnagliela 8) fateglielo 9) preparagliela 10) chiedetemelo

IX.
1) gliela dica 2) gliela comprino 3) gliele scriva 4) me li mandino 5) glieli regali 6) glieli inviino 7) gliela consegni 8) glielo facciano 9) gliela prepari 10) me lo chiedano

X.
1) Non comprarmi 2) Non farmi 3) Non starlo 4) Non pettinarti 5) Non dargli 6) Non dirci 7) Non asciugarti 8) Non metterti 9) Non offrirle 10) Non andartene

CONGIUNTIVO

I.
1) arrivi 2) lavori 3) scrivano 4) capiate 5) partiamo 6) finisca 7) studino 8) resti 9) telefoni 10) spediate

II.
1) abbiano passato 2) abbia perduto (perso) 3) siate restati-e 4) sia partito 5) sia finito 6) abbiano trovato 7) sia tornato 8) abbia raccontato 9) abbiate invitato 10) siano arrivati

III.
1) vada 2) stiano 3) veniate 4) dica 5) diate 6) sia 7) facciano 8) vogliamo 9) tenga 10) abbia

IV.
1) abbia tradotto 2) siano usciti-e 3) sia stato 4) abbiate fatto 5) abbiano detto 6) sia potuto-a 7) abbia voluto 8) abbia dato 9) siate andati-e 10) abbia avuto

V.
1) di ... essere 2) che ... capisca 3) che ... sappiate 4) di ... potere 5) che ... desiderino 6) di ... avere 7) che ... arrivi 8) di ... sbagliare 9) di ... arrivare 10) che ... scriva

VI.
1) fosse 2) leggessero 3) beveste 4) avessi 5) capissimo 6) traducessi 7) facesse 8) stessero 9) partiste 10) desse

VII.

1) avessero fatto 2) fossero arrivati-e 3) fossi andato-a 4) avessero corretto 5) fosse riuscito 6) avessero detto 7) avessimo parlato 8) ti fossi messo-a 9) si fossero lavati 10) aveste studiato

PERIODO IPOTETICO

I.

1) migliori-capisco 2) piove-porto 3) tace-è 4) venite-aspettiamo 5) inviti-presento 6) funziona-presto 7) accendi-ci vedi 8) telefonano-vengono 9) vuoi-puoi 10) avete-potete

II.

1) avrai 2) darò 3) ricorderò 4) consegnerà 5) riceverete 6) capirete 7) andranno 8) troveremo 9) aspetteremo 10) sarà

III.

1) avvertimi 2) telefonateci 3) ci vada 4) esca 5) restaci 6) scrivano 7) fateli 8) mandala 9) partite 10) venga

IV.

1) sarei 2) aspetteremmo 3) leggerebbe 4) faresti 5) comprereste 6) andreste 7) mangerebbero 8) ti tufferesti 9) affitterebbero 10) smetterei

V.

1) deste 2) facessi 3) avessi 4) costasse 5) ci vedesse 6) fossero 7) aumentassi 8) dicessimo 9) si coprissero 10) potessi

VI.

1) canterei-avessi 2) dormissero-potremmo 3) guiderebbe-conoscesse 4) Faremmo-sapessimo 5) Verreste-voleste

VII.

1) ti fossi asciugato-a/avresti preso 2) avessi avuto/avrei telefonato 3) avessero studiato/sarebbero riusciti-e 4) foste stati-e/avreste capito 5) avessi visitato/avresti saputo

VIII.

1) avrei comprato/avessi avuto 2) avremmo invitato/avessimo saputo 3) sarebbero andati-e/ci fosse stato 4) Avrebbe tagliato/avessi impedito 5) saresti uscito-a/ti fossi ricordato-a

PASSATO E TRAPASSATO REMOTO

I.

1) mangiò 2) lavorai 3) credesti 4) partirono 5) capimmo 6) aumentò 7) ebbero 8) ci fu 9) compraste 10) Furono

II.
1) misi 2) seppe 3) fecero 4) conobbi 5) decidesti 6) chiudemmo 7) chiese 8) vinsero 9) volli 10) visse

III.
1) Noi chiudemmo 2) Loro fecero 3) Voi decideste 4) Loro persero 5) Noi rimanemmo

IV.
1) Lui (lei) lesse 2) Tu scrivesti 3) Io risi 4) Tu mi desti 5) Lui (lei) mi rese

V.
La mosca
prese - mise - lasciò - guardò - prese - dipinse - fu - prese - cominciò - capì - comprese - mise

VI.
1) chiamarono/furono arrivati 2) pubblicò/ebbe avuto 3) raccontaste/fummo andati-e 4) incontrai/fu uscita 5) venne/ebbe saputo

FORMA PASSIVA

I.
1) Il quadro è dipinto da Maurizio. 2) I vestiti saranno lavati dalla mamma. 3) La lettera era scritta dalle ragazze. 4) L'aria dell'Aida era cantata dal tenore. 5) L'esercizio è stato fatto dall'alunno. 6) La statua di marmo è stata scolpita dallo scultore. 7) Questo romanzo sarebbe stato scritto da uno scrittore americano. 8) Un cappello nuovo fu comprato dal Signor Rossi in quel negozio. 9) L'appartamento di tuo padre sarà affittato dalla Signora Zanghi. 10) Una macchina francese era stata noleggiata da Marina.

II.
1) Gli studenti leggevano il libro con interesse. 2) I rifiuti delle fabbriche inquinano i fiumi. 3) I bambini impareranno presto l'inglese. 4) Le ragazze accendevano il fuoco ogni sera. 5) La segretaria consegnò le domande d'iscrizione. 6) La T.V. avrà dato certamente la notizia. 7) I Lamperi hanno invitato Orlando e Olga a cena. 8) Dante Alighieri scrisse la Divina Commedia. 9) Donney fa degli ottimi panini al tartufo. 10) Daniela mi ha raccontato questa storia.

III.
1) viene 2) veniva 3) verrà 4) verranno 5) venne 6) vennero 7) vengono 8) verrà 9) venivano 10) venissero

IV.
1) Le finestre furono aperte dal vento. 2) Il dettato è fatto dal professore. 3) Io pagherò l'affitto. 4) La Direzione ha cambiato la data

dell'inizio delle lezioni. 5) La mia bicicletta è stata rubata dal ladro. 6) La ragazza argentina cantava un triste tango. 7) Delle belle fotografie sarebbero fatte da te, con una macchina più moderna. 8) Credevo che la T.V. a colori fosse stata comprata da Silvano. 9) Fulvia spense le candeline con un soffio. 10) I cacciatori uccidevano le gazzelle.

V.

1) b) veniva mangiato - c) si mangiava 2) b) viene fatto - c) si fa 3) b) viene preso - c) si prende 4) b) venivano raccontate - c) si raccontavano 5) b) vengono ricevuti - c) si ricevono

VI.

1) In questo caso, misure legali possono essere adottate.
2) La verità deve essere saputa dai genitori.
3) La medaglia non può essere ricevuta dal campione russo.
4) L'esame orale non deve essere fatto da quell'alunno.
5) Lo spettacolo poteva essere visto da tutti.
6) Il disegno a mano libera dovrà essere fatto dagli studenti.
7) Gli eccessi devono essere evitati.
8) Tutto ciò che si vuole non può essere sempre ottenuto.
9) Una rosa dovrebbe essere ricevuta dalle ragazze.
10) Non credo che l'offerta possa essere accettata da lui.

VII.

1) Da chi vi sono stati dati?
2) Da chi gli è stato prestato?
3) da chi Le sono state offerte queste rose?
4) da chi vi sono stati consegnati?
5) da chi ci sarà data?
6) ma da chi Le è stato detto?
7) Da chi mi sono state mandate?
8) Da chi ti è stato presentato?
9) da chi ti è stata inviata?
10) Da chi vi sono state fatte?

DISCORSO DIRETTO - DISCORSO INDIRETTO

I.

1) va a comprare il pane. 2) non vuole più lavorare in quella ditta. 3) sono usciti soli e si sono perduti. 4) non può andare a teatro perché ha la febbre. 5) sono d'accordo, che faranno il tema l'indomani.

II.

1) non fumava e non beveva più da un anno. 2) sarebbe andato-a al centro a piedi. 3) avrebbe preso lui (lei) i bambini a scuola. 4) avrebbero preso volentieri un tè freddo. 5) quel giorno

facevano il dolce e che il giorno dopo avrebbero fatto la pizza. 6) l'aveva fatto per ragioni personali. 7) il mese precedente avevano cambiato turno. 8) aveva incontrato Marcello poco prima. 9) i suoi genitori erano nati a Paola. 10) credeva che il pacco fosse arrivato il giorno precedente.

III.
1) era probabile che il museo fosse chiuso quel giorno.
2) i musei di quella città chiudevano alle 5.
3) la sua famiglia abitava in quel quartiere.
4) avrebbero aspettato l'autobus alla fermata dopo che avrebbero comprato i biglietti in tabaccheria.
5) aveva comprato quella borsa per sua mamma.
6) si doveva fare l'iscrizione lì, in segreteria.
7) aveva messo i fiori lì, in quel vaso.
8) gli (le) potessi (potevo) dire dov'era la posta.
   potessi (potevo) dirgli (dirle) dov'era la posta.
9) avessimo (avevamo) conosciuto i loro cugini.
10) avrebbero voluto fargli un regalo migliore.

IV.
1) a) di andare in biblioteca e (di) prendere il dizionario.
   b) che andassi in biblioteca e (che) prendessi il dizionario.
2) a) di aprire la finestra e (di) chiudere la porta.
   b) che tu aprissi la finestra e (che) chiudessi la porta.
3) a) di andare da loro e (di) portare le bibite.
   b) che andassimo da loro e (che) portassimo le bibite.
4) a) di mettersi in fila e (di) marciare.
   b) che si mettessero in fila e (che) marciassero.
5) a) di accomodarsi e (di) aspettare un attimo.
   b) che si accomodasse e (che) aspettasse un attimo.

V.
1) "Ho già finito tutti gli esercizi." 2) "Prenderemo (prenderemmo) una birra." 3) "Mio figlio dorme 8 ore al giorno." 4) "Credo che lui sia già tornato a casa." 5) "Vieni a casa mia, ti farò sentire i miei dischi di jazz." 6) "Ho ricevuto la notizia ieri." 7) "Andrò negli Stati Uniti fra un mese." 8) "Sto bene qui perché c'è più ombra." 9) "Credo che loro abbiano perduto tutto al gioco una settimana fa." 10) "Butta via tutti i miei vestiti!"

VI.
1) "La lezione è già cominciata?"
2) "Andrò in Italia per conoscere le sue opere d'arte."
3) temeva che fosse stato lui a vendere il suo quadro.

4) di restituirgli (restituirle) il libro che mi aveva prestato.
5) "Vogliamo dimenticare il nostro passato."
6) "Dimentica tutto quello che hai visto."
7) "È stato il vostro cane a mordere il mio?"
8) l'anno dopo (seguente - successivo) sarebbero andati a Roma per visitare i loro parenti.
9) quello che sapeva era che non sapeva niente.
10) "Il prossimo Presidente sarà Lula."

VII.
1) se avessi preso quell'autobus, sarei arrivato-a a casa.
2) se avessero avuto la patente, avrebbero guidato la macchina.
3) se avesse finito presto il lavoro, sarebbe potuto-a uscire prima.
4) se avessero voluto, avrebbero potuto vendere la loro casa.
5) Se avesse avuto dei fiori, li avrebbe messi nei vasi.
6) se avesse fatto delle belle foto, avrebbe vinto il primo premio.
7) se fossero stati ricchi, avrebbero potuto comprare la nuova Ferrari.
8) avrebbe venduto quel quadro se avesse saputo quanto valeva.
9) se fossero andati-e a letto in quel momento, gli avrebbe dato un cioccolatino.
10) sarebbero stati più felici se fossero rimasti lì.

MODI INDEFINITI

I.
1) avere visto (veduto) 2) avere bevuto 3) sapere 4) avere finito 5) fare 6) essere guarito-a 7) essere mancato 8) comprare 9) essere andati 10) essere stati

II.
1) Mettere 2) Prendere 3) Sostituire 4) Scolare - condirla 5) Volgere

III.
1) vinto 2) speso 3) scesi 4) salita 5) corso 6) messo 7) dipinto 8) risposto 9) perduto (perso) 10) bevuto

IV.
1) reso 2) acceso 3) rimasti-e 4) vissuto 5) scelto 6) chiesto 7) nato-a 8) successo 9) tradotto 10) promesso

V.
1) facendo - lavorando 2) Prendendo 3) Dormendo 4) sostituendo 5) mangiando 6) bevendo 7) dicendo 8) sentendo 9) parlando 10) aspettando

VI.
1) Dopo che ebbero fatto 2) Dopo che ebbe consegnato 3) Poiché eri assorto 4) Dopo che ebbi ricevuto 5) Poiché era obbligato

6) Dopo che avrà comprato 7) Poiché aveva incontrato 8) Poiché erano abituati 9) Dopo che avrete scelto 10) Poiché eravamo esausti

VII.
1) se accendete 2) poiché erano 3) mentre ti aspettavo 4) se fumassi 5) se avessimo 6) mentre guardava 7) poiché avevano fatto (facevano) 8) se tu parlassi 9) mentre usciva 10) poiché guadagna

VIII.
1) Poiché avevano letto 2) Se tu fossi uscito 3) Poiché abbiamo mangiato 4) Poiché aveva visto 5) Poiché non erano mai stati 6) Poiché avevano dimenticato 7) Se tu avessi dormito 8) Quando avrà finito 9) Se aveste preso 10) Quando (dopo che) fu finito

IX.
1) per aver fatto 2) averlo letto 3) averli conosciuti (o: avendoli conosciuti bene...) 4) nel guardare (guardando) 5) per aver lavorato (avendo lavorato) 6) avere mostrato 7) avere aperto 8) averlo consegnato 9) per avere mangiato (avendo mangiato) 10) avere saputo